本书为2017年度教育部高校示范马克思主义学院和优秀教学科研团队建设一般项目"中华优秀传统文化融入马克思主义基本原理概论课程教学研究"（17JDSZK076）和闽江学院社科重点"中华优秀传统文化与新时代高校校园文化建设有机融合研究"（MYS18004）研究成果

# 全球化网络化视域下的新时代高校校园文化建设研究

蔡桂珍　李丽娟◎著

世界知识出版社

**图书在版编目（CIP）数据**

全球化网络化视域下的新时代高校校园文化建设研究 /
蔡桂珍，李丽娟著 . — 北京：世界知识出版社，2019.9
ISBN 978-7-5012-5718-8

Ⅰ . ①全… Ⅱ . ①蔡… ②李… Ⅲ . ①高等学校－校
园文化－建设－研究－中国 Ⅳ . ① G647

中国版本图书馆 CIP 数据核字（2019）第 195990 号

| | |
|---|---|
| 责任编辑 | 龚玲琳 |
| 责任出版 | 赵　玥 |
| 责任校对 | 马莉娜 |

| | |
|---|---|
| 书　　名 | 全球化网络化视域下的新时代高校校园文化建设研究<br>Quanqiuhua Wangluohua Shiyuxia De Xinshidai Gaoxiao Xiaoyuan<br>Wenhua Jianshe Yanjiu |
| 作　　者 | 蔡桂珍　李丽娟 |
| 出版发行 | 世界知识出版社 |
| 地址邮编 | 北京市东城区干面胡同 51 号（100010） |
| 电　　话 | 010-65265923（发行）　　010-85119023（邮购） |
| 网　　址 | www.ishizhi.cn |
| 经　　销 | 新华书店 |
| 印　　刷 | 天津雅泽印刷有限公司 |
| 开本印张 | 710×1000 毫米　1/16　20.5 印张 |
| 字　　数 | 315 千字 |
| 版次印次 | 2019 年 9 月第一版　2019 年 9 月第一次印刷 |
| 标准书号 | ISBN 978-7-5012-5718-8 |
| 定　　价 | 78.00 元 |

# 序

文化作为一种社会历史现象，既是人类社会实践的产物，也是人类社会得以延续和发展的基本途径之一。习近平总书记指出："文化自信是一个国家、一个民族发展中更基本、更深沉、更持久的力量。"进入21世纪，全球化、网络化已成为不可阻挡的历史潮流，在扩大人们的视野、增进人类交往的同时，也不可避免地带来各种思想文化的激烈碰撞和交锋，而且比以往任何时代都更直接、更尖锐。在国际竞争说到底是综合国力的竞争，文化在综合国力中的"软实力"地位日益突显，它已不仅仅是经济的重要组成部分和推动经济发展的重要杠杆，更是一个国家和民族文明程度和发展水平的象征，体现着国家的"软实力"，反映着一个国家的国际的竞争力。而文化的核心是价值体系，文化竞争的本质是价值体系的竞争。高校作为文化高地，其第一任务是培养人才，把大学生培养成中国特色社会主义合格的建设者和可靠的接班人。因此，要按照习近平总书记的要求，办好高等教育，必须坚持党的领导，牢牢掌握党对高校工作的领导权，使高校成为坚持党的领导的坚强阵地。党委要保证高校正确办学方向，掌握高校思想政治工作主导权，保证高校始终成为培养社会主义事业建设者和接班人的坚强阵地。高校校园文化又是中国特色社会主义先进文化的重要组成部分，不仅为人才培养提供精神动力，而且是社会主义精神文明建设的重要基地、示范区和辐射源，在提升国家软实力、增强文化自信、建设社会主义文化强国中，肩负重任。然而，当前我国正处在社会转型的关键时期和科学发展的重要机遇期，还有全球化、网络化及我们高校自身的改革等，在为新时代高校校园文化建设带来机遇的同时，也带来严峻的挑战。新时代高校校园物质文化建设、精神文化建设、制度文化建设等存在不同程度的问题，不仅严重制约了高校校园文化先进性的发挥，也使一些大学生在价值判断和价值选择上产生了困惑和迷茫。所以，如何加强全球化网络化视域下的新时代高校校园文化建设，增强社会主义核心价值体系对高校校园文化建设的引领，确保新时代高校校园文化建设的正确方向，提高高校校园文化建设的实效性，就成为贯彻落实党的十八大提出的扎实推进社会主义文化强国建设、推动社会主义文化大发展大繁荣等精神的时代课题，并进而准确理解和全面实施党的十九大提出的坚持社会主义核心价值体系的基本战略。本书以马克思主义基本原理为指导，探析全球化、网络化视域下的新时代高校校园文化，回顾改革开放以来我国高校校园文化建设取得的成就，以福建省高校为例，通过问卷调查来了解新时代高校校园文化建设的现状、存在的主要问题及其原因，努力为新时代高校校园文化建设提供思路。

# 前言

　　党的十八大提出扎实推进社会主义文化强国建设，推动社会主义文化大发展大繁荣，提高国家文化软实力，以全面建设小康社会，实现中华民族的伟大复兴。党的十九大又提出了坚持社会主义核心价值体系的基本战略。作为社会主义先进文化重要组成部分的高校校园文化，理所当然要担负起这个历史重任。进入新时代，面对错综复杂的国内外环境给高校校园文化建设带来的负面影响而产生的各种问题，必须积极探索社会主义核心价值体系引领高校校园文化建设的路径，找准新时代高校校园文化建设的着力点，以提高新时代高校校园文化建设的实效性，发挥高校校园文化建设在增强文化自信、建设社会主义文化强国中的先进引领作用，促进社会主义和谐社会的构建。本书由七个部分组成，各部分主要内容如下：

　　绪论：主要阐明本书研究的问题的缘起和意义，综述了国内外的高校校园文化建设的现状和成果，提出了研究的重点和目标、研究思路、研究方法和创新之处等。

　　第一章：新时代高校校园文化的探析。对文化进行简述，了解高校校园文化的起源及其发展；界定新时代高校校园文化的内涵，分析新时代高校校园文化的基本特征和新特点；揭示新时代高校校园文化的人才培养、创新和社会化的三大主要功能。

　　第二章：新时代高校校园文化建设取得的成就。把新时代高校校园文化建设的发展大致划分为三个阶段：改革开放至20世纪90年代初的高考恢复与发展时期、20世纪90年代初到21世纪之交的深化发展时期和进入新世纪至今的全方位推进时期，具体阐述了各个阶段高校校园文化建设所取得的成就。

　　第三章：新时代高校校园文化建设现状调查分析——以福建

省高校为例。简单介绍作为考察调研的福建省三所高校的校园文化建设的特色，提出了调查研究的基本思路，说明调查对象的基本情况，详细分析新时代高校校园文化建设的现状，分别揭示新时代高校校园物质文化、精神文化和制度文化等存在的主要问题。

第四章：分析新时代高校校园文化建设存在的问题。分别从全球化、网络化的消极影响、国内社会转型带来的挑战和高校思想政治教育存在的问题三个方面，来寻找新时代高校校园文化建设存在问题的外部原因、现实原因和内在原因。

第五章：新时代高校校园文化建设的思路。厘清社会主义核心价值体系与社会主义核心价值观的关系，论证社会主义核心价值体系引领新时代高校校园文化建设的必然性，提出新时代高校校园文化建设应遵循的基本原则，探讨新时代高校校园文化建设的路径选择，指出在实践中高校校园文化建设的主要着力点，做到有的放矢，提高其实效性。

结语：再次强调新时代高校校园文化建设的必要性和紧迫性，总结本书的基本观点，展望了全球化网络化视域下的新时代高校校园文化建设的趋势。

# 目 录

绪　论

# 一、问题的缘起与研究的意义

## （一）问题的缘起

从人类社会的发展历史来看，人类社会的延续和发展主要通过两条基本途径：一是人的生命的自然繁衍；二是文化的传承和创新。文化作为人类社会实践的产物，它不仅是一种人类社会现象，把人和动物区别开来，更是一种民族现象，成为区分不同民族的重要标志。因此，文化是一个民族的灵魂和血脉，是人类的精神家园。

当今国际竞争，说到底是综合国力的竞争。我们党在继承马克思主义关于党的建设和文化建设理论的基础上，提出了建设"有中国特色社会主义文化"的命题，并把社会主义文化提升到综合国力的高度，认为"有中国特色社会主义文化，是凝聚和激励全国各族人民的重要力量，是综合国力的重要标志"。而"综合国力，主要是经济实力、技术实力，这种物质力量是基础，但也离不开民族精神，民族凝聚力、精神力量也是综合国力的重要组成部分"①。进入新世纪、新阶段，全球化、网络化作为不可阻挡的历史潮流，在扩大人们的视野、增进人类交往的同时，也不可避免地给各种思想文化交流带来激烈的碰撞和交锋，而且比以往任何时候都更直接、更尖锐。文化作为综合国力中的"软实力"的地位也随之日益突显，它已不仅仅是经济的重要组成部分和推动经济发展的重要杠杆，更是一个国家和民族的文明程度、发展水平的象征，体现着一个国家的"软实力"，反映着一个国家的其国际的竞争力。

因此，"当今时代，文化在国际竞争中的地位日益重要，谁占据了文化发展的制高点，谁就能够更好地在激烈的国际竞争中掌握主动权"，"创造民族文化的新辉煌，增强我国文化的国际竞争力，提升国家软实力，是摆在我们面前的一个重大课题上"②。党的十七大报告中，首次提出"使人民基本文化权益得到更好的保障，使社会文化生活更加丰富多彩，使人民精神风貌更加昂扬向上"③的"提高国家软实力"的重大任务，充分体现了我们党在新的历史条件下的高度文化自觉。党的十七届六中全会进一步强调："文化越来越成为民族凝聚力和创造力的重要源泉、越来越成为综合国力竞争的重要因素、越来越成为经济社会发展的重要支撑。建设社会主义文化强国，是中华民族追求自强的必然选择，是我国从经济大国走向经济强国的必然选择，是中华民族复兴的必然选择。"2012年11月8日召开党的十八，是我国进入全面建设小康社会的关键时期和深化改革开放、加快转变经济发展方式的攻坚时期召开的一次盛会，胡锦涛同志在报告中就文化建设方面，高瞻远瞩地提出要扎实推进社会主义文化强国建设，并指出实现文化强国的四条途径：一是要加强社会主义核心价值体系建设；二是要全面提高公民道德素质；三是要丰富人民精神文化生活；四是要增强

① 中共中央文献研究室.十五大以来重要文献选编（上）[M]. 北京: 中央文献研究室编，2000年版，第35页、第549页。

② 中共中央文献研究室.十五大以来重要文献选编（下）[M]. 北京: 中央文献出版社，2008年版，第752—753页。

③ 十七大报告辅导读本[M]. 北京：人民出版社，2007年版，第32—33页。

文化整体实力和竞争力，坚持社会主义先进文化前进方向，树立高度的文化自觉和文化自信，达到"三个自信"：道路自信、理论自信和制度自信。

如果说，综合国力的竞争归根结底是文化的竞争的话，那么，文化的竞争的关键又在于人才。所以，实施文化强国战略目标，扎实推进社会主义文化强国，要牢固树立"人才"是第一资源的思想。高校作为文化高地，其第一任务是培养人才，即把大学生培养成中国特色社会主义的合格建设者和可靠接班人，"这就需要下功夫提高大学生的思想政治素质，引导大学生树立正确的理想信念，增强政治鉴别力，有效防范和抵御敌对思想渗透"①。高校校园文化不仅为培养社会主义合格建设者和可靠接班人提供精神动力，而且是社会主义精神文明建设的重要基地、示范区和辐射源，在建设社会主义先进文化、激发全民族文化的创造力、提升大学生的综合素质，进而提升国家综合国力和国际竞争力等方面，肩负着重大的历史使命。可以说，建设中国特色社会主义文化强国，实现社会主义文化大发展大繁荣，离不开高校校园文化建设这只"领头羊"。

然而，文化与意识形态是密不可分的。一方面，文化是社会生活的反映，意识形态制约、规范着文化的表现形式和内容；另一方面，意识形态实际上是一种文化，是文化建设的一项中心内容，一定的文化总是受一定的意识形态的指导和支配。文化和意识形态的关系，在很大程度上是同心圆的关系，只不过文化的边缘比意识形态宽泛，外延更为开阔②。所以，意识形态作为文化的重要组成部分，它的本质是政治文化，从这个意义上说，在阶级社会里，文化就是意识形态。即在阶级社会里，主流文化体现着该社会统治阶级的意识形态，社会主义社会也不例外。当代中国先进文化就是中国特色社会主义文化，它是以马克思主义为指导，以培育有理想、有道德、有文化、有纪律的公民为目标，发展面向现代化、面向世

---

① 中共中央文献研究室.十六大以来重要文献选编（中）[M]. 北京: 中央文献出版社，2006年版，第633—634页。

② 郑永廷等.社会主义意识形态发展研究[M]. 北京: 人民出版社，2002年版，第129—130页。

界、面向未来的、民族的科学的大众的社会主义文化。

当前，我国正处在伟大的历史转折期。在这个发展机遇期和矛盾突显期相互交织的关键时期，从国内来看，我国已经进入经济社会发展的转型期，面临着经济体制变革，社会结构深刻变动，利益格局深刻调整，生活方式深刻变化，由此引发的经济利益、社会生产方式、社会组织、就业岗位和就业形势等的多样化，使人们思想活动的独立性、选择性、多变性和差异性明显增强，人们在价值观念、思维方式、行为准则等方面的分化也进一步加剧。从国际上看，西方敌对势力对社会主义国家"西化""分化"的图谋从未停止，意识形态领域的碰撞、冲突、对抗始终存在，他们利用全球化、网络化契机，凭借自身强大的经济实力和科技优势，大肆进行意识形态扩张，试图创造出一个属于他们的世界。"权力正在从长期以来占支配地位的西方向非西方的各文明转移，合理政治已变成了多极和多文明的"①。与过去那种正面对峙的刀光剑影不同，今天西方国家更多的是以潜隐性的、蒙蔽性的所谓"普世价值""大众文化"等包装，来达到利用其文化影响、改变世界特别是社会主义国家的目的。而"把这种意图同那些有一定道理、又看似相关的命题对接，无疑是最有可能乱中取胜的策略"②。

国内的社会转型和国际上西方国家意识形态渗透，必然给人们的思想观念带来巨大的变化。我国社会价值观发生了四大变化，即从一元价值观向一元与多元互动的变化，从整体价值观向整体价值观与个体价值观融合的变化，从理想价值观向理想价值观与世俗价值观共存的变化，从精神价值观向精神价值观与物质价值观并重的变化③，大学生价值观同样存在着

---

① [美]亨廷顿.文明的冲突与世界秩序的重建[M]. 北京：新华出版社，1988年版，第8—9页。

② 侯惠勤."普世价值"的理论误区和实践陷阱[J]. 马克思主义研究，2008.9，第20—25页。

③ 廖小平，成海鹰.改革开放以来中国社会的价值观变迁[J]. 湖南师范大学社会科学学报，2005.6，第12—16页。

这些变化。随着高等教育体制改革的深化和高校的不断扩招，到2010年，我国高校入学率已达到15%，我国高等教育已经进入国际上公认15%—50%为大众教育阶段。于是，高校校园文化也随之呈现出由精英文化向大众文化转变的态势。由于进大学校门不再是少数精英分子，而是广大求知青年，其行为习惯、价值观念、思想意识等千差万别，高校校园文化因此表现为多层次、多格局的多元性特点，这些都宣示着我国高校校园文化建设的时代背景和内外环境发生了深刻的变化，迫切要求高校校园文化建设要与时俱进、开拓创新。

然而，现实中高校校园文化建设却不容乐观，存在着校园物质文化建设文化内涵不足、校园精神文化中经典大学精神缺失、校园活动文化品位不高、校园制度文化不够完善、校园网络文化尚在熟悉等一系列问题，不仅严重制约了高校校园文化先进性的发挥，也使一些大学生在价值判断和价值选择上产生了困惑和迷茫。利己主义、功利主义、享乐主义、消费主义等资产阶级的人生观、道德观和价值观，通过校园文化在大学生中滋生蔓延，在大大削弱了高校校园文化育人功能的同时，也导致了部分大学生对以马克思主义为指导思想的社会主义主流意识形态的日益淡化和认同危机。如何加强高校校园文化建设，增强社会主义核心价值体系对高校校园文化的引领，确保高校校园文化建设的正确方向，培养建设中国特色社会主义合格建设者和可靠接班人，扎实推进社会主义文化强国建设，推动社会主义文化大发展大繁荣，就成了既是高校校园文化建设必须解决的问题，也是高校校园文化建设面临的时代课题。这就是本书选题的缘起。

## （二）研究的意义

在"新世纪新阶段，我们面临的发展机遇前所未有，面对的挑战也从所未有"[①]的背景下，研究因国内社会转型、全球化、网络化及高等教育自身改革发展给高校校园文化建设带来的机遇和挑战，探索如何用社会主义

---

① 《发展机遇与挑战.解读两个前所未有科学论断》[EB / OL] [2006-10-23]
http: / / news.Xinhuanet.com / politics / 2006-10-21 / content-53634.htm。

核心价值体系来引领高校校园文化建设，并把社会主义核心价值体系贯穿于高校校园文化建设的全过程，从而把大学生培养成合格的社会主义建设者和可靠的接班人，具有重大的理论意义和现实意义。

1.理论意义

（1）丰富和充实了马克思主义意识形态理论

马克思主义意识形态理论告诉我们，"统治阶级思想在每一个时代都是占统治地位的思想。……占统治地位的思想不过是占统治地位的物质关系在观念上的表现，不过是以思想的形式表现出来的占统治地位的物质关系"①。所以，"在阶级社会中，每一个人都在一定的阶级地位中生活，各种生活无不打上阶级的烙印"，而且，"在阶级存在的条件下，有多少阶级就有多少主义，甚至一个阶级的各集团中还各有各的主义"②。可见，在阶级社会里，意识形态性即阶级性和斗争性是文化的基本特性。

马克思主义作为无产阶级的意识形态，不但从不隐瞒自己的阶级性，而且公开宣称自己是"关于无产阶级解放的学说"③。可以说，马克思主义的本质是批判的、革命的理论，一部马克思主义发展史，就是一部应对一系列挑战中抓住机遇发展自己的历史。在迎接欧洲各种旧势力的挑战中，马克思、恩格斯写下了无产阶级革命的纲领性文件《共产党宣言》；在系统批驳杜林理论中，恩格斯写出了马克思主义发展史上具有里程碑式的著作《反杜林论》；在批驳以伯恩斯坦为代表的修正主义谬论的基础上，列宁结合当时的实际和时代特征，提出了"一国首先胜利"论；毛泽东在反对教条主义、王明机会主义，总结中国革命历史经验的基础上，写下了创造性发展马克思主义哲学的《实践论》《矛盾论》，以及在回击国民党反动文人的"共产主义不适合中国国情""共产党不需要存在"之类的叫嚣中，发表的《新民主主义革命论》，无不是应对挑战的产物。

在今天建设中国特色社会主义过程中，同样如此。针对一些人背离马

---

① 《马克思恩格斯选集》（第1卷）[M]. 北京：人民出版社，1995年版，第98页。

② 《毛泽东选集》（合订本）[M]. 北京：人民出版社，1969年版，第200—648页。

③ 《马克思恩格斯选集》（第1卷）[M]. 北京：人民出版社，1995年版，第239页。

克思主义提出"全盘西化"的主张,邓小平提出建设社会主义精神文明,反对精神污染的主张;在迈向新世纪的关键时刻,面对党内不正之风的蔓延,江泽民强调要弘扬和培育民族精神,努力提高各级领导干部的政治素质;到了新世纪新阶段,面对各种社会思潮涌动,意识形态领域不时充斥着各种杂音、噪音,胡锦涛提出了"构建社会主义和谐社会,建设社会主义核心价值体系""建设和谐文化,是构建社会主义和谐社会的重要任务"等观点;党的十七届四中全会提出的"四个界限",即自觉划清马克思主义与反马克思主义界限,社会主义公有制为主体、多种所有制经济共同发展的基本经济制度同私有化和单一公有制的界限,中国特色社会主义民主同西方资本主义民主的界限,社会主义思想文化同封建主义、资本主义腐朽思想文化的界限①,以及十七届六中全会提出"文化强国"战略目标和十八大提出的扎实推进社会主义文化强国建设的精神,也是在面临西方的思想文化严峻挑战下而提出的。

勇于善于应对各种挑战,在挑战中抓住时代的特征,及时对当代亟需进行理论引导和说明的问题作出科学的、令人信服的解释和说明,以保持自己的理论与时俱进,使自己的理论不断得到充实和丰富,这是马克思主义至今保持旺盛的生命力的关键所在。正如毛泽东所指出,"马克思主义者就是要在人们的批评中间,就是要在斗争的风雨中间锻炼自己,发展自己,扩大自己的阵地"。因此,"马克思主义必须在斗争中才能发展,不但过去是这样,将来也必然还是这样"②。高校校园文化建设以马克思主义为指导思想,面对复杂的国内外环境及高校改革带来的问题,积极探索应对的办法,必将丰富和发展马克思主义意识形态理论。

(2)完善和拓展马克思主义灌输理论

马克思恩格斯在革命实践中,很早就意识到对无产阶级进行意识形态教育的重要性和必要性。他们说:"共产党人一分钟也不忽略教育工人尽

---

① 本书编写组. 党的十七届四中全会《决》学习辅导百问[M]. 北京: 学习出版社、党建读物出版社,2009年版,第9—10页。

② 毛泽东文集(第7卷)[M]. 北京:人民出版社,1999年版,第232页。

可能意识到资产阶级和无产阶级的敌对的对立，以便德国工人能够立刻利用资产阶级统治所带来的社会和政治条件作为反对资产阶级的武器，以便在推翻资本主义国家的反动阶级之后，立即反对资产阶级本身的斗争。"①列宁在马克思恩格斯的无产阶级意识形态教育思想的基础上，提出了马克思主义灌输理论。他认为："没有革命的理论，就没有革命的运动。"②由于流行的资产阶级意识形态无时无刻地影响着群众，再加上"工人本来也不可能有社会民主主义意识"③。而且，列宁还预见在革命取得胜利后，要"战胜资本家的一切反抗，不仅是军事上和政治上的反抗，而且是最深刻、最强烈的思想上的反抗"④。所以，"这种意识只能从外部灌输进去，各国的历史证明，工人阶级单靠自己本身的力量只能形成工联主义的意识"⑤，这就要求"我们应当积极对工人阶级进行政治教育，发展工人政治意识"⑥。

毛泽东根据中国的实际，继承并发展了列宁的灌输理论。他从文化的维度，提出利用文化的军队对人民进行社会主义意识形态教育的"革命文化思想"，并得出"没有革命的理论，就不会有革命的运动"⑦的结论。改革开放以后，面对各种思想随着国门的打开也纷纷涌入国内的事实，我们党从来都不放松思想宣传教育工作，从邓小平的"十年最大失误是教育"的经验教训总结，而强调"社会主义精神文明建设"⑧的必要性和紧迫性，到江泽民的"思想宣传阵地，社会主义思想不去占领、资本主义思想就必

① 马克思恩格斯选集（第1卷）[M]. 北京：人民出版社，1995年版，第306页。

② 列宁选集（第1卷）[M]. 北京：人民出版社，1995年版，第311页。

③ 列宁选集（第1卷）[M]. 北京：人民出版社，1995年版，第317页。

④ 列宁选集（第4卷）[M]. 北京：人民出版社，1995年版，第307页。

⑤ 列宁选集（第1卷）[M]. 北京：人民出版社，1995年版，第317页。

⑥ 列宁选集（第1卷）[M]. 北京：人民出版社，1995年版，第342页。

⑦ 毛泽东选集（第2卷）[M]. 北京：人民出版社，1991年版，第668页。

⑧ 邓小平文选（第2卷）[M]. 北京：人民出版社，1994年版，第255页

然会去占领"①的忧患意识，再到胡锦涛"坚持不懈地用马克思主义中国化的最新成果武装全党、教育人民"的决心，充分说明马克思主义灌输理论不仅没有过时，而且在新的社会历史上条件下，肩负着更加重大的责任。

培养人才是高校的重要职能之一，也是高校校园文化建设的重要目标之一，高校所要培养的人才，无论是合格的建设者，还是可靠的接班人，首要之处就在于具有正确的思想政治素质。在当代中国，正确的思想政治素质必须是以马克思列宁主义、毛泽东思想和中国特色社会主义理论体系为指导的。至于如何提高大众的思想政治素质，党的十七届四中全会在十七大报告提出加强党的建设基础上，对此作出了回答。强调要推进马克思主义中国化、时代化、大众化，用中国特色社会主义理论体系武装全党，开展社会主义核心价值体系学习教育。尽管这是针对党的思想政治素质而言的，但它表明了马克思主义灌输理论在新的历史条件下的发展，包含着人的正确思想不可能自发产生的意蕴。秉承这种思想，通过高校校园文化建设，引导大学生正确认识和对待高校校园文化建设中存在的各种问题，加强对大学生进行中国特色社会主义理论体系和社会主义核心价值体系教育，坚持"贴近实际、贴近生活、贴近学生"的"三贴近"原则，使大学生充分认识并主动承担社会历史使命，自觉地向更高的思想境界和更高的实践阶段发展，使马克思主义灌输理念不断得到地完善和发展。

（3）丰富和深化马克思主义人的全面发展理论

人的全面发展理论是马克思主义理论的重要组成部分，也是人类社会发展的理想目标。马克思认为，人的全面发展是"人以一种全面的方式，也就说，作为一个完整的人，占有自己的全面的本质"②。其内涵包括层层递进的三个方面：一是人的活动、职能、能力需要，即人的"类本质"的全面发展；二是人的社会关系，即人的"现实本质"的全面发展；三是人的个性的全面发展。而人的本质是实践，既包括物质生产交往的实践，也包括精神生产交往的实践。因此，人的全面发展过程"本质上即是作为主

---

① 江泽民文选（第3卷）[M]. 北京：人民出版社，2006年版，第97页。

② 马克思恩格斯全集（第42卷）[M]. 北京：人民出版社，1979年版，第123页。

体的人的实践能力的不断提高、实践内涵的不断丰富、实践范围的不断扩大和实践方式的不断优化,是人类不断从自然和社会获得解放,追求自由而全面的发展历史过程。"①这个过程,也是人的主体性得以发展和不断彰显的过程。而人的主体性即是"人作为实践活动主体的质的规定性,是作为现实活动主体的人为达到为我的目的,而在对象性活动中表现出来的把握、改造、支配客体和表现自身的自觉能动性和创造性的特质。"②

人的主体性是在改造世界的实践活动中产生和发展的,它不是抽象的,而是历史的、具体的,其形成的过程就是人的社会化过程,因为社会性是人的本质属性,任何人的成长和发展都离不开社会,都要面临着社会化问题。在没有阶级的原始社会,社会化的目的就在于增强人们认识和改造自然的能力,使人类得以更好地生存和发展。而阶级产生后,社会化的内容和实质发生了根本性的变化,它不再是单纯为了个体的生存和发展而形成自然存在物的过程,而是不断接受意识形态变成一个社会存在物的过程,这样,个体社会化也就自然要面对政治社会化这个事实。此时,统治阶级利用教育主要是思想政治教育,通过向个体灌输自己的意识形态,使他们的思想和行为朝着统治阶级期望的方向发展。作为个体,在这个过程中逐渐丧失独立思考的能力而成为"意识形态的动物"。在马克思看来,在剥削阶级社会里,统治阶级为了维护自己的利益,不可能实现人的全面发展,只有到了共产主义社会才能真正实现这一目标。马克思主义作为无产阶级意识形态,其最终目标是实现共产主义。因此,无产阶级奋斗的目标是实现人的自由全面发展。

高校校园文化建设本质是社会主义主流意识形态的建设,其终极目标理所当然也就是人的自由全面发展。而且,服务社会是高校的基本职能之一。在知识经济时代,高校服务社会的内涵发生了巨大变化,最突出的是随着高新技术知识的增长与创新,产、学、研相结合成为高校肩负的一个

---

① 张耀灿等著.思想政治教育学前沿[M]. 北京:人民出版社,2006年版,第204页。

② 陈文红.论人在虚拟世界中的主体性地位[J]. 法制与社会,2008.34,第340—341页。

新使命。这样，高校不仅要授予学生谋生的技巧，更要引导学生完善自我；不仅要引导学生适应社会，更要引领社会。这就要求即将步入社会的大学生必须实现社会化。根植于高等教育的校园文化，体现的是学校的群体意识，渗透着明确的教育目标，对学生的培养目标规格起着导向作用，具有社会化功能。这就意味着，通过高校校园文化建设的研究，解决其中出现的问题，能够及时对学生进行正确的引导，促进学生的全面发展。同时，作为社会主义主流意识形态本质的社会主义核心价值体系，从指导思想、理想目标、价值观念和道德规范等来引领高校校园文化建设，必将极大地丰富和深化马克思主义关于人的全面发展理论。

2.现实意义

（1）有利于构建社会主义和谐社会

社会和谐是中国特色社会主义的本质属性，也是中国共产党长期坚持不懈的奋斗目标。进入新世纪，我们党从中国特色社会主义事业总局和全面建设小康社会的全局出发，提出了构建社会主义和谐社会这一战略举措，以适应改革开放和经济社会发展进入新阶段的客观要求，体现了广大人民群众的根本利益和共同要求。而构建社会主义和谐社会，文化氛围、文化建设是至关重要的。其中和谐文化既是和谐社会的反映，也是构建和谐社会的指导思想，更是和谐社会的重要内容，为构建和谐社会提供了社会条件、精神支撑和思想保证。为此，党的十六届六中全会提出，"建设和谐文化，是构建社会主义和谐社会的重要任务"的科学命题。和谐社会是一个由众多基本单位构成的系统。从整体与局部的关系来看，构建社会主义和谐社会的整体离不开基本单位的和谐。没有局部的和谐就没有整体的和谐；同样，离开了整体的和谐，局部的和谐也无从谈起。高校无疑是和谐社会的一个不可或缺的基本单位，作为直接向和谐社会培养和输送高素质人才的基地，是促进和谐社会建设一个不可忽视的重要力量。因此，构建和谐校园已经成为建设社会主义和谐社会必不可少的一个重要部分。和谐校园的本质属性是文化和谐，其构建离不开高校校园文化建设。因为和谐校园建设的目标是把学校建设成为最适宜学生成长成才、最有利于教师建功立业的"文化生态系统"，而高校校园文化建设则是其中的奠基石，是促进高校和谐发展的灵魂。高校校园文化建设也就必然有利于构建社会主义和谐社会。

（2）践行科学发展观的时代要求

科学发展观是我们党"立足于我国基本国情、总结我国发展实践，借鉴国外发展经验，适应新的发展要求"①而作出的科学论断，其"第一要义是发展，核心是以人为本，基本要求是全面协调可持续，根本方法是统筹兼顾"②，体现了和谐、包容的精神实质和时代要求。

现代教育的基本价值在于，人是教育的中心，也是教育的目的；人是教育的出发点，也是教育的归宿；人是教育的基础，也是教育的根本。以人为本是教育的基本理念。高校校园文化建设作为教育的重要组成部分，以人的全面自由发展为终极目标，高校校园文化建设必然要坚持以人为本的科学发展理念，根本目的在于对人性的唤醒和尊重。为此，高校校园文化必须把关心人、理解人、发展人放在首要位置，广泛调动广大师生员工，尤其是大学生参与校园文化建设的积极性、主动性和创造性，最充分地激发其创造活力，最大限度地发挥其主观能动性。高校校园文化建设必须正确处理好各种关系，包括处理好高校校园文化自身建设的各个组成部分，即物质、精神、制度、活动、网络等各方面建设的关系，学校发展与学生发展的关系，教师与学生的关系，等等，实现各方面协调发展。

在今天多元文化并存的客观背景下，高校作为一个纯粹的文化组织，文化多元的客观性自然也就体现在高校校园文化中，而当代多元化的大学教育又进一步加剧了高校校园文化多样性的趋势。这样，多种文化裹挟着的多元价值观必然也在高校校园文化中得以体现，使高校校园文化交织着混乱与有序、高雅与粗俗、祥和与浮躁、新生与腐朽、科学与愚昧、个体与集体等文化的对立与斗争。高校校园文化的先进性，以及高校的社会主义办学性质和培养人才的历史使命，决定了高校校园文化建设不仅要成为先进文化的集中代表，更要成为创造先进文化的"母机"。这就意味着高校校园文化具有包容力和整合力。党的十六届六中全会提出"以社会主

---

① 十七大报告辅导课本[M]. 北京：人民出版社，2007年版，第13页。

② 十七大报告辅导课本[M]. 北京：人民出版社，2007年版，第14页。

义核心价值体系引领社会思潮，尊重差异，包容多样，最大限度地达成共识"的要求，既为高校校园文化建设指明了方向，同时也体现了科学发展观的时代要求。

（3）有利于提升文化软实力，扎实推进社会主义文化强国建设

当今世界各国发展的经验表明，任何一个国家真正的发展，应该表现为各方面全面协调可持续的科学发展，这也是科学发展观的基本要义。党的十八大提出的"五位一体"的发展目标，即全面推进经济、政治、文化、社会、生态的发展，以更好的促进人与人、人与社会和人与自然的和谐发展，使社会更加和谐。这"五位一体"包含着国家物质性的硬实力和精神性的软实力，适应当今时代发展的潮流。欧美发达国家在全球化、网络化的背景下，利用其雄厚的经济实力和先进的科学技术，成功地推行其文化霸权主义和强权政治。这个事实告诉我们，在国与国之间的竞争表现为综合国力竞争的今天，强大的文化就是强大的国际影响力，是一个国家的软实力和国际竞争力的体现。

可见，相对于硬实力，一个国家的软实力显得更为重要，尤其是文化这个软实力。为此，党的十七届六中全会提出了文化强国的科学命题和战略目标，再次强调增强国家文化软实力的重要性和紧迫性。研究高深学问是现代大学的天职，其本质是对文化的传承、研究、融合和创新，文化功能是大学的基本功能。因此，人们习惯把大学的观点和思想当作是先进的、具有独立意识的，从而对其价值观、科学理论和学术思想的地位深信不疑，大学也因此具有发挥其文化影响力的资本，使得高校文化软实力不仅仅是国家文化软实力的重要组成部分，更是国家文化软实力的活力源泉。而高校文化软实力又主要是以高校校园文化的形式呈现出来的，是高校师生员工在长期教学实践、科研活动、社会服务、生活娱乐等实践活动中共同创造和形成的，超越了物质存在的精神成果的影响力、凝聚力和感召力，这些精神成果包括高校精神文化、制度文化、行为文化、环境文化等，这也是高校校园文化所包含的内容。因此，加强高校校园文化建设研究，必然有利于提高国家软实力，扎实推进建设社会主义"文化强国"。

（4）有利于把大学生培养成合格的社会主义建设者和可靠的接班人

高校校园文化建设本身具有思想政治教育的内涵，同时又是思想政治

教育的重要载体和有效途径，而且其终极目标是培养全面发展的人，由此可见，高校校园文化建设本质上也是对大学生进行思想政治教育。而在阶级社会里，思想政治教育的主要政治功能是为本阶级培养接班人。任何统治阶段都不敢忽视培养能够忠诚于本阶级、本民族利益、体现其意识形态的人才。因此，培养和争夺接班人的问题，历来是统治阶级必须重视的问题。大学生是最可宝贵的人才，他们身上承载着整个民族与国家的希望。高校作为人才培养的重要基地，其宗旨和目标是培养合格的社会主义建设者和接班人。这就决定了高校既是知识人才密集地，又是各种意识形态的生产地、集散地和斗争地。所以当代大学生的思想政治素质水平关系到社会整体的前进步伐，与党和国家的命运息息相关，加强和改进大学生的思想政治教育，既是时代发展的必然结果，也是党和国家赋予我们的一项重要责任。①

成长在改革开放年代的当代大学生，多元文化并存是他们成长环境的常态，因此，当代大学生不可避免地要受到各种思想的影响和渗透。高校校园文化建设实质是对大学生进行社会主义主流意识形态教育，培养什么样的人是它的重要任务。正如胡锦涛强调："切实加强和改进大学生思想教育工作，培养造就千千万万具有高尚思想品德和良好道德修养、掌握现代化建设所需要的丰富知识和扎实本领的优秀人才，使大学生能够与时代同步伐，与祖国同命运，与人民齐奋进，这对于确保实现全面建成小康社会，确保实现中华民族的伟大复兴，具有重大而深远的战略意义。"所以，面对错综复杂的国内外环境，加强高校校园文化建设，势必有利于把大学生培养成合格的社会主义建设者和可靠的接班人。

## 二、国内外研究综述

校园文化，顾名思义就是存在于学校校园这种客观环境中的文化。

① 孙其昂. 思想政治教育学基本原理[M]. 南京: 河海大学出版社, 2004年版, 第12页。

也就是说，只要有学校校园这种客观环境的存在，就必然有校园文化的存在。我国高校校园文化源远流长，可以追溯到公元前2700年的五帝时代具有"大学"之名的"成均"。但本书所涉及的现代意义上的高校校园文化，是由美国学者华勒（Waller）最早提出的。1932年在他的《教育社会学》（The Sociology Teaching）一书中，首先使用了"学校文化"一词后，经过20世纪50、60年代的发展，终于在20世纪80年代中后期，以独立的形态成为社会文化的一个重要组成部分，并逐渐为很多国家所重视和研究。下面就国内外研究的现状及成果进行综述。

（一）国内研究现状及成果综述

我国现代意义上的"校园文化"这一概念，是在1986年上海交通大学第12届学代会上第一次被正式提出的。当时几位学生候选人不约而同地提出了校园文化建设的问题，引起了各高校的共鸣和媒体的关注，如继华东师范大学率先举办首届"校园文化建设月"后，上海交大、华东工学院（现改名为南京理工大学）、复旦大学又推出校园文化艺术节，等等，校园文化呈现出一派空前活跃的景象。校园文化建设也不断得到中央和地方相关部门的重视和支持，如1986年，共青团上海市委学校部召开"校园文化理论研讨会"；同年11月，团中央和全国学联肯定了校园文化建设的意义，得到了中宣部和国家教委的大力支持，并作为一项重要工作把校园文化建设写进正式的文件中。在这些实践的基础上，各种理论研讨会相继举行：1990年4月，全国校园文化首届理论研讨会由中共中央宣传部、中国教育学会、中国高等教育学会、团中央等多个部门在北京联合召开；同年8月，海南省思想政治教育研讨会和海南大学在通什召开"校园文化与思想政治教育"的理论研讨会；1991年10月，在承德召开全国高校校园文化理论研讨会；等等。这标志着校园文化建设由实践上升到理论，高校校园文化建设研究也逐渐趋于自觉和理性。

随着校园文化建设的不断深入，校园文化建设在中国特色社会主义现代化建设中的重要性越发突显。江泽民在十四大报告中，把校园文化同社区文化、村镇文化、企业文化一起，作为社会主义精神文明建设的重要内容，为经济建设和改革开放提供强大的精神动力和智力支持，这使得校园文化建设得到质的飞跃。尔后在1995年11月，国家教委正式颁布试行的《中国普通高校德育大纲》，把校园文化建设列入高校德育的五条途径之一，并强调要"加强校园文化建设，优化育人环境，发挥环境的育人功能"。1999年9月，《中共中央关于加强和改进思想政治工作的若干意见》中，把校园文化建设提到了学校德育工作的重要议事日程。2004年10月，中共中央、国务院《关于进一步加强和改进大学生思想政治教育的意见》（简称"16号文件"）中提出"要建设体现中国特色社会主义特点、时代特征和学校特色的校园文化"。为了贯彻和落实"16号文件"，2004年12月，教育部、共青团中央《关于加强和改进高等学校校园文化建设的意见》指出，高校校园文化是社会主义先进文化，校园文化建设是我国实施科教兴国和人才强国的重要组成部分。这样，高校校园文化建设上升为战略发展高度。2005年1月，在全国加强和改进大学生思想政治教育工作会议上，胡锦涛再次强调："要大力建设体现社会主义特点、时代特征和学校特色的校园文化……寓教育于文化活动中。"极大地推动了校园文化建设。党的十七届六中全会也强调要提高校园文化建设的水平。面对网络的兴起给校园文化建设带来的各种影响，2000年胡锦涛在党的十四届四中全会上强调，"特别要认真研究互联网对青年带来的影响，努力建设思想政治工作的新阵地，打好网上宣传教育的主动仗"。在党的十七大报告中，又提出加强网络文化建设。随后，中共中央、国务院在《关于进一步加强和改进大学校园文化主体思想政治教育的意见》中明确指出，要"大力建设校园文化……要全面加强校园网的建设，使网络成为弘扬主旋律、开展思想政治教育的重要手段"。这标志着高校校园文化建设进入到一个全面、深入发展的阶段。

　　通过对校园文化建设的不断实践和理论探讨，高校校园文化理论研究成果也非常丰富。从总体上看，校园文化理论的研究经过20世纪80年代的探索、90年代的逐步发展和进入到21世纪至今的日趋成熟的三个发展阶段。研究的内容主要涵盖校园文化的基本理论（包括内涵、特点、结构、性质、功能、意义等）、校园文化建设的实践思考（包括问题、影响、对策、途径、原则等）、校园文化建设的中外比较等。现就以此为依据，分别对学界的研究情况及其主要成果进行有代表性的综述。

### 1.20世纪80年代校园文化理论研究的探索阶段

1986年10月，沈辉在《青年研究》上发表了第一篇探讨校园文化的论文《校园文化浅析》，以及同年12月他又在《上海青少年研究》上发表了《校园文化的特征、功能与建设》一文，在校园文化理论研究领域起了抛砖引玉的作用。随后，一些以校园文化为研究主题的论文开始散见在一些报刊上。尤其是华东师范大学名誉校长、著名的教育家刘佛年教授，于1987年4月7日在《报刊文摘》上刊登的《刘佛年谈校园文化建设》一文，有力地指导了校园文化的理论研究，使一些具有思想性、学术性的校园文化理论研究文章纷纷涌现。但刚刚起步的校园文化研究，此时无论从数量上，还是从内容上，都尚处于探索阶段。从数量上看，笔者从中国期刊全文数据库中输入"校园文化"这一关键词，通过模糊搜索1986—1989年这一阶段所有与"校园文化"相关的文章，总共才115篇。再试着精确搜索，关于"校园文化"的专题研究只有56篇。从内容上看，这一阶段的校园文化理论研究包括基本理论、具体实践和中外比较，但主要集中在校园文化的基本理论的探讨上。从专著上看，这个阶段还没有专著，只有1986年11月在上海交大举办的"上海市高校校园文化专题研讨会"上，编写了我国首本高校校园文化理论集《文化·校园·人——"校园文化"研讨会论文集》。具体研究情况如下：

（1）关于校园文化基本理论的研究

除了沈辉的那两篇论文开了基本理论研究的头外，比较有代表性的还有：丁东澜的《校园文化概念、特征功能及建设》〔《浙江师范大学学报》，1988（1）〕在列举众说纷纭的校园文化定义后，从狭义和广义来界定校园文化，并分析其内容、特点、功能，指出校园文化建设的作用；石峰岗和河海东在他们的《论校园文化及其优化》〔《高等教育研究》，1989（1）〕中，不仅对校园文化的内涵进行分类，揭示其特征和作用，而且对如何优化校园文化提出了自己的观点；蒋宏和李强在其《"校园文化"再探》〔《当代青年研究》，1989（6）〕一文中，提出了校园文化的亚文化性质。

（2）关于校园文化建设的实践思考

这方面的文章主要集中在对改革开放后，各种思潮的涌入给大学生的思想带来的激烈碰撞与冲突。如王东平的《校园文化建设初探》〔《武汉交通政治管理干部学院学报》,1989(1)〕对学校面临商品经济冲击出现的一些文化现象进行反思,强调校园文化建设在学校工作中的地位和作用,并提出解决的有效途径;江渊的《论改革开放中的校园文化建设》〔《江西教育学院学报》,1989(1)〕通过分析改革开放背景下高校校园文化建设的功能和作用,提出校园文化开发与建设的途径,等等。理论研究者们以其独有的敏感性,对校园文化建设中出现的问题给予及时的关注并试着提出解决的观点,尽管还在探索阶段,但对校园文化实践具有重要的指导意义,为校园文化理论的进一步发展提供了理论基础。

（3）关于校园文化的中外对比

这个阶段对校园文化理论的研究更多的是把注意力放在国内的研究,对国外的涉及较少,因此关于校园文化的中外对比专题的文章几乎没有,只有叶天放的《从胜任到献身——读〈美国大学教育〉看美国校园文化》〔《当代青年研究》,1989(Z1)〕介绍了美国校园文化,为我国正在探索的校园文化理论研究提供了借鉴。

探索意味着面临各种挑战甚至挫折,校园文化理论研究同样如此。在西方国家的"和平演变"策略的攻势下,一些激进的思想如文化的"全盘西化""虚无主义"等在大学生中蔓延,导致资产阶级自由化思想在高校校园里泛滥,最终酿成1989年的政治风波,使高校校园文化理论研究遭到重创,这也从一个侧面反映了校园文化理念的研究有待于进一步发展和提升。

2.20世纪90年代校园文化理论研究的发展时期

1989年的政治风波使越来越多的人意识到校园文化这个思想政治教育载体的重要作用。1990年4月,首届全国校园文化理论研讨会在北京召开,把校园文化理论研究推向了高潮,它标志着校园文化理论研究重新走出低谷。特别是党的十四大强调了校园文化建设的作用后,校园文化理论研究开始蓬勃发展,由探索阶段进入到发展阶段。

（1）关于校园文化基本理论研究

这个阶段校园文化的基本理论的研究已不再局限于校园文化本身,而是从不同的视角广泛而深入地研究。如葛金国、石中英的《论校园文化的内涵、特征和功能》〔《高等教育研究》,1990(3)〕从发生学、校园文化空间结构及其与校风、校园精神的关系来揭示校园文化的内涵、结构、基本特征和功能；郭耀邦的《校园文化的本质及发展》〔《福建论坛》（经济社会版），1990（8）〕则分析了校园文化的本质、特征及现实意义，指出了校园文化建设的出路和选择；吴献金、李透忠、徐波的《校园文化的层次分析》〔《湖南大学学报》1991（6）〕探究了校园文化各要素和校园文化各层面客体，剖析了主体层次中不同群体的特征、行为方式和价值观念，揭示了校园文化的深层内涵及发展走势；王明雯、宋金国的《浅谈成才与校园文化》〔《西昌高等师范专科学校学报》，1998（3）〕通过分析成才与环境，揭示校园文化的意义及如何优化育人环境；等等。不难看出，发展阶段的校园文化理论研究已经深入校园文化的本质、意义、发展趋向等深层次，并与建设路径、机制等结合起来，校园文化理论研究开始从宏观理论层面进入到微观操作层面。

（2）关于校园文化建设的实践思考

这个阶段校园文化建设的实践思考更丰富和全面，既有对探索阶段及现实中出现的问题进行的反思，又有从不同的学科和研究方法来探讨校园文化建设的新路。从反思的角度来看，具有代表性的如边文强的《校园文化的浮躁之气》〔《中国青年研究》，1990（5）〕指出了校园文化中存在的浮躁现象，分析产生的原因并提出解决的方法；杨新起的《校园文化整体建设的若干思考》〔《学校思想教育研究》，1990（5）〕就资产阶级自由化对校园文化建设的影响提出了自己的思考；孟庆发的《校园文化对消极文化的受容与正确价值取向的确立》〔《松辽学刊》，1991（2）〕分析了校园文化受到国际反动势力的渗透、"和平演变"、资产阶级自由化思潮泛滥等巨大冲击，提出加强校园文化建设的具体对策；侯红蕊的《校园文化、当代大学生理想与现实的冲突》〔《青年研究》，1995（4）〕通过回顾校园文化的历史，对校园文化中大学生理想与现实冲突的现状提出了自己的思考；等等。

从探讨校园文化建设的新路来看，代表性的有罗浩波的《对校园文化问题的哲学思考》〔《高等教育研究》，1991（3）〕从哲学角度揭示校园文化的内涵及影响人的规律；穆礼弟的《实施美育是加强校园文化建设的重要途径》〔《清华大学教育研究》《1991（1）〕从美育的视角探讨校园文化建设的途径；杨惠民的《建设校园文化，优化德育环境》〔《赣南医学院学报》，1991（3）〕从德育的角度指出校园文化建设对学生思想品德的培养具有重要意义和作用；郭白泉的《校园文化建设的方法论思考》〔《益阳师专学报》，1991（3）〕从方法论的角度对校园文化建设进行思考；李怀中的《试论校园文化建设的中国特色》〔《交通高教研究》，1997（1）〕以建设中国特色社会主义校园文化为立足点和出发点，提出对校园文化的中国特色的认识，等等。值得一提的是，随着20世纪90年代文化素质教育理念的提出，尤其是1998年教育部颁布实施《关于加强大学生文化素质教育若干意见》，首次明确提出将文化素质教育纳入高等教学改革行列后，很多作者开始从文化素质教育的角度来研究校园文化建设，如许伟通的《试论高校校园文化建设和素质教育》〔《高教与经济》，1998（3）〕诠释了校园文化和素质教育的概念，分析了两者的关系及其在培养跨世纪人才中重大意义；葛呈煜的《加强校园文化建设是实施素质教育的一个重要途径》〔《泸州教育学院学报》，1999（1）〕通过揭示校园文化建设在实施素质教育中的重要作用，提出校园文化建设推进素质教育的举措及其对素质教育的适应，等等。还有作者从具体的角度来探讨校园文化建设，如王东平的《浅谈高校图书馆与校园文化建设》〔《濮阳教育学院学报》，1997（2）〕从图书馆的视角来论述校园文化在图书馆阅览中应发挥的作用；徐功轩、单澍铭的《针对农村职高搞好校园文化建设》〔《职教论坛》，1995（12）〕从农村职业教育的角度来阐述校园文化的重要性；等等。

　　此外，这个阶段开始出现了一些理论性较强的学术著作，如高占祥的《论校园文化》（新华出版社，1991年）；侯长林的《校园文化略论》（贵州增长率出版社，1991年）；史华楠的《校园文化学》（北京医科大学、中国协和医科大学联合出版社，1993年）；杨怀中、龚贻州的《象牙塔之谜——校园文化学概论》（人民交通出版社，1993年）；陶国富等的《大学校园文化》（学林出版社，1997年）；杨承运的《古国纵横：北京大学校园文化景观》（华夏出版社，1998）；高长梅、吴玉红的《校园文化建设全书》（经济日报出版社，1999年）；官风华的《台湾校园文化》（山西教育出版社，1999年）；王邦虎的《校园文化论》（人民教育出版社，2000年）；白同平的《高校校园文化论》（中国林业出版社，2000年）；等等。这些论著的出现也是校园文化得以发展的又一个标志。

（3）关于校园文化中外对比

校园文化中外对比的研究在这一阶段还比较少。在中国期刊全文数据库搜索，总共才11条，而且很多只是中外文化对比，没有专门的校园文化对比。如彭小虎的《反学校文化现象的思考》〔《上海师大学报》（社科版）1998（3）〕在探讨反学校文化现象时，列举了国外在这方面的研究成果。

总之，20世纪90年代是校园文化理论研究的发展阶段，在研究的深度和广度上，都远远超过了探索阶段，而且这个阶段的研究开始与社会现实相结合，初步显示了校园文化的现实价值，校园文化理论研究逐步步入科学化、系统化的轨道，其在实践中的作用也开始体现出来。但从总体上看，很多研究还处于尝试阶段，存在着不少亟待解决的问题，而这些问题的解决，也必然促进校园文化理论研究走向成熟。

3.进入21世纪至今的校园文化理论研究日趋成熟

进入新世纪，在全球化、网络化、市场化的时代背景下，随着我国高等教育改革进程的推进，高校校园文化建设在实践中面临了很多新情况、新问题，迫切需要加强理论研究给予理论指导，校园文化理论研究在不断进行理论探讨和指导实践的过程中走向成熟。从论文的数量就可见一斑，通过搜索，截至2012年，关于校园文化的文章一下子从20世纪90年代的3052条猛增至31837条，研究内容的更为广泛和深入，折射出校园文化理论研究的日趋成熟性。

（1）关于校园文化的基本理论研究

这个阶段在基本理论研究方面，表现得更加具体和全面，在此以校园文化内涵、特征和功能这三个最基本的内容研究成果为例。从内涵来看，理论研究者们根据校园文化构成的要素不同，给予不同的界定，主要有：蒋学丽的《论大学校园文化及其建设》〔《辽宁教育行政学院学报》，2007（1）〕提出由物质文化和精神文化构成的"二要素说"；宋保忠、相艳的《经典大学精神与高校校园文化建设》〔《西北工业大学学报》（社科版）2005（2）〕增加了制度文化这一内容的"三要素说"；潘懋元的《新编高等教育学》提出的包括智能文化、物质文化、规范文化和精神文化的"四要素说"；李高南、熊柱的《关于高校校园文化建设的思考》〔《广西大学学报》（哲社科版），2005（3）〕提出了包括物质文化、智能文化、精神文化、规范文化、行为文化的"五要素说"；卿秦的《校园文化建设与思想政治教育探析》〔《学校党建与思想教育》，2011（1）〕把校园内所有对学生有现实影响和潜在影响的要素都纳入校园文化范围的"多要素说"。虽然理论研究者们对各要素的提法略有不同，但其意思是相近的。从特征来看，校园文化除了自身所具有的特征外，还打上了时代的烙印。代表性的观点如：罗大中的《论高校校园文化的特征及发展趋势》〔《辽宁广播电视大学学报》，2001（3）〕强调网络文化的时代性特征；戴天增的《校园文化新特征》〔《文明与宣传》，2002（6）〕提出开放性特征等。从功能来看，很多的理论研究者在对已有的研究成果加以整合的基础上，从德、智、体、美、创新、社会化等角度来挖掘，使校园文化的功能日益丰满，如于建波、张厚兰的《校园文化的内涵、特征与功能》〔《临沂师范学院学报》，2002（1）〕认为校园文化具有导向与启智、育德、激励、约束和美育与健体的功能。也有论者从其中某一个视角来分析校园文化的功能，如侯东喜、乔长水的《校园文化的人才培养功能初探》〔《教育与职业》，2010年5月下〕从智育的角度分析了校园文化在人才培养中的作用；蔡红生的《正确处理大学校园文化的几个关系》〔《高校理论战线》，2010（11）〕通过分析创新与继承的关系，突出了校园文化的创新功能；刘国新、王春喜的《论校园文化力的特点与功能》〔《湖北大学学报》（哲社科版），2011（1）〕分析了校园文化的引领和整合功能。

从上述校园文化的内涵、特征和功能的研究状况分析不难看出，校园文化理论研究呈现出科学化、系统化，已经作为社会文化研究的一个重要组成部分而自成独立的体系，这表明了校园文化理论研究正在走向成熟。

（2）关于校园文化建设的实践思考

走向成熟的校园文化理论研究最大的特点是要与社会大环境紧紧地联系在一起，尤其是与党中央的精神保持一致。表现为：2004年党中央国务院的16号文件的发出，以及随后教育部、共青团出台关于加强和改进高校校园文化建设的意见后，发挥校园文化在大学生思想道德教育中的作用就成为理论研究者们研究的重点。如许庆华的《高校校园文化的解读对思想政治教育的启示》〔《前沿》，2004（9）〕对如何利用校园文化的凝聚、约束、激励和导向的功能来作用于思想政治教育谈了自己的看法；朱凌、朱友岗的《发挥校园文化思想政治教育作用的路径选择》〔《学校党建与思想教育》，2007（9）〕提出了发挥校园文化思想政治教育功能的实现途径；孙媛媛、刘晓春的《浅析校园文化与大学生思想政治教育的辩证关系》〔《山东广播电视大学学报》，2010（3）〕从两者辩证的关系强调校园文化在大学生思想政治教育中载体作用的重要意义，等等。党的十六届六中全会提出构建社会主义和谐社会战略任务后，和谐校园文化建设又成了研究的重点。如吴磊、肖池平的《关于和谐校园文化建设的思考》〔《江西社会科学》，2006（2）〕阐述了和谐校园文化的内涵、特征、重要作用，提出推进和谐校园建设的观点；连建华的《高校和谐校园文化的构建》〔《安阳师范学院学报》，2008（4）〕提出了构建和谐校园应具有的理念及其构建的内容；闫辉的《高校文化建设与"和谐校园"构建》〔《长春师范学院学报》，2012（4）〕提出了校园文化建设与构建和谐校园的途径，等等。社会主义核心价值体系是建设和谐社会的根本，特别是2011年党的十七届六中全会再次强调实现文化强国需要社会主义核心价值体系的支撑后，如何以社会主义核心价值体系引领校园文化建设又引起了理论研究者们的重视。李有玉的《以社会主义核心价值体系引领高校校园文化建设》〔《当代世界与社会主义》（双月刊），2009（4）〕分析了社会主义核心价值体系引领高校校园文化建设的重要性和迫切性，提出了引领的路径选择；万美容、明月的《论社会主义核心价值体系引领大学校园文化建设的机制》〔《学校党建与思想教育》，2010（10）〕提出了引领的机制构建与优化；等等。

此外，网络化的社会背景，促使很多理论研究者从各自的视角探讨网络文化对校园文化的影响及对策，如江玉安的《高校校园网络文化建设探析》〔《沧桑》，2006（5）〕较早探讨了校园网络文化对大学生成长的"双刃剑"作用，并提出加强校园网络文化建设的思路；敬菊华、张珂的《校园网络文化与校园文化的关系分析》（《重庆邮电大学学报》〔社科版〕，2007（4）〕阐释两者的涵义和特点，厘清两者的关系；傅俊卫的《网络文化对高校校园文化的影响及应对策略》〔《教育探索》，2011（3）〕分析了网络文化的双重作用，提出了加强校园网络文化建设的对策；任平平、常苏娟的《探索新时代网络文化对高校校园文化的影响》〔《工会论坛》，2012（1）〕探索了新时代网络文化的特点及其对高校校园文化的影响和应对策略，提出了加强和谐校园网络文化建设，构建社会主义核心价值体系的理念。

（3）关于校园文化中外对比研究

这个阶段明显增加了在校园文化中外对比的研究成果也不少。代表性的有：李越红的《中西方校园文化差异浅析》〔《山西农业大学学报》（社科版），2004（3）〕通过对中西文化特色的比较，指出两者的冲突之处，指出应该批判性吸收借鉴西方校园文化以建设民主、开放的校园文化；邹毅彬的《中外高校校园文化差异及启迪》〔《河南工业大学学报》（社科版），2011（1）〕通过中西文化的对比，从中得到启示，主张吸收和借鉴国外有价值的研究成果，以丰富和完善我国的高校校园文化。

这一阶段，校园文化理论研究趋向成熟还有一个重要信号，那就是理论研究者推出了一大批更具体、更专业、更富有特色的校园文化论著，代表性的有：刘德宇的《高校校园文化发展论》〔中国海洋大学出版社，2004年〕；郭广银、杨明等的《新时代高校校园文化建设的理论与实践》〔南京大学出版社，2007年〕；吴云志、张广鑫、丛茂国的《高等学校校园文化建设研究》〔吉林大学出版社，2007年〕；孙庆珠的《高校校园文化概论》〔山东大学出版社，2008年〕；等等。而较早涉足校园网络文化研究方面的论著的是杨立英的《网络思想政治教育论》〔人民出版社，2003年版〕；之后，张静主编的《新时代高校校园文化建设的新探索》〔南开大学出版社，2010年〕也对高校校园网络文化建设进行了探讨。在中外校园文化比较研究方面的论著，代表性的有蔡红生的《中美大学校园文化比较研究》〔中国社会科学出版社，2012年〕。另外，这个阶段还出现了一些根据具体高校的特色而专门为其高校校园文化撰写的著作，如关成华主编的《北京大学校园文化》〔北京大学出版社，2001年〕；黄延复的《水木清华：二三十年代清华校园文化》〔广西师范大学出版社，2001年〕；李尚德的《凝聚中大精神——"中大精神与校园文化建设"大讨论集》〔中山大学出版社，2001年〕；等等。

总之，进入新世纪，在党和国家的关心和重视下，校园文化尤其是高校校园文化理论研究得到了质的发展，校园文化已经成为一个独立的学科越来越受到人们的重视。当然，随着时代的发展，校园文化理论研究必须要与时俱进，在日趋成熟的基础上，需要不断得到完善和提升。如何用社会主义核心价值体系引领高校校园文化建设，使高校校园文化在文化强国中发挥先进性作用，是目前乃至今后很长时间里需要给予重视和解决的一个重要课题，这也是本书努力的一个着力点。

### （二）国外研究的现状综述

虽然在华勒提出"校园文化"之前没有这一概念，但国外却有很多关于大学、大学理念、大学精神的研究。我们在此研究的是现代意义大学的校园文化，而现代意义的大学源自近代的英国，因此，这里对国外校园文化研究的综述主要以欧美国家为主，分别从近代以来大学教育、大学理念、大学精神的历史演变来了解国外校园文化研究的情况。

#### 1.近代以来西方大学教育发展的历史演变

近代英国作为工业革命的发源地，其高等教育以牛津和剑桥两所大学为中心，在当时欧美国家中处于领先地位。在17世纪末18世纪初，英国高等教育仍以古典文科和宗教神学为主。不过，随着培根的唯物主义哲学和牛顿物理学理论的诞生，一些自然科学知识开始走进大学课堂，渗入大学的教学内容中。随着资本主义制度的巩固、发展和繁荣，很多大学教育为了适应形势的发展，急需进行改革，"新大学运动"在英国得以发起。这样，到了19世纪末20世纪初，在"新大学运动"的继续推动下，英国不仅涌现了一批为新兴工业培养科技人才的新型大学，而且进一步推动了牛津、剑桥的自身改革。它们开始注重实用学科教育，并开创了女子高等教育的先河。近代美国高等教育尽管在西方发达国家中起步较晚，但作为一个移民国家，它一开始就把移植西方先进的思想文化和教育体制作为其殖民地时期的首要任务。所以，在高等教育上因起点高而在培养牧师、政治管理人才方面具有其他类型教育所不可企及的优点。世界闻名的哈佛大学、耶鲁大学都是在这一时期创办的，足见其高等教育的发展状况。近代德国虽然是一个后发展国家，但其高等教育却不落后，它创办了一批诸如哈利大学、赫丁根大学等新大学，开创了德国高等教育发展的新局面。尤其是当时著名教育家威廉·冯·洪堡进行了一系列的教育改革，创办柏林大学，提出了对后来德国乃至整个世界的教育、科研产生深远影响的"洪堡理念"，即"教学和科研统一"的理念。

到了20世纪初，英、美、法、德等欧美国家政治经济发展不平衡加剧，纷纷通过教育改革与实验以振兴本国经济。特别是在20世纪60年代以后，经过两次世界大战的洗礼，世界高等教育进入了一个迅猛发展的时期：英国面对"二战"重创后经济实力逐渐衰微的严峻现实，颁布了一系列教育法令，促进了英国现代大学的发展，实行大学完全自治；德国作为两次世界大战的战败国，在深刻反思的基础上，首先把目光放在教育上，采取了一系列教育改革措施，大力推行职业教育，使德国在"二战"后迅速崛起；"二战"后的美国高等教育更是发展飞快，它所倡导的"以学生为中心"的理念，被联合国教科文组织写入世界高等教育大会的宣言里，对整个世界高等教育产生了历史性的影响，被越来越多的国家所认同。

2.近代以来西方大学理念的历史演变

19世纪英国学者纽曼在他的传世之作《大学的理念》中，首先提出了大学理念，即"大学是一个传授普遍知识的场所"，他认为大学应该是教师和学生组成的教育机构，"是训练和培养人智慧的机构，大学讲授的知识不应该是对具体事实的获得或实际操作技能的发展，而是一种状态或理性（心灵）的训练"[①]。可见，在纽曼看来，大学的任务就是通过自由教育和智力训练，培养社会的良好成员。显然，他的大学理念是"教学"的场所，是人才培育的机构。

随着工业革命的兴起和发展，新的科学技术发明在生产中发挥着越来越重要的作用，大学有限的人才培养职能的局限性就越发突出。于是，德国著名的教育家，也是当时的教育大臣洪堡，在他的《论柏林高等学术机构的内部和外部组织》等论文中，提出了大学不仅要培养人才，还要发展科学、开展科学研究的"洪堡理念"，他强调大学应该是教育与研究并重。这样，大学理念就由纽曼注重大学知识传授职能发展到洪堡强调的知识传

---

① 杨东平.大学精神[M].沈阳：辽海出版社，2000年版，第133页。

授与知识创新的双重职能，这也是德国大学在科学发展与高水平人才培养上走上世界前列的一个重要原因。

到了20世纪初，美国威斯康星州立大学校长范·海斯所倡导的"威斯康星理念"，是现代大学理念形成过程中的又一个里程碑，他在大学理念中增添了功利主义的色彩，认为大学应肩负三重责任：把学生培养成有知识、有能力的公民；发展知识；把知识传授给民众并为全州服务。这就是现代的人才培养、科学研究、服务社会的三重职能。"威斯康星理念"在"纽曼理念""洪堡理念"的基础向前推进了一步，把大学的资源和能力直接用于解决公共问题、服务于社会，使得大学从根本上走出了"象牙塔"的封闭性，与社会融为一体。

到了21世纪，全球化、网络化下的科学技术日新月异，人类进入了知识经济时代，国际竞争日趋激烈，大学在这当中的作用日益突显。联合国教科文组织发表的《21世纪高等教育：展望和行动世界宣言》重申和确立了高等教育的三个核心概念：高等教育的针对性、高等教育的质量和高等教育的国际化，由此产生了许多全新的大学理念，即大家现在耳熟能详的创新理念、终身教育理念、可持续发展理念、以人为本理念、国际化理念等。[①]

3.近代以来西方大学精神的历史演变

大学精神作为大学理念的表现，是随着大学理念的变化而变化的。纽曼的大学培养人才的理念，使大学成为学术探究和知识传播的地方，也成为近代欧洲大学，特别是英国的大学的基本办学宗旨，蕴含着崇尚科学和追求卓越的大学精神。洪堡的大学人才培养和科学研究的双重职能理念，第一次提出"学术自由"的概念，确立了"学术自由"的价值，并把它具体化为教授"教学自由"和学生的"学习自由"，成为德国的大学最重要的特征，对世界其他大学产生广泛而深刻的影响。美国在此表现得尤为突出。19世纪后期，大批美国学者从德国大学学成归来，给美国各主要大学

---

① 张静. 新时代高校校园文化建设的新探索[M]. 天津：南开大学出版社，2010年版，第243页。

带回了学术自由的理念后，到了20世纪初，美国高校很快就对学术自由进行制度化，这对高校校园文化产生了巨大的影响。为了保护学术自由，在杜威等人的倡议下，1915年，美国成立了"美国大学教授联合会"（AAUP），在其成立宣言中，陈述了学术自由的主要原则：教授、教师和学者有权自由发表言论；除非不称职或有先天缺陷，教师的职位必须得到保证；教授受处分前拥有申诉的权利。之后，学术自由的内涵不断得到充实，除了保护教授个人之外，学术自由逐渐把学校教育政策方面的自由权也纳入其范畴。①

与学术自由相伴的是现代学术自治理念，它也是西方大学发展进程中最基本的原则和传统之一。洪堡在提倡学术自由的同时也提倡学术自治，使德国的大学呈现出学术自由和学术自治相结合的特点。英、美两国在后来的教育实践中深入发展了大学自治，并建立了与学术自治理念相配套的相对完善的大学制度。如英国的高等教育基金委员会、美国的地方分权制形成的董事会。

"二战"后与美国"以学生为中心"的大学理念相对应的是"以人为本"的观念，强调在教育过程中突出人的主体性，发挥人的主观能动性，强调人的自我价值的实现和个性发展的教育思想。表现在课程设置上，把学生发展的需要、能力培养放在第一位；在教材使用上没有统一的教学大纲和教材，甚至有的课程没有教材，要求学生读原著；在课堂教学上以启发式教学、学生讨论为主，以充分调动学生的积极性、主动性和创造性；在社团组织上，由学生自发组织，有很强的独立性。

进入21世纪后，与创新、可持续发展、终身教育等全新大学理念相适应，欧美一些大学呈现出博采众长、兼收并蓄、和谐共存的开放性和多元化的文化教育思想特征，这以高等教育居世界之首的美国最为典型。作为移民国家的美国，素有"民族熔炉"的美称，来自世界不同地方的人们，他们带来不同的语言、教育形式、文化背景等，汇集在美国的大学里，美

---

① 郭广银、杨明等. 新时代高校校园文化建设的理论与实践[M]. 南京: 南京大学出版社，2007年版，第41—42页。

国又以其特有的开放性和包容性的传统和优势，在兼收并蓄各国文化的同时，也把美国的文化传播和融入到世界各国，这也是美国高等教育遥遥领先世界的关键所在。

## 三、本书的研究方法与创新之处

### （一）研究方法

#### 1.文献研究法

高校校园文化作为社会主义先进文化的重要组成部分，必然要以马克思主义为指导。而在当代中国，马克思主义既包括经典的马克思主义，也包括中国特色社会主义理论体系。因此，研究的文献主要有《马克思恩格斯选集》1—4卷、《马克思恩格斯全集》第1、2、3、20、21、23、25、26、34、40、46、47卷等、《列宁选集》1—4卷、《毛泽东选集》《毛泽东文集》《邓小平文选》《江泽民文选》等，以及相关的文献选编。

#### 2.比较分析法

通过中外高校校园文化建设横向对比和不同历史时代校园文化建设的纵向对比，对高校校园文化建设有个全面的认识，以更好地研究高校校园文化建设；通过对网络思想政治教育与传统思想政治教育的比较分析，有利于提高高校校园文化建设的实效性；通过高校校园文化与高校思想政治教育的比较分析，加深理解校园文化建设的本质。

#### 3.理论联系实际的方法

如运用马克思主义文化观，来分析高校校园文化建设的实质，以更好的实现对它的引导；把校园文化建设的理论与现实和谐社会构建、文化强国建设联系起来，体现高校校园文化建设研究的现实价值；运用马克思主义人本思想，在高校校园文化建设中坚持以人为本，帮助大学生在全球化、网络化的影响下健康成长、顺利成才，最终成为社会主义合格的建设和可靠的接班人。

#### 4.多学科综合研究法

高校校园文化建设是一项复杂的系统工程，任何局限于某一学科的视角的研究，都不可能是完整的。本书借鉴了哲学、经济学、教育学、传播学、社会学、人类学、心理学等学科成果，体现了多学科综合研究的方法。

5.问卷调查法

为了了解新时代高校校园文化建设的现状，做到理论联系实际，本书主要通过对福建省湄洲湾职业技术学院、福建师范大学、福州大学三所不同层次高校校园文化建设的现状进行了抽样问卷调查，以获得第一手资料，并对所掌握的数据进行整理分析，使研究做到有的放矢，提高其实效性，为研究提供可靠的、真实的材料，保证理论经得起实践的检验，为提出对策提供了实证依据。

（二）创新之处

本书通过实证研究与理论分析相结合，根据新时代高校校园文化建设的实际，在研究过程中努力做到以下创新：

第一，本文从校园文化发展的视角，对其功能进行了分析阐述，指出了校园文化的创新、社会化、人格培养等方面的功能，且赋予了其新的解析。

第二，注重理论与实际的结合，尤其是以福建省高校为例，用第一手资料较为详实地说明了高校校园文化建设的意蕴，对其作了共性与个性的统一阐述。

第三，提出了一些校园文化建设的具体方法，如大学精神的培育、现代大学制度的建设等。

第一章

新时代高校校园文化探析

文化作为一种社会历史现象，是人类社会实践的产物，是人类社会得以延续和发展的基本途径之一。校园文化，顾名思义就是存在于学校校园这种客观环境中的文化。只要有学校校园这种客观环境的存在，就必然有校园文化的存在。可见，校园文化是社会文化的一个组成部分。在我国，高校校园文化被视为社会主义先进文化的重要组成部分，代表着社会主义先进文化发展的方向和进程，对整个社会文化的改革和发展起着引领、示范和辐射的作用。因此，有必要通过了解高校校园文化的起源与发展，分析高校校园文化的内涵、特征和功能，以更好地理解和发挥高校校园文化的先进性作用。

## 第一节　高校校园文化的起源与发展

作为文化的一个重要组成部分，为了更好的理解和把握高校校园文化，首先必须对文化的概念进行简单的梳理。

## 一、文化的简述

### （一）文化是最常见的、也是最复杂的概念之一

在现实生活中，每个人都生活在特定的文化背景中，并直接或间接地通过各种渠道与各种文化接触，与不同文化背景的人交往。文化是人们最常见、最熟悉，也是最复杂的概念之一，这从一些学者对全世界文化定义的统计数字中就可见一斑。据美国文化人类学家A.L.克鲁伯、K.克拉克洪在其合著的《文化——关于概念和定义的评论》中记载，从1871年—1951年80年间，仅限于西方世界较为严格的文化定义就有164种；法国心理学家A.莫尔继续此项统计表明，到20世纪70年代以前，世界文献中的文化定义已达到250多种；我国著名学者季羡林先生也曾对全世界给文化下的定义进行过统计，认为有500多种；学者胡潇认为，在文化研究热潮中涌现出来的文化定义已达10000种以上；等等。这些都足见文化界定的难度。难怪著名文化学家庞朴先生问钱钟书先生关于文化是什么的时候，钱钟书先生很无奈地回答说："文化到底是什么？本来还清楚呢，你一问倒糊涂了！"[1]学者依俊卿也有着类似的体会，他说，我们无时无刻不以某种方式"遭遇"文化，我们都在以各种方式"文化"着，但当我们停下来，质询一下文化的含义时，我们常常会有一种茫然失措、无从下手的感觉。[2]美国著名学者罗威勒（A.Lawrence Lowell）更生动地描述了文化的不可捉摸性，"……我被托付了一项困难的工作，就是谈文化。但是，在这个世界上，没有别的东西比文化更难捉摸。我们不能分析它，因为它的成分无穷无尽；我们不能叙述它，因为它没有固定的形状。我们想用文字来规范它的定义，这正像要把空气抓在手里似的：当我们去寻找文化时，它除了不在我们手里之外，它无所不在。"[3]

---

① 肖海鹰. 文化的"热"与"盲"——访文化学家庞朴[J]. 光明日报，1993.3.27

② 依俊卿. 文化哲学 十五讲[M]. 北京: 北京大学出版社，2004年版，第1—2页。

③ 吕长竑，夏伟蓉. 文化: 心灵的程序——中西文化概念之归类和词源追溯[J]. 青海民族学院学报（社会科学版），2009.3，第137—141页。

（二）文化的渊源

要用准确的语言来描述文化这个最复杂、最具有争议性的概念并非易事，但作为建设社会主义文化强国，实现文化大发展大繁荣的一个重大理论问题，文化却又是不能绕开和模糊处理的基本概念，这就需要通过对文化概念的渊源进行探析。

在中外语言系统中，"文化"一词古已有之。在中国古代，"文"与"化"最初是分开使用，各成一家。"文"字形似一个文身的人体，本义为花纹或纹理。《周易·系辞下》的"物相杂，故曰文"、《礼记·乐记》的"五色成文而不乱"以及《说文解字》的"文，错画也，象交文"等，都体现了"纹"之意蕴。之后在此基础上，"文"又引申出文物典籍和礼乐制度、文采装饰及人文修养等三个层次的会义。其中，第一层次的引申义文物典籍和礼乐制度，是与古代"德行"对称的"道艺"。体现在《尚书·序》所载的"古者伏羲氏之王天下也，始画八卦，造书契，以代结绳之政，由是文籍生焉"；《论语·子罕》所载孔子说的"文王既没、文不在兹乎？"等；第二层次的文采装饰，引申为修饰、人为加工、经纬天地，与"质""实"对称。如《尚书·舜典》的"经纬天地曰文"、《论语·雍也》的"质胜文则野，文胜质则史，文质彬彬，然后君子"等；第三层次的美、善、文德教化之义，即人文修养的引申义，是与"野"或武事对称。体现在《礼乐记》所谓的"礼减而进，以进为文；乐盈而反，以反为文"、郑玄注"文尤美也，善也"等。

"化"的本义是生成、造化、变易、变化莫测等。《庄子·逍遥游》的"北冥有鱼，其名为鲲……化而为鸟，其名为鹏"、《礼记·乐记》的"和，故百物皆化"、《易·系辞下》的"男女构精，万物生化"，以及《庄子·刻意》的"化育万物"等，这些论述中的"化"均有事物形态或性质改变之意，可理解为改造、造化、培育等，"化"由此引申为教行、迁善、告谕使人回心、化而成之等。《说文解字》的"化，教行也"、《华严经·音义上》的"教或于上，而易俗于下，谓之化"、《易·恒·象传》的"圣人久于其道具，而天下化成"等，皆指此义。①

"文"与"化"并用最早见于战国末年儒生编辑的《易·贲卦·象传》中的"刚柔交错，天文也。文明以止，人文也。观乎人天文，以察时变；观乎人文，以化成天下"。这段话的意思是说，刚美与柔美交相错杂，这是天的文采；文章灿明于礼义，这是人类的文采。观察天的文采，可以知道四季的变更及其规律；观察人类的文采，可以推行教化以促成天下昌明。②在此，"人文"与"化成天下"紧密相连，已初步彰显了"文化"的"文明教化""以文教化"之要义。

而真正把"文"与"化"合为一词使用则是到了西汉，出现在刘向《说苑·指武》的"圣人以治天下也，先文德而后武力之兴，为不服也，文化不改，然后加诛"、晋束皙《补亡诗》的"文化内辑，武功外悠"、南齐王融《三月三日曲水诗序》的"没神理以景俗，教文化以亲远"，等等。在此，"文化"一词与"武力""武功"对举，取其文明、文雅、文治教化之义；与"神理"对举，取其相近的精神教化之义。这诸多义项组合起来，便构成与天道自然（天文）相对的社会人论（人文）。③

中国古代"文化"一词不仅与现代"文化"意义相差甚远，而且在中国古代并不是很流行。当代中国所使用的"文化"的概念，据说大约是在19世纪末日本学者在翻译西方文化著作时，所采用的以古汉语中的"文化"一词对应英文中的culture一词。在西方语系中，culture（文化）一词源于拉丁文cultura，本义为耕作和植物培养，这一含义在一些现代英语词汇中仍然保留着，如agriculture（农业）、horticulture（园艺）及cultured pearls（人工养殖的珍珠）。16世纪时，agriculture开始用于指对人身的训练和培育，随后又用来指对人非身体方面的培养，④即对人的品德和能力的培养。

---

① 吕长竑、夏伟哥蓉. 文化：心灵的程序——中西文化概念之归类和词源追溯》[J]. 青海民族学院学报（社会科学版），2009.3期，第137—141页。

② 黄寿其、张善之. 周易译注[M]. 上海：上海古籍出版社，1989年版，第189页。

③ 李建中. 中国文化概论[M]. 武汉：武汉大学出版社，2005年版，第2页。

④ Goddard cli. The lexical sen antics of culture [J],Language Sciences. 2005( 27 )

古罗马著名思想家西赛罗采用了"culturametis"（耕耘智慧）[①] "cultura animiphibsophia"（哲学是对心灵的教化）[②]的说法，赋于cultuura一词比喻和引申的含义，已与拉丁语中的用法有所不同，具有改造、完善人的内心的世界，使人具有理想公民素质的意思。到了19世纪，culture的概念愈发复杂。1871年，英国人类学家泰勒在他的《原始文化》一书中首创了"文化"概念，把文化界定为"是包括全部知识、信仰、艺术、道德、法律、习俗及作为社会成员的人所掌握和接受的任何其他的才能和习惯的复合体"[③]。在1878年利特雷编纂的《法语词典》中，culture也被解释为"文化、科学和美术的修养"，并提到它作为"培养"和"培育"的同义词的用法。[④]这样，culture开始有了现代指向个人的完善和社会风范的意义。

可见，中西方文化的概念有很多相似之处，都有丰富和完善人的内心世界，提高人的德性和教养程度的意义，指向人的完善与发展，并突出了教育在其中的作用。

（三）国内外具有代表性文化概念的简单疏理

自1871年泰勒首创了"文化"概念后，"文化"概念如雨后春笋般地涌现出来，成为最具有争议性的概念之一。因此，有必要对"文化"概念的界定做一个简单的梳理。

1.从概念的范围进行分析

从概念的范围进行分析，"文化"概念往往分为广义和狭义两类，这是"文化"概念界定中最常见一种方式，通常出现在词典、百科全书之类的工具书中。如《中国大百科全书》社会卷中把文化分为广义和狭义两

---

① 徐行言. 中西文化比较[M]. 北京：北京大学出版社，2004年版，第53—54页。

② [法]费尔南·布罗代尔（Femand Braudel）著. 文明史纲[M]. 肖永日，等译. 桂林：广西师范大学出版社，2003年版，第25页。

③ [英]爱德华·泰勒. 原始文化——神话、哲学、宗教、语言、艺术和习俗发展之研究[M]. 连树声，译. 上海：上海文艺出版社，1992年版，第1页。

④ 徐行言. 中西文化比较[M]. 北京：北京出版社，2004年版，第9页。

种，广义的是指人类创造的一切物质和精神产品的总和，狭义的是指语言、文学、艺术及一切意识形态在内的精神产品。哲学卷也同样是广义文化和狭义文化之分，广义的除了包括物质和精神产品总和外，还包括物质和精神生产的能力。狭义的是指精神生产能力和精神产品，包括一切社会意识；《大英百科全书》（1973—1974）也将文化分为两类：第一类是一般性的定义，即文化等同于"总体的人类社会遗产"，第二类是多元的相对文化概念，即"文化是一种渊源于历史的生活结构的体系，这种体系往往为集团的成员所共有"，它包括这一集团的"语言、传统、习惯和制度，包括有激励作用的思想、信仰和价值，以及它们在物质工具和创造物中的体现"等。

2.从学科角度进行分析

不同的学科对文化概念的界定彰显着学科的特色。历史学把文化看作是社会遗产的传统属性，突出了文化的累积和传承认为："文化是一切人工产物的总和，包括一切由人类发明并由人类传递后代的器物的全部及生活的习惯"[1]；社会学突出文化作为社会动态演变状态所规定的认识意义，其认为："文化是一个社会历史范畴，是指人类创造社会历史的发展水平、程度和质量的状态"[2]；哲学认为："所谓文化，就是人类主体在存在的历史和社会实践的活动中，持续外化、对象化自我的本质力量，去适应、利用、改造客体即自然、社会及人自身，同时又确证、丰富、发展自我的本质的过程和成果。它是人与物、主体与客体、内化与外化的辩证统一"[3]；传播学根据文化的传播表现为信息传递和交换的特点，认为"文化就根本

---

① 陈华文.文化学概论[M].上海：上海文艺出版社，2001年版，第7页。

② 杨邦宪.对中国传统文化的评价[A].张立文等《传统文化与现代化》[C].北京：中国人民大学出版社，1981年版，第3页。

③ 王国炎，汤忠钢."文化"概念界说新论[J].南昌大学学报（人文社科版），2003.2，第72—76页。

性而言，是生物共生行为中传达的信息和传达信息的方式"①。此外，心理学、符号学等也从各自学科的角度对文化概念进行界定。

### 3.从文化构成的要素进行分析

美国社会学者戴维·波普曾把文化分为三个要素：一是符号、意义和价值观；二是规范准则；三是物质文化。我国济南大学苏富忠教授认为文化由七个要素组成，分别是存在形态、建构目的、思维方式、意识形态、历史时代、地理区域及品质；与此相应的七种文化类型：形态型文化、目的型文化、思维方式型文化、意识形态型文化、历史—时代型文化、区域型文化、品质型文化。②

### 4.从文化的层次性结构上进行分析

学者叶启绩等认为，文化作为人类在长期的社会实践活动中创造的物质财富的凝结和精神财富的积累，它大致包括了精神、信息、行为、制度、物质等几个层面。其中最核心、最稳定、把文化塑造成一种特定文化的部分，往往是文化的精神层面，精神文化构成了文化的灵魂，而最外层一般都是文化的物质层面，也是文化体系中最不稳定的一面。精神文化是人与自我意识关系发展的历史产物，在人类社会的实践和意识活动中不断发展和进化；精神文化的核心主要包括价值观念、思维方式、道德情操、审美趣味、宗教情感、民族性格等方面。③

### 5.从文化的价值功能视角进行分析

文化是人类社会特有的现象。文化的本质是人的本质和本质力量的对象化，是社会实践的能力和产物，是人类活动的方式。④因此，一些学者

---

① 朱小丰.文化学断想二则——宏观与微观[J].社会科学研究,1991.5，第83—87页。

② 苏富忠.文化的分类体系[J].烟台大学学报（哲学社会科学版）,2004.3，第262—268页。

③ 叶启绩等著.当代中国社会主义意识形态与文化和谐发展研究[M].北京:人民出版社,2010年版,第6—7页。

④ 李权时.论文化本质[J].学术研究,1991.6，第54—60页。

从文化对人的意义、功用和价值的视角来界定"文化"概念，突出文化的本质。英国功能主义文化理论的代表马林诺夫斯基认为，文化是"一个满足人的要求的过程，为应付该环境中所面临的具体、特殊的课题，而把自己置于一个更好的位置上的工具性装置"[①]。20世纪60年代兴起的"文化释义学"代表人物美国的格尔茨认为："人类是由自己编织的意义的网眼所支撑的动物……所谓文化，就是这样的网眼"[②]。在我国，具有代表性的则是孙中山先生的文化界定，他说："简单地说，文化是人类为了适应生存的要求和生活需要所产生的一切生活方式的综合和他的表现"[③]。

### （四）文化的内涵

通过上述对文化渊源和概念的简单梳理，使我们对文化有了更加系统、全面的了解。虽然至今尚未有放之四海而皆准的"文化"概念，但任何涉足文化论域的研究者都要明确自己对"文化"概念的理解。本书研究的对象是高校校园文化，是中国特色社会主义文化的一个重要组成部分。而中国特色社会主义文化是马克思主义中国化的重要成果之一，是一种先进的文化，是以"面向现代化的、面向世界的、面向未来的、民族的、科学的、大众的社会主义文化"。可见，高校校园文化是一种先进的文化，它必须始终以马克思主义为指导思想。所以，本书正是以马克思主义立场、观点和方法，从文化与意识形态的关系角度来界定文化概念的。而如前所述，文化与意识形态有着不可分割的关系。一定的意识形态总是根植于一定的经济基础，产生于一定的所有制基础上，一定的文化，特别是民族文化，标志着一定团体、国家的价值取向，是团体，国家的灵魂。正是居于文化和意识形态之间的这种密切关系，毛泽东认为"一定的文化（当作观念形态的文化）是一定社会的政治和经济的反映，又给予伟大的影响

---

① 庄锡昌.多维视野中的文化理[M].杭州：浙江人民出版社，1987年版，第371页。

② ［日］绫部恒雄.文化人类学的十五种理论[M].北京：国际文化出版公司，1988年版，第152页。

③ 陈华文.文化学概论[M].上海：上海文艺出版社，2001年版，第7页。

和作用于一定的社会的政治和经济"①。

综上所述，"文化是在一定社会条件下人类认识和处理人与自然、人与社会关系的精神产品的整体，它表示人类从必然王国走向自由王国的程度，它是一种标志着人类在真、善、美诸方面发展水平的哲学范畴"②。

## 二、高校校园文化的起源

校园文化作为在学校教育基础上产生的一种特殊的文化现象，顾名思义就是存在于学校校园的文化。它作为一种客观实在，无论人们是否意识到它的存在，在学校出现时，它便作为一种独特的文化形态产生并存在于"文化世界"中了③。据此，我国高校校园文化起源可以追溯到上古时代出现具有大学教育意义的学校。从现有的典籍记载来看，我国古代最早具有"大学"之名的是"成均"。《礼记·文王世子》："三而一有焉，乃进其尊，以其序，谓之郊人，远之，於成均，以及取爵於上尊也。"郑玄注："董仲舒曰：帝王名大学曰成均。"从这段文字记载中不难看出，作为名义上"大学"的"成均"出现在公元前2700年的五帝时代，而"大学"在朱熹的《大学》注文中是"大学者，大人之学也"，此处的"大人"有两种意思，分别是指有权势的人和长大成熟的人。从《礼记·王制》的"有虞氏养国老于上痒，养庶于下痒"中的注解来看，"上痒"是"大学"，"在西郊"；"下痒"是"小学"，在"国中王宫之东"。显然，"大人"的原旨是指"有权势的人"。可见，此处"大学"与现代意义的大学具有实质意义上的区别，但从有利于统治者的角度来看，"大学"作为培养"有权势的人"的宗旨，与现代意义上的大学还是有着千丝万缕的关系。这可以从西周具有高等教育性质的"国学"和西汉产生我国最早的高等学府的"太学"的规

---

① 《毛泽东选集》（第4卷）[M]. 北京：人民出版社，1991年版，624页。

② 吕华. 论马克思主义的文化概[J]. 河南大学学报（社科版），1992.3，第18—24页。

③ 李鹏程. 当代文化哲学沉思 [M]. 北京：人民教育出版社，1994年版，第48页。

制中可见一斑。

孔子曾说："郁郁乎文哉，吾从周。"据载，西周时学校有"国学"和"乡学"两种，"国学"，设在西周的王都和诸侯的都城，只有奴隶主贵族（即周王的太子和公卿大夫的子弟）才有资格入国学，但在入学年龄上，太子与公卿子弟又有区别。前者是8岁入小学，15岁入大学；后者是13岁入小学，20岁入大学。"乡学"则设置在各地，供一般奴隶主贵族子弟入学。西周的国学又分为"王学"，即"成均"，"辟雍""上庠""东序"（又称东胶）、瞽宗①。它们分别按专业不同来划分，在空间上以东、西、南、北中分布。由于专业不同，各自习得的内容也不同。其中，居中的是辟雍，又称"太学"，培养治理民众的官员，即供统治者管理天下所有各种人才；居东的是"东序"（东胶），专门学习作战技能；居西的是瞽宗，专门学习礼仪、宗教、祭祀；居南的是"成均"，专门学习音乐、舞蹈之类的内容；居北的是"上庠"，专门学习典书、诏书等内容。这种注重专业特长的培养，已经具有了现代大学专业教育的萌芽。而且，现代高校教育通过采取考试的选优制度的做法，在西周就已经通过仕进得官的方式得以体现。据《礼记·学记》记载，入太学者，必须是塾、庠、序中逐级升入的"俊选之士"和贵族子弟，入学之后，"中年（隔年）考校，一年视离经辨志，三年视敬业乐群，五年视博习亲师，七年视论学取友，谓之小成。九年知类通达，强立而不反，谓之大成"②。西周的这种大学管理制度及人才培养方式，不仅是现代高校校园文化的最初源头，而且也为后来的统治者提供了办学思路。我国古代最早的高等学府西汉的太学，就是在这个基础上创办的。

西汉的"太学"与西周的"太学"是不同的。西汉汉武帝为了统一人们的思想，培养忠诚的官吏，以巩固自己的统治，于元朔五年（前124年）接受了著名思想家、经学大师董仲舒的建议，在当时的国都长安（即今天的西安市）创办太学，"立太学以教于国"，又挑选"明于古今，温故知

---

① [清]孙诒让. 周礼正义[M]. 北京：中华书局，1987年版，第51页。

② 孙庆珠. 高校校园文化概论[M]. 济南：山东大学出版社，2008年版，第2页。

新、通达国体"的人为五经博士，负责传授学问。当时的太学设置五经博士7人，博士弟子50人，以后太学生的人数也不断增加，逐渐发展到3000多人。3000多年前的西汉太学，是我国最早的以传授知识、研究学问为宗旨的最高学府，也是世界上由政府创办的最高学府，欧洲直到12世纪才兴办大学，比我国晚了1000多年。[①]

## 三、我国高校校园文化的演进

从严格意义上讲，上述的"校园文化"远非现代意义上的校园文化，但它是今天校园文化的历史渊源，应该说，高校校园文化在我国源远流长。随着现代大学的产生、发展和演进，虽然我国较早涉及校园文化，但最先研究校园文化的则是西方学者。就我国而言，真正现代意义的校园文化，则是从近代开始，经历了萌芽、形成和发展的不断演进过程。

### （一）鸦片战争到辛亥革命前：高校校园文化的萌芽时期

中国在漫长的封建社会里形成的完备的高等教育体系，在近代西方国家两次鸦片战争的坚船利炮的轰击下，以及伴随而来的强势文化的冲击下，面临着前所未有的困境。救亡图存成了不少仁人志士的共识。首先是地主阶级开明人士"开眼看世界""师夷长技以制夷"等经世致用的思想，迈出了近代中国社会中学和西学相融合、向西方国家学习并探寻真理的重要一步，充当了中国近代社会思想启蒙的先驱。在经世致用思想的启发下，洋务派打出了"自强新政"的旗号，掀起了轰轰烈烈的、以"中体西用"的指导思想的洋务教育运动，大办西学，建立新式学堂，学习近代西方的科学技术和军事技术。尽管甲午海战终结了洋务运动，却促成了近代意义大学的产生。在洋务运动失败后，在中国的政治舞台上出现了维新派，他们吸取洋务运动失败的教训，提出借鉴日本明治维新的经验的想法，既要"增新"又要"变旧"；他们要求清政府废除八股取士的科举制

---

① 中国最早的学校教育[J]. 学子，2004.1，第25—27页。

度，主张全面向西方学习先进的自然科学文化知识和政治思想文化，创办自己的大学教育，以开"民智"，育"新民"，鼓"民力"，培养符合国家和时代需要的新式人才。他们抛弃了洋务"中体西用"的模式，提出"西学中用"的办学方针，以美国的大学为模式，于1895年在天津成立了中国近代教育史上第一所具有现代意义的新式大学——北洋大学堂，从而拉开了中国近代高等教育改革的序幕，具有现代意义的高校校园文化开始萌芽。高校校园文化的萌芽过程，是与国家民族的命运、先进的社会思潮紧紧地联系在一起的，这是保持至今的高校校园文化的优良传统。

### （二）辛亥革命到五四运动前：高校校园文化的形成时期

维新派想通过开办新式教育来达到救亡图存的目的，最终以失败而告终。中国仍处在列强环伺、军阀割据、外族入侵、政府腐败的社会大背景下，摆脱压迫奴役，争取民族自强、民族自由、民族解放仍是任重而道远。孙中山领导的辛亥革命，虽然没有从根本上改变中国半封建半殖民地的性质和封建文化的统治，但从客观上使中国教育制度摆脱了封建教育的束缚，逐步确立比较完整的新式高等教育制度，建设了一批以北大为代表的、具有自由和现代意义的大学，使五四运动前的20世纪初成为中国现代高等教育体制的奠基期，高校校园文化也由萌芽期开始步入形成期。

时任教育总长的蔡元培，在我国高等教育现代化转折关头上，起了举足轻重的作用。他的"注重道德教育，以实利教育，导国民教育辅之，更以美感教育完成其道德教育"和大学以"教授高深的学术，养成硕学闳材、应国家需要"的新理念，给处于萌芽的高校校园文化增添了时代气息和进步色彩。在他入主北京大学后，主张"大学者，研究高深学问者也"，推行"学术自由，教授治校"的先进理念，把原来充满官僚习气的旧北大，改造成为民主和科学策源地的生机勃勃的新北大，为中国树立了现代高校的楷模。在他的"兼容并包，思想自由"的原则下，北大拥有了一大批包括鲁迅、陈独秀、李大钊、胡适等在内的思想学术大师，使北大成为高举民主和科学旗帜的新文化运动的摇篮和主阵地。受此影响，北京许多大学生纷纷加入新文化运动，使高校校园文化呈现出一派欣欣向荣的景象，宣传民主、科学和新文学的各种学术团体、报纸杂志、演讲会、座谈会等纷纷涌现。尽管此时的校园文化有些简单、幼稚，甚至存在严重的缺点，如对传统文化的全盘否定等，但它充满着反封建的性质，为马克思主义在中国的初步传播创造了条件。在新文化运动影响下的大学生，开始关注社会民生，关心国家民族命运，终于在1919年爆发了著名的五四运动。

### （三）五四运动到中华人民共和国成立：高校校园文化的初步发展

经过五四爱国运动的洗礼，很多大学生的思想获得了极大的解放。他们热烈追求新思想，努力探讨改造中国社会的方法，积极提出各种关于改造中国的方案，改变了原来脱离社会实践的纸上谈兵的习惯，开始走上反帝反封建的救国救亡之路。五四运动还作为新文化运动的启蒙产物，进一步推动了新文化运动的深入发展，促进马克思主义在中国的传播，突显了高校校园文化的先导性与社会主流文化之间的互动，使我国高校校园文化从此成为大学生介入社会生活前发表各种思想及思想碰撞、交锋的阵地，也成为大学生在走向社会、走向独立生活之前的一个不可或缺的准备阶段。高校校园文化也因此成为每一个历史阶段的社会政治和经济的反映。这在之后的抗日战争和解放战争时期中得到了很好的印证。

在抗日战争时期，无论是在抗日革命根据地，还是在国统区，抗日救国、为抗战服务是此时高校校园文化的主题。以中国共产党领导下的延安抗大为例，按照毛泽东在《新民主主义理论》中所系统阐明的民族的、科学的、大众的马克思主义文化观，坚持把抗战和我国教育实际相结合，边学习、边生产、边战斗，开展形式多样、内容丰富的校园文化活动，形成"团结、坚强、严肃、活泼"的校风和学风，洋溢着革命乐观主义精神的校园文化生活，为当时的抗日战场培养出大批的军事和政治人才。而国统区内的各大学中，最有名的要数当时的西南联大。它融北大的"民主自由"、清华的"严谨求实"和南开的"活泼创新"的校风于一身，高举科学民主的旗帜，怀着抗战必胜的信念，高扬爱国主义精神，以天下为己任，读书不忘救国，安贫乐道，形成了刚毅坚卓、刻苦勤奋的优良学风，使西南联大在艰苦卓绝的环境中，为中华民族培养出一大批国内外著名学者和建国人才，与当时的很多高校一起成为抗日战争的重要力量。

在解放战争时期，解放区的高等教育在经过抗日战争时期的发展，形成了类型齐全的教育体系，在原有大学走向正规化和制度化的基础上，坚持以新民主主义教育观为指导，成立了一批诸如东北大学、东北军政大学等新型大学，并陆续接管了一批原国统区的高校，使新民主主义教育得以深入推进，民主和自由成为解放区高校校园文化生活的主旋律，校园文化的主旋律也逐渐从"一切围绕战争"向"一切围绕建设"转变。而国统区的高校学生面对两种命运和两种前途的抉择时，为了国家和民族的前途命运、为了和平民主奋勇抗争，积极投身于"反美倒蒋"的爱国民主运动中，学生们以各种喜闻乐见的文化活动来吸引和团结群众，扩大影响，使爱国民主成为国统区高校校园文化的主旋律，有力地配合了中国人民的解放战争，加速了解放战争胜利的进程。

### （四）中华人民共和国成立以来高校校园文化的演进

从中华人民共和国成立到1966年之前，尝到当家做主甜头的广大师生，带着对新政权的热爱和建设新中国的激情，积极投入到新型大学的缔造、改造和建设中。高校校园文化总体上呈现出百花齐放、欣欣向荣的崭新气象。广大大学生充满朝气和活力，他们以革命先烈为榜样，以马克思主义经典著作、《钢铁是怎样炼成》《雷锋日记》等文学作品为精神食粮，以"人人为我，我为人人"为价值取向，以"到边疆去，到祖国最需要的地方去"为理想风帆，以"抗美援朝，保家卫国"为实际行动等，使高校校园文化发挥着催人奋进、启迪心灵、净化思想的重要作用，有力地配合和推动了中华人民共和国各项工作的顺利进行。但也不能忽略此时"左"倾思想的严重泛滥，"人有多大胆，地有多大产"的浮夸风刮入了原先那些老牌、名牌大学的校园，由于过分强调生产劳动的作用，使得学生停课参加劳动成为习惯性的政治摊派任务，从而影响了正常的教学秩序。文教领域以阶级斗争为纲的指导思想，使阶级斗争趋向扩大化等。这些使得校园文化的发展逐渐偏离正常轨道，成为后来十年中国校园文化停滞甚至倒退的前奏。

1966年—1976年，阶级斗争和政治批判成为高校校园文化的主题，使高校校园文化畸形发展成为一种政治的文化、斗争的文化、批判的文化。在"读书无用论"的思想支配下，轻视知识和教育，侮辱教师的不良风气得以蔓延，正常的教学秩序受到严重的破坏。与此同时，高校校园文化出现了以宣传个人崇拜为特征的文化活动。总之，此时的高校校园文化处于无序和混乱的状态，陷入停滞，甚至倒退的境地。

改革开放以来，高校校园文化得以理性的回归而蓬勃发展起来。以1977年恢复高考为标志，一大批朝气蓬勃和富有朝气的青年进入大学校园。"发奋读书，立志成才、实现自我"成为这一时期大学校园的主旋律。恢复高考后的"老三届"大学生在拼命读书的同时，也进行了深刻的反思，在高校校园里涌现出一批"伤痕文学"和"反思文学"作品，在高校和社会引起强烈的反响。20世纪80年代国门打开，"改革进程中存在的大量尖锐复杂的现实和理论问题，促使高校师生们企图从传统文化和西方文化中寻求答案，其中包含着对西方文明进行深入的探索和对中国文化的深度反思"[1]。这样，"尼采热""萨特热""弗洛伊德热"等西方思潮不断涌入校园，得到大学生的热捧，大学校园很快成为各种社会思潮传播的集散地。1986年4月，在上海交大第12届学代会上第一次正式提出"校园文化"这一概念，引起了各高校的共鸣和媒体的关注。华东师大率先举办首届"校园文化建设月"，上海交大、华东工学院（现改名为南京理工大学）、复旦大学相继推出校园文化艺术节，校园文化呈现出一派空前繁荣的景象，各种学术团体也如雨后春笋般地在高校校内建立起来，舞会、晚会、运动会、学术讲座等文娱活动蓬勃开展，大大丰富了高校师生的校园文化生活。然而，随着改革开放的进一步深化，在商品经济大潮的影响下，"读书无用论"又重新泛起，"金钱万能""六十分万岁"等功利主义在大学生中拥有一定的市场，再加上改革过程中遇到了一些困难，最终导致校园文化的失衡，酿成了1989年的政治风波，使得高校校园文化的发展受到了很大的挫折。

20世纪90年代以来，随着市场经济的建立和不断完善，我国社会的政治、经济、文化等方面发生了巨大的历史性变化，深刻地影响了大学生的

---

① 贾敬远. 激进 保守 多元——改革开放以来社会思潮与大学校园文化的互动轨迹[J]. 思想政治教育研究，2008.2，第108—110页。

世界观、人生观、价值观、道德观及生活方式。在邓小平"教育要面向世界，面向未来，面向现代化"的指导下，适应时代要求、了解中国国情、学习科学知识、提高个人能力成为这一时期高校校园文化的主旋律。进入新世纪，在全球化、网络化背景下，形式多样、内容丰富的社会文化层出不穷，文化传播的方式和载体日益改变，大学生对文化的需求日趋多样化，使得以社会文化的发展为丰富实践材料和活水源头的高校校园文化，呈现出多元化的特征。其中，既有利于大学生自立观念、平等观念、竞争观念等积极向上的内容，也有拜金主义、享乐主义、个人主义等腐朽的东西，可谓鱼龙混杂、泥沙俱下，面对这种纷繁复杂的现实，创新高校校园文化，构建和谐校园乃是大势所趋。

从高校校园文化演进的轨迹来看，它的发展遵从文化发展的普遍规律，是一个不断地由自发到自觉、由无序到有序、由感性到理性、由单一到多元的发展过程，彰显着高校校园文化在促进大学生的健康、全面发展等各方面的重大作用。

# 第二节　新时代高校校园文化的内涵及特征

在正式了解新时代高校校园文化的内涵及特征之前，有必要先对本书所指向的新时代进行界定。如前所述，由于我国高校校园文化这一概念是在改革开放后正式提出的，因此，"新时代"在此书中是特指改革开放至今的这一段时期。

## 一、新时代高校校园文化的界定

文化概念自身的复杂性和争议性，决定了其重要组成部分的高校校园文化的内涵界定，也必然是复杂多样的，至今尚未达成共识。由于视角、具体实践和侧重点不同，高校校园文化的内涵也各不相同。不过，笔者通过参阅大量理论研究者的观点，经过认真分析和归类发现，尽管有关高校校园文化的界定看似"异彩纷呈""众说纷纭"，但总体上不外乎是广义和狭义两种解释。而且从高校校园文化研究的历史来看，校园文化概念的发展趋势基本上是随着时代的变迁不断由"狭义"向"广义"方向拓展。以下就分别从广义和狭义两个方面列举一些具有代表性的观点，从中得到启示。

（一）狭义上的高校校园文化

狭义的高校校园文化主要有"课外活动说""校园精神说""艺术活动说"。

1.课外活动说

"课外活动说"也称为"第二课堂说"，这也是早期对校园文化的定位之一。比较有代表性的观点有：就狭义而言，大学校园文化是指以全体师生为主体创造的教学、科研、学习、生活等社会实践活动中表现出来的文化意识和行为，甚至可以更微观地体现为仅以大学生为主体进行的校园课外活动，即"第二课堂"[①]。"从狭义上讲，校园文化相对于课堂文化而言的是突出主旋律的课外文化，它在内容上可以概括为一个轴心、三个层次。一个轴心，即培养德、智、体全面发展的，为社会主义建设事业所需要的合格人才；三个层次：一是观念层，二是制度层，三是器物层"[②]。

2.校园精神说

把狭义的校园文化界定为校园精神，这是很多理论研究者最常用的一种。如"从狭义上理解，校园文化主要指精神文化，是指除了教育、教学、管理以外的一种群体文化，其主要内容是教育方针、培养目标、校风、学风建设、文化艺术活动"。[③]"校园文化是一所学校独特的精神风貌，是在高校广大师生员工中通行的规范准则、生活方式、行为模式和价值体

---

① 黄宁.关于当前高校校园文化建设的思考[J].思想政治教育研究，2006.2，第39—41页。

② 张俊.社会主义核心价值体系与校园文化建设[J].传承，2011.29，第44—45页，第69页。

③ 杨立英.网络思想政治教育论[M].北京：人民出版社，2003年版，第44页。

系，是高校区别于其他社会组织的重要标志，是维系学校团体的一种精神力量"。①

### 3.艺术活动说

这是在特定的情境下对校园文化的一种界定，比较典型的是清华大学前党委书记贺美英的观点："校园文化从狭义上讲就是开展健康的文化艺术活动和对学生进行艺术教育"。②

从狭义的角度来界定校园文化，尽管可以使校园文化更具体、更有针对性而且通俗易懂，但它们都是从某一角度或侧面切入，很难对校园文化有相对全面、准确的认识和把握，容易使学生片面理解甚至曲解、误解校园文化，从而影响对校园文化应有功能的挖掘和发挥，在校园文化对人才培养、高校的发展乃至社会的发展越来越重要的今天，高校校园文化内涵的界定必然要随着时代的发展不断得以拓展和充实。因此，高校校园文化界定由"狭义"向"广义"发展乃是大势所趋。

### （二）广义上的高校校园文化

广义的高校校园文化，按其所构成的要素，大体上可分为"二要素说""三要素说""四要素说""五要素说"和"多要素说"

### 1.二要素说

高校校园文化内涵的"二要素说"，早期比较经典的是从物质和精神两方面来表述：校园文化是在学校教育环境下培养人才和不断完善自身的实践中形成的具有本校特征的物质财富和精神财富的总和。之后，在这个基础上从不同角度进行拓展。从学科的角度来定义的："校园文化从学科上定义就是学校育人环境中以学生为主体，以教师为主导，以促进学生成人成才为目标，有全体师生员工在教学、科研、管理生活等各个领域的相

---

① 张俊.论高校校园文化建设在学生管理中的激励作用[J].传承，2008.7，第72页。

② 贺美英.对校园文化建设的几点认识[G] // 高占祥:《论校园文化》[M].北京:新华出版社，2000年版，第3页。

互作用共同创造出来的一切物质和精神的成果。"①有从形态上来划分的："校园文化……在形态上可分为物质态文化和意识态文化。"②

2.三要素说

"三要素说"主要是借鉴文化研究方法，把文化现象中存在的物质文化、精神文化和制度文化三种形态，相应地将校园文化分为校园物质文化、校园制度文化和校园精神文化三类。如"高校校园文化是大学在长期发展变革过程中共同创造形成的物质文化、制度文化与精神文化的总和。"③其中物质文化是整个校园文化的载体下的物化标志，是校园文化的浅层面。制度文化是校园文化的中层面，是校园文化更深层发展的前提和保障，精神文化是校园文化的核心和灵魂。④"广义上的高校校园文化包括高校的环境文化、制度文化和精神文化。高校环境文化由学校的教学研究设施和人文景观等构成。制度文化包括大学的各种规章制度、组织机构及其运行规则。精神文化主要指大学的办学理念、价值取向和大学人的思维方式及精神风貌等。由高校教师、大学生和管理人员组成的'大学人'是校园文化主体和创造者"，⑤等等。

3.四要素说

高校校园文化内涵的"四要素说"，具有代表性的是潘懋元在他的《新编高等教育学》中认为，广义的校园文化是高等学校生活方式的总和，它

①　蒋雪丽.论大学校园文化及其建设[J].辽宁教育行政学院学报，2007.1，第142—143页。

②　桑标，贡晔.网络依赖与心理健康的关系[J].当代青年研究，2001.5，第31—35页。

③　刘坤雁.思想政治教育价值意蕴的多重解读[J].黑龙江高教研究，2007.4，第68—69页。

④　黄宇强.论校园文化的思想政治教育价值[J].安徽工业大学学报（社科版），2008.2，第159—160页。

⑤　宋保忠，相艳.经典大学精神与高校校园文化建设[J].西北工业大学学报（社会科学版），2005.2期，第69—72页。

以生活在校园内的大学生、教师和干部为主要群体，以别于其他群体；它是在物质财富、精神产品和氛围及活动方式上具有一定独特性的文化类型；它应包括以下四方面的定义：智能文化（学术水平、学科设置、科研成果等），物质文化（文化设施、校园营造等），规范文化（学校制度、校风校纪、道德规范等），精神文化（价值体系、精神氛围等）。卢虹也指出"校园文化通常是由学校的精神文化、制度文化、行为文化、环境文化等四个层面构成"[①]，等等。

### 4.五要素说

在"四要素说"的基础上，为了更具体、详尽的描述高校校园文化内涵，又有了"五要素说"。"广义的校园文化包括五个方面的内容：校园物质文化、智能文化、精神文化、规范文化和行为文化。"[②]随着社会环保意识的增强，在校园文化上也体现了生态的内容，"校园文化是以社会先进文化为主导，以师生文化活动为主体，以校园精神为底蕴，是学校在长期发展变革过程中由师生员工共同创造形成的校园物质文化、制度文化、精神文化、活动文化、生态文化等综合起来且相互影响而形成的，指导学生个体或团体行为及认识理解校园内外一些事件、行为提供参考框架的一种模式"[③]。手机、网络等新媒体出现后，校园文化的内涵也随之在原来的物质文化、精神文化、行为文化、制度文化的基础上增加了媒体文化。

### 5.多要素说

高校校园文化内涵总体上呈现日趋丰富的趋势，所包含的要素也越来越多。如"广义的校园文化是以校园为地理文化圈，以社会文化为背景，以学校管理者和全体师生员工组成的校园人为主体、以校园生活、人际关系、精神面貌、价值取向、舆论风气为主要内容，以课外文化活动为基本

---

① 卢虹. 校园文化的构建路径[J]. 学校党建与思想教育,2010.15，第59—60页。

② 李高南，熊柱. 关于高校校园文化建设的思考[J]. 广西大学学报（哲社科版），2005.3，第87—89页，第98页。

③ 张茜秋，成祖松. 论大学生思想政治教育的校园文化向度 [J]. 内蒙古农业大学学报（社科版），2011.3，第184—186页。

形态，是在高校教育、学习、生活、管理过程中形成的活动方式、活动过程及其结果"①。"大学文化对学校所有成员尤其是对大学生具有现实影响和潜在影响的所有文化要素，包括价值观念、理想信念、思维方式、道德情操、传统风气、生活方式，心理氛围、人际关系、行为规范、学校制度、物质环境等。"②

上述关于广义的校园文化内涵的要素学说分类不是绝对的，而是相对的，在多数情况下经常是混合在一起的。如"高校校园文化是校园中所有成员共同创造形成的一切物质和精神财富的总和及其这种创造的形成过程。校园文化可以分为物质文化、精神文化、制度文化等"③。

高校校园文化的内涵无论是狭义的还是广义的，都是论者根据各自研究的角度和需要来界定的，完善和充实了高校校园文化的内涵，对校园文化有更全面、立体式的认识，这无疑对本书给予的界定具有重要的启迪和借鉴作用。

## 二、新时代高校校园文化的基本内容

### （一）新时代高校校园文化界定的原则

从上面对高校校园文化界定的分析来看，一般遵循三条原则：一要揭示校园文化的内涵；二要明确校园文化的外延；三要对校园文化各方面的性质特征和基本关系给出准确的界定。鉴于高校校园文化的特殊性，针对新时代的特点，还应从以下几个方面加以考虑：

1.对新时代高校校园文化自身要有个准确的定位

这是界定新时代高校校园文化的前提和基础。只有定位准确，才能明

---

① 潘道兰.建设校园文化增强高校文化软实力[J].中国高等教育,2009.5，第59—60页。

② 睦依风.关于大学文化建设的理性思考[J].清华大学：教育研究，2004.2，第11—14页。

③ 杨立英.网络思想政治教育论[M].北京：人民出版社，2003年版，第44页。

确高校校园文化的内涵和外延。新时代高校校园文化在教育部、共青团中央的《关于加强和改进高等学校校园文化建设的意见》中的定位"是社会主义先进文化的重要组成部分"。而"社会主义先进文化"是与中国特色社会主义经济、政治相适应的文化，是以马克思主义为指导的、以培养有理想、有道德、有文化、有纪律的"四有"新人为目标，面向现代化的、面向世界的、面向未来的、民族的、科学的、大众的文化。

2.对新时代高校校园文化界定要与时俱进

全球化、网络化是当今不可逆转的历史潮流，也是新时代高校校园文化的时代境遇，由于全球化是以网络化为依托和动力的，所以，随着网络、手机等新媒体的推广和普及，网络论坛、博客、播客、微博、手机短信、微信、多媒体化等新兴的媒介手段也层出不穷，它们在传播信息的同时，也形成了新的文化形态，客观上要求新时代高校校园文化要改变传统形式，增强时代气息。

3.新时代高校校园文化界定要突出其本质特征。

相对于社会文化，高校校园文化是一种亚文化。作为一种亚文化，高校校园文化的本质特征与我国社会主义文化的本质特征是密不可分的。因为亚文化的本质特征只有与主流文化一致时，才能溶入主流文化中，否则，就可能造成冲突，而使自己成为"反主流文化"[①]。高校作为人才培养基地，因此，教学和科研是高校工作的中心，学校的一切工作都要围绕这个中心，高校校园文化因此具有与其他类型文化不同的学术性。而学术性活动的本质是追求科学真理，其基本要求是一方面要尊重科学，强调活动内容、过程、结果的科学性，另一方面要尊重民主，强调"百花齐放，百家争鸣"，鼓励兼容并蓄，主张开放多元的学术环境，所以，科学性和民主性是高校校园文化的本质特征。[②]

---

① 关世杰.跨文化交流学[M].北京：北京大学出版社，1995年版，第127页。

② 寿韬.高校校园文化的层次结构及特征初探.[J].华东师范大学学报（哲社版），2003.5，第58—62页。

**4.要体现新时代高校校园文化的开放性和动态性**

在改革开放和信息化社会背景下，高校不再是封闭的"象牙塔"。各种文化、思潮随着我国文化教育市场进一步开放蜂拥而入，对作为文化前沿阵地的高校校园文化形成全天候、全方位的影响态势。同时，高校校园文化也通过各种媒介和渠道走出校园，渗透和辐射到社会的各个层面。可见，校园文化不仅是一个开放的系统，而且还是一个动态的系统。所以，高校校园文化内涵的界定，应体现校园文化的开放性和动态性。

### （二）新时代高校校园文化的内涵

居于上述的原则和考虑，借鉴其他理论研究者们的观点，新时代高校校园文化在此这样界定：高校校园文化是一所高校在长期办学的教育实践过程中，依据社会的要求，在既定的教育目的和学校目标的指引下，全体师生员工主要通过教育、生活和劳动等直接参与和创造而形成的，并为其所公认和遵循的价值取向、思维方式、行为规范和准则的总和。它是生长发展在高等教育环境中经过长期积累、沉淀、创造、选择的，具有鲜明的、相对独立的一种文化现象。高校校园文化，就其形式而言，属于人的思想范畴；就其内容而言，则是教育目的和学校目标的反映，即坚持以马克思主义为指导思想，以社会主义先进文化为导向，把大学生培养成为有理想、有道德、有文化、有纪律的，面向现代化、面向世界、面向未来的合格的社会主义现代化建设者和可靠的接班人。一所高校的校园文化集中体现在该校的校训上，并通过校风、教风、学风表现出来。作为一个有机系统，新时代高校校园文化主要包括物质文化、精神文化和制度文化等基本内容。

### （三）新时代高校校园文化的基本内容

高校校园文化所包含的物质文化、精神文化和制度文化，在新时代具有丰富的内涵。

**1.高校校园的物质文化**

高校校园的物质文化包括两方面：一是硬件设施，既包括教学、科研、生活、设备、设施、建筑物等，也包括根据一定的目的去特意布置或创造出来的、赋予其特定文化内涵、体现一个学校办学理念和特色的自然与人文环境，对广大师生员工产生潜移默化的教育作用，主要包括校园美化绿化，校园景观、标志性建筑、新闻橱窗、板报专栏等；二是软件设施，相对于硬件设施是看得见、摸得着的外显办学条件，软件设施主要包括师资力量、学科专业设置等内隐的教学条件，两者共同构成完整了意义上的校园物质文化。由于"物质本身并不是文化，而这些物质的文化蕴含在于，这些物质都是由人创造的，是人们的精神世界的对象化的物化，任何人造物上都蕴含着人们的某些思想、情感等精神内容"[①]。因此，校园物质文化是校园文化的基础和外在标志，发挥着基础性的作用。

2.高校校园的精神文化

高校校园的精神文化是高校发展历史过程中，经过长期积淀、选择、凝聚、发展而成的，集中反映一所学校的办学宗旨、培养目标及其独特个性，并为广大师生员工所认同的精神财富。它主要包括学校的传统精神和师生员工的价值观、道德观、文化观及其思维方式、心理氛围、精神信念等，往往以校风、学风、班风、校歌、校训等外在形式表现出来。作为一种隐形文化，它无处不在，潜移默化地对学校的各方面产生深远的影响，具有无比的影响力、凝聚力和感召力，是一所高校最为宝贵的无形资产，也是公认的校园文化的核心和灵魂，是校园文化中最深层次、最本质的部分。高校校园精神文化往往通过各种校园活动，包括师生员工的教学、科研、学术交流、管理、社会实践、生活娱乐等动态表现出来。这些活动所蕴含的文化内容和精神气质的总和构成的校园活动文化，是校园精神文化最生动、具体的表现，是人们可感可触的文化现象，也是校园文化得以产生和不断创新发展的源泉，是大学生个性全面发展的"练兵场"，还是校园文化与社会主流文化、与其他亚文化之间相互影响和交流的重要渠道。[②]通过校园活动文化，可以动态地了解一个学校的办学理念和精神状态。因

---

① 张德，吴剑平.校园文化与人才培养[M].北京:清华大学出版社,2001年版，第190—191页。

② 刘德宇.学校校园文化发展论[M].青岛:中国海洋出版社,2004年版,第12页。

此，它在校园文化中具有独特的地位和作用，贯穿于高校师生员工的日常学习、工作生活的全过程。

3.高校校园的制度文化

高校校园的制度文化是高校在教学、科研、管理、生活、活动中，为了规范和约束师生员工的行为，维护正常的教学秩序和生活秩序而制定出的各种规章制度中体现出的文化。相对于有形的物质文化和无形的精神文化，它是一种物化的心理和意识化的物质，是校园文化的外在表现形式，既包括反映学校校园制度文化共性的法律法规，也包括体现不同学校制度文化个性的管理制度，其实质是反映学校调控的程度、监控的原则和管理的张力，是校园文化向更深层次发展的前提和保障。校园制度建设的最终目的是使受教育者能够形成自我约束、自我管理、自我教育的习惯。因此，社团建设作为学生自己组织、自己管理的一种尝试，其活动过程是校园制度文化的具体表现。透过社团活动，往往可以了解校园制度运行的情况。而且，作为20世纪最重要的一项科学技术之一的互联网技术，经过几十年的发展，至今已经深入到社会生活的各个领域，极大地改变了整个社会的信息传播方式和生产生活方式，也在很大程度上改变了人们的思想观念，网络已经成为大学生学习、生活中不可或缺的一部分。"今日的网络，不仅结合了科技，更连接了人类、组织和社会"[①]。网络不再仅仅是一种技术，更是一种文化。这样，大学校园网络的不断普及，网络文化也渐渐深入到校园文化中，在与校园文化的相互渗透中形成了高校校园网络文化。随着网络文化的"双刃剑"作用日益突出，网络文化的管理问题也逐渐成为新时代高校校园制度文化的一个重要组成部分。

总之，新时代高校校园文化的三个基本内容是密切联系、相互影响、相互渗透的。其中，物质文化是校园文化的基础，制度文化是校园文化的保障，它们相互作用而构成一个有机的整体。

---

① 唐·泰普斯科特. 数字化成长: 网络的时代的崛起[M]. 大连: 东北财经大学出版社，1999年版，第56页。

### 三、新时代高校校园文化的特点

#### （一）新时代高校校园文化的基本特征

高校校园文化作为社会文化分支中的一种亚文化，是以高校师生员工为主体共同创造和享有的群体文化。因此，高校校园文化既受到社会主导文化的规制，具有社会文化系统所共有的一般属性，如阶级性、客观性、民族性等，又受到其自身发展规律的支配而具有区别于其他类型的社区文化，如企业文化、城市文化等的基本特征。新时代高校校园文化主要有以下特征。

1.学术性

学术性是高校校园文化区别于其他类型文化的最显著特征和重要标志。重视学术历来是高校校园文化的一个重要取向。首先，从历史上来看，大学是"一切知识和科学、事实和原理、探究和发现、实验和思索的高级保护力量"[①]。正是秉承着这种理念，大学逐渐形成了浓厚的学术氛围，使得大学具有规范性的教育和教学，从而保证大学能在某种理想的状态下进行深入的、高层次的、较为客观的科学研究。其次，从高校自身来看，高校担负着人才培养、知识创新的社会职能，教学和科研是其主要工作方式。拥有大量较高层次文化的专家学者、丰富的图书资料、众多的科研项目、前沿的科技文化信息等学术研究所需要的得天独厚的资源，这就决定了高校校园文化必然具有独特的学术性特征。最后，从现实来看，在当今知识经济时代，大学作为传播先进知识和培养高级人才的社会组织，在社会经济发展中起着举足轻重的作用，社会将大学的学术性提高到空前的高度，突出体现在服务社会和促进社会发展上。高校校园文化活动也相应地转移到以传递专业知识和学术上的研究为主，"根据传统的思想，大学包含了高深学问的体系，即便在这信息淡漠的今天，大学仍然被视为形

---

[①] Clark Kerr. 大学的功能[M]. 陈学飞，译. 南昌：江西教育出版社，1993年版，第1页。

成或解释及运用知识的地方"①。可见，学术性是高校校园文化的价值体系，也是高校校园文化的一个重要特征。

2.超前性

高校校园文化独特的学术性，决定了它必然具有历史的超前性。学术性更多的是站在现实的基础上对未来的预见。相对于社会文化主要从传统的角度，用人们习惯的方式所形成的文化氛围来影响、甚至改变人们的文化发展方向，高校校园文化更倾向于从未来的视角来创造一种文化氛围，以感染和陶冶人们，这就意味着高校校园文化具有历史的超前性，它含有两方面的意蕴：一是指校园文化的探索性；二是指校园文化是一种理想主义的文化，它是以憧憬未来作为主导价值观的。这是因为，一方面的高校在现代化进程中，不仅要向社会提供科学技术，创造精神文化，而且要培养掌握现代知识、现代技术的合格人才。因此，大学"既不是独立于社会其他部门之外的独出心裁地存在，也不是被动地受社会需要牵制的社会机构"②，即英国历史学家哈德罗·珀金所认为的"轴心机构"。大学已经成为社会发展的动力机构、动力之源，高校校园文化也就成了整个社会文化新理念的发源地、文化发展的前沿而具有超前性的特点；另一方面，大学校园内专家、教授云集，人才济济，他们从不满足于对文化的简单继承、平庸地复制或享受前人的文化成果，而是在不断地追求与超越，努力创造出新的精神产品和文化财富。同时，高校还聚集了一大批思维活跃、意识超前、善于并乐于接受新知识、新观念的大学生，他们也不满足于传统教育，想方设法通过各种途径和方法，获取新知识、新信息，直指人类未知的知识领域。正是高校这两个关键的主体对文化的理想状态更具积极的探索精神，使得校园文化必然要指向未来，具有历史的超前性。

---

① [加拿大]约翰·范德格拉夫. 学术的权力[M]. 王承绪，译. 杭州：浙江教育出版社，1989年版，第5页。

② 王晓华，任胜洪. 知识社会：高等教育职能的超越与整合[J]. 北京科技大学学报（社会科版），1999.3，第87—91页。

### 3.创新性

高校校园文化的超前性特点，必然要求其具有创新性。大学的本质在于创新，大学文化的活力也在于创新，因此，高校校园文化也必然将创新作为自己追求的目标。高校校园文化的创新性就在于要有创造新思想、新观念，具有为国家提供创新精神与创新能力源泉的特质。一方面，高校作为社会的文化高地，是保存、传承、传播和创造先进文化的重要场所，它不仅要继承，借鉴和吸收不同的文化，还要对它们不断进行批判、选择和创新，这种针对不同文化进行扬弃的过程本身就是一种进步和创新；另一方面，校园文化是从师生中来又到师生中去的文化，师生作为校园文化的主体，他们本身具有的创造性决定了校园文化具有创新性的特点。就教师而言，高校的教师兼负教学和科研的双重任务，这使得他们拥有一种潜在的创新意识，能够不断地提出新思想、新观念、新理论，并通过教学过程，潜移默化地把它们连同教师自己的科研方法、创造精神等传递给学生，激发学生的创新意识。就学生而言，大学生正处于科学知识活跃积累时期，同时又面临着走向社会学以致用的实际，高校自主、自立、自由的学习方式和浓厚的学术氛围，以及师生之间、学生与专家之间有互相探讨问题的机会等，都为培养学生的学术兴趣和创造能力提供了有利条件，使学生视野得到不断地开拓，发散性思维得以充分的发挥，创新能力得到不断提高。[①]

### 4.开放性

高校校园文化的创新性，要求高校校园文化必须提高其开放水平。在改革开放成为我国鲜明的时代特征，以及全球化、网络化的时代背景下，作为改革开放前沿阵地的高校，已不再以象牙塔自居而孤芳自赏，而是时刻浸染在现实社会中。一方面，从普遍联系的原理来看，作为社会文化的一部分的校园文化与外部的世界、其他文化之间不断地进行信息、能量和物质的交流，在汲取社会主流文化和其他亚文化的营养和精华中发展和

---

[①]　薛彦华.论高校校园文化的特点[J].河北大学学报（哲社科版），2000.4，第55—59页。

完善，社会上的各种文化现象在高校校园文化中都有自己的影子，成为学校校园文化主流或非主流的因子；另一方面，随着信息技术的发展，校园文化的开放性日益明显，在网络技术的推动下，校园文化与外界的交流和影响超越时空的限制，开放性得以不断增强，从而成为校园文化的主要特征。因此，今天的大学"不是某个时代一般社会组织之外的东西，而是在社会组织之内的东西，它不是与世隔绝的东西、历史的东西，尽可能不屈服于某种新的压力的东西。恰恰相反，它是时代的表现，并对当时和将来产生影响"[①]。可见，在这开放的年代里，高校要脱离社会是不可能的，高校校园文化也不可能脱离社会文化的母体而独立存在和发展。

5.时代性

历史唯物主义认为，文化是人类社会活动的产物，它的形成和发展是一个长期的历史过程。任何文化都深深地刻上了时代的烙印，在一定程度上反映了时代的本质特征并随着时代的发展不断演绎自己的形态。高校校园文化不是在真空里生存的，总是在一定的社会时空环境中形成和发展的，不可避免地要受到社会文化这个大环境的影响，并受到一定时代的政治、经济、教育，以及社会结构、文化风尚的制约，反映着社会上占统治地位阶级的意志和要求。校园文化因此往往成为时代的晴雨表，具有鲜明的时代特征，反映着时代精神。在当今时代，高品质的高校校园文化的时代特征应包括两个方面：一是在内容上，高校校园文化应以社会主义先进文化为导向，唱响时代主旋律；与时俱进；二是在形式上要不断创新，如在网络时代，博客、微博、QQ、微信等，成为大学生中流行的、时尚的、充满时代气息的传递信息的方式和手段。高校正是以其特有的教育职能和拥有较高文化素质的教育者的优势，使得最新的科学技术、文化成果首先在这里得以传播。时代的变化、外来文化的影响也最先体现在高校校园文化的变化上。所以，高校校园文化只有拥有鲜明的时代特征，才能增强自身的吸引力和凝聚力。

---

[①] [英]亚伯拉罕·弗莱克纳斯. 大学: 美国、英国、法国[M]. 伦敦: 牛津大学出版社，1930年版，第204页。

6.高品位性

高校校园文化的学术性、超前性、创新性、开放性和时代性的特征，都昭示了高校校园文化具有其他类型文化所无法企及的高品位性。首先，体现在高校校园文化主要活动形式的教学和科研上。突出表现在：第一，参与的主体主要是大学师生，他们一般都具有文化水平高、知识丰富、思想敏锐、学术研究能力强、道德审美理性水平高等特点；第二，大学拥有丰富的图书资料和先进的实验仪器、设备，以及长期积累的各种研究经验和成果等丰富资源；第三，许多高校尤其是重点大学，把培养高素质的人才提高到一个相当的比重，他们的教学和科研活动大都触及学术发展的前沿，许多重点科研项目及重点实验室工程的研究水平直逼国内乃至国际先进水平标准行列。

其次，体现在高规格、高质量的人才培养上。西班牙学者奥尔特·加塞特认为："大学的一个重要使命，是利用人类智慧所发明的最经济、最直接和最有效的方法，把普通人培养成为优秀的专业人员。"可见，高校的首要任务和中心工作是培养高规格、高质量的人才，尽管随着高校的不断扩招，我国高等教育由精英型逐渐走向大众型，但培养高质量的人才始终是高校的重要使命，从而不断提升高校校园文化的品位。

最后，体现在高校校园文化的内容和方向上。高校校园文化的开放性，使它能博采众长，融汇中外文化精华，继承和发扬中华民族文化的优良传统，丰富多彩的内容，使高校校园文化的价值观念、精神境界得以不断提高和升华，反映其优质、多功能的高品位。同时，高校校园文化的时代性，决定了它必须站在时代的制高点，反映时代的要求，弘扬时代的主流文化。在我国，当前的主流文化是以马克思主义为指导具有中国特色的社会主义先进文化，先进的文化意味着高品位的文化，体现着高校校园文化的导向性。

（二）新时代高校校园文化的特点

作为特定阶级经济利益和政治制度反映的文化，必然会随着国内外环境的变化而变化，高校校园文化作为社会主义文化的先进部分，当然也不例外。在新的历史时期，我们所面对的是"一个传统的地理和空间界限，民族和国家差异正逐步淡化乃至消失的全球化的新时代"①，而全球化依托网络化，深刻地影响着高校校园文化，使新时代高校校园文化呈现出以下新特点：

1.呈多元性的趋势

（1）多元性是新时代高校校园文化发展的必然趋势

首先，高校校园文化具有多元化的因子。高校素以学科专业众多、人才济济、思维活跃、活动多样等而著称，同时又是各种思潮和多元文化的"高汇区"，使得高校校园文化具有多元化的因子，在全球化、网络化的推动下，随着社会主义市场经济的深入发展，以及社会的变迁和大学的不断发展，高校校园文化原来不问差别、不论特性的统一的思想、意识形态、模式、计划、格调等大一统文化价值观被打破，向多元化方向发展。多种文化在高校这个昔日的"象牙塔"里相互渗透、相互提升、相互融合，促使高校校园文化呈现出多元共生的特质。高校校园文化常常因此受到不同的价值观念、思维方式、思想意识方面的冲击，高校校园中各种文化热也随之持续不断。从"学马列小组"到追求"西方文明"再到"经济热""考研热""外语热""奥运热""择业热"等，从中不难看出，当今社会很难有一个社团、一种文化思潮能够在校园文化中占主导地位，它昭示了过去那种校园文化热点仅有一个主旋律的时代已经过去了，取而代之的是文化热点分散的新的校园文化时期。②

其次，高等教育大众化的必然趋势。根据美国加州大学马丁·特罗教授在世界经合组织提出的高等教育"精英—大众—普及"发展阶段理论，指出国家适龄人口入学率在15%以内的高等教育阶段为精英型高等教育阶段，15%—50%为大众型高等教育阶段，50%以上为普及型高等教育阶段。以此为依据，我国从1997年开始实行高校扩招以来，到2010年，我国高校入学率达到国家中长期规划预计的15%，并呈不断上升的趋势，这就意味

---

① 刘登阁.全球文化风暴[M].北京：中国社会科学出版社，2000年版，第6页。

② 项鸿森.新形势下校园文化的特征及其成因分析[J].辽宁青年管理干部学院学报，1999.3，第29—30页。

着我国高等教育已经从原来的"精英教育"阶段开始进入了"大众教育"阶段，我国高等教育已如世界银行的一份调查报告中所指出的那样，"不再是一种奢侈品，而是生存的必需品"。这样，高校校园文化就呈现出由"精英文化向大众文化转变的态势。高校的扩招带来学生数量的剧增，迈进大学校门的不再是少数精英，而是广大的求知青年，他们的行为习惯、价值观念、思想意识等千差万别，高校校园文化也不再为少数精英服务，而是为更多的青年学生服务，并为更多的青年学生所创造，新时代高校校园文化也因此呈现多层次、多格局的多元性特点"①。

最后，"百花齐放、百家争鸣"的"双百"方针也进一步推动了高校校园文化多元性的发展，使高校校园文化焕发出勃勃的生机和无限活力。

（2）新时代高校校园文化多元性的主要表现

第一，高校教育办学形式的多元性，促使高校校园文化走向多元性。目前，我国高等教育的办学形式除公办外，主要还有民办、地方、研究型、职业型、联合办学型等。由于各自的侧重点、功能定位不同，必然会形成不同主题的文化氛围，校园文化也必然异彩纷呈。

第二，高校校园文化内容的多元性，这包含着学科专业的多元性、学术流派和观点的多元性、教学风格的多元性、规章制度的多元性、生活观念的多元性、文化活动的多元性等方面。

第三，高校校园文化层次的多元性，高校校园文化同时容纳着学术文化、教学文化、课余文化等层面的文化。

第四，文化组织形式的多元性，包括学术活动形式的多元性、教学形式的多元性、学术组织的多元性、课外活动团体的多元性、文艺活动形式的多元性等。②

---

① 秦旭鹏，高杰. 新世纪大学校园文化发展的五个趋势》[J]. 通化师范学院学报，2005.3，第72—73页。

② 胡银根. 论现时代大学校园文化的功能与特征[J]. 有色金属高教研究，1999.1，第29—32页。

2.明显的冲突性

（1）冲突性是多元性的必然结果

日益多元性的新时代高校校园文化，势必会产生各种不同的冲突，这是因为，首先，高校校园文化形态的综合性导致其冲突性明显。美国战后最著名的高等教育专家克拉克早就指出："当代大学是一种矛盾重重的机构，它由诸多社群组成，本科社群和研究生社群、人文主义社群，社会科学社群和自然科学社群、专业学院社群、各种非学术性社群、管理者社群、一个群体有一个灵魂、巨型的大学有若干个灵魂。当代大学是一个由若干国家组成的联合国。"克拉克的这段精辟论述，道出了高校校园文化在大众化趋势下，其成熟的过程是一个非常艰难的过程，同时，它也体现了高校校园文化形态的综合性。这种综合性不仅表现在高校校园文化的构成要素是多元的，其形成和发展过程始终受到其他多种亚文化形态的影响，而且它自身又包含了多种文化形态，有物质文化形态、精神文化形态、制度文化形态、活动文化形态。各种文化形态之间的差异性和排斥性必然导致高校校园文化的冲突性日趋明显[①]。

其次，网络等新媒体和大众文化影响的结果。新时代高校校园文化的冲突性日渐明显，从表面看是不同文化形态的差异性和排斥性造成的，但从深层次来看，是网络等新媒体和大众文化影响的结果。一方面，随着高校校园文化建设载体的不断扩充，如网络等新媒体，通过高新技术手段的信息传播，形成了日益强大的文化霸权，极大地改变了校园文化建设主体的生活、思想、观念、行为等。网络等新媒体全新的运作模式，在丰富校园文化活动内容，带给高校校园文化全新环境的同时，又由于一些网络媒体在文化信息传播中的偏差，使它们在相当程度上成为落后文化的主要传播者和吹捧者，把诸如时尚文化、"低俗文化""功利主义文化"等嫁接到校园文化中，与校园传统文化发生强烈的碰撞，使高校校园文化建设面临着严重的道德伦理的异化和行为规范的失衡，引起高校校园文化主体心

---

① 康学农、张斌.高校校园文化的特征及建设策略[J].陕西师范大学继续教育学报，2006.11月第23卷增刊：第225—227页。

理的冲突。所以，"可以这样说，由于信息网络化的发展，已经形成了一个新的思想文化阵地和思想政治斗争阵地"①。另一方面，大众化趋势下的高校校园文化，正由传统的精英文化走向大众文化。由于大众文化能够迎合大学生喜欢标新立异、追求叛逆、寻求浪漫新奇、发泄感官刺激等需求，备受大学生的青睐，使大众文化在高校校园文化的范畴中所占的份额不断增多，校园文化表现出了对社会各类生活方式和价值观念的高度包容和认同，使校园呈现出了与社会潮流高度一致的休闲态度和广泛的兴趣爱好，如"超女""快男"、街舞等成为大学生的新宠。然而，"校园应该和社会保持一定距离，这是大学坚守自己独立性的一个前提条件，但红尘滚滚的今日，社会上存在的一切，大学几乎都不少，有的甚至表达得更充分"②。这样，大众文化不可避免具有的功利化、世俗化、低俗化的倾向，极大地冲击着学生的道德观、生活观、交往观，使大学生的思想观念、行为方式、文化取向等发生变化。拜金主义、享乐主义、消费主义等不良文化在大学生中盛行。

（2）新时代高校校园文化冲突性特点的主要表现

第一，就大学生主体来看，他们当前生活在一个充满竞争的环境氛围里，在这样一个氛围里，各种冲突随时可能发生。一方面，是大学生主文化与亚文化的冲突；另一方面，是个体与群体、个人与他人的冲突，甚至是"个体本位"与"社会本位"的冲突③。

第二，从高校在社会转型期中所处的地位来看，高校既是保存传统文化的圣殿，又是引领现代文化的前沿；既是传播域外文化的中介，又是本土文化的代表，这就决定了高校校园文化的冲突性必然在高校校园中展现得淋漓尽致，并带有社会转型期的鲜明印记，主要表现为传统文化与现代文化、域外文化与本土文化、通俗文化与高雅文化，以及现代科技文化与

---

① 江泽民：《江泽民文选》（第3卷）[M]. 北京：人民出版社，2006年版，第301页。

② 孟繁平. 众神狂欢[M]. 北京：中国人民大学出版社，2009年版，243页。

③ 王德广. 新世纪高校校园文化建设现状及其发展趋势研究[J]. 高等教育研究学报，2003.3，第75—76页。

人文精神的价值冲突①。

第三，从大众化趋势下校园文化具有的模糊性与纷争性来看，高校校园文化冲突主要表现为：不同学生所带来的对大学文化认同性不同的冲突；师生关系的复杂性带来的传统的师生观念与新型的师生观念的冲突；专业人员与管理者之间的目标冲突；师生关系的复杂性与高等教育的非功利性的目标冲突；大学的开放性与国际交流的广泛性所形成的不同国家之间的文化冲突，以及大学文化中各种文化的利益集团之间的竞争等②。

### 3.广泛的包容性

由文化多元性带来客观的冲突性，促使新时代高校校园文化在各种激烈的冲突中，一改过去那种孤芳自赏、自我封闭的无限优越感，带着些许的危机感，冲破校园的"围墙"主动走出校门，融入社会，同各种文化进行频繁的交流和碰撞，并在批判和选择的基础上尊重差异，包容多样。以承担社会责任为轴心，以服务社会需要为使命，全方位地创新高校校园文化，不断完善高校校园文化建设。在这个过程中，高校校园文化展现出很强的包容性，而这种强大的包容性源自于高校校园文化超前的开放性和不断的社会化。

### （1）高校校园文化具有超前的开放性

世界文明史发展表明，"一种文化只有向别的文化坦荡的敞开，积极汲取其他文化的精华，它自身才能得到不断的补充和滋养，才有生命力"③。作为一种文化模式，高校校园文化既要发展，更要创新，这种发展和创新必然是以文化的交流、碰撞、充实和整合为基础的。可以说，高校校园文化就是在不断兼容吸收各种社会文化成分、不断地与外部文化

---

① 张春和，程红娟，周光发，万志强，等.社会转型期高校校园文化价值冲突成因探源[J].学术论坛，2004.6，第180—183页。

② 苏国红.当代中国大学校园文化新变化——精英阶段与大众化阶段中国大学校园文化特点的比较研究[J].青年研究，2002.1，第7—13页。

③ 庞中英.全球化、反全球化与中国[M].上海：上海人民出版社，2000年版，第228页。

广泛的交流渗透而形成的文化形态。在改革开放和社会主义市场经济的背景下，校园文化也是一个开放的系统，它打破了过去的封闭办学系统和模式，把开放作为自身发展的重要理念，在校际之间、学校与社会之间和国际之间等各个领域、各个层面上全方位、立体式的开放。这种开放性是在保留高校校园文化自身相对独立品格的基础上，广泛吸取各种对高校校园文化建设有利的因素。既要继承和发扬长期沉淀下来的中华民族优秀传统文化，又要大胆地批判吸收世界先进的文化，不断超越自己，实现创新。而吸收和摒弃的过程本身就是校园文化创新的表现。在当今世界各国教育向国际化发展的趋势下，高校校园文化自然也要在国际文化交流和合作中，坚持走博采众长、兼收并蓄的发展道路，源源不断地选择、吸收和整合一切优秀的外来文化和先进文化，保证在中外交流的双向互动中始终保持开放的状态，努力培养具有全球和未来视角的复合型人才[①]。

（2）高校校园文化具有不断社会化的发展趋势

高校校园文化是社会文化的先进部分，其发展必然不断社会化。而高校是"思想自由、兼容并蓄"的场所，社会上的各种文化现象在高校校园文化中都有自己的影子，成为其中的主流或非主流的分子和因素。大学校园不可能脱离社会实践和社会文化母体而独立发展。实践证明，脱离了社会实践的教育是不成功的教育，脱离了社会文化母体的校园文化也是没有生命力的文化。尤其是在今天知识经济时代，高校校园文化的社会化倾向愈发明显。随着高等教育由精英教育向大众教育转变，高等教育的定位也随之转变为立足于为社会服务并作为自己的重要使命。为此，一方面，要在办学体制、管理模式、教学科研等各个环节上要与时俱进，不断完善学科建设和课程设置，走、产、学研相结合的教学改革道路，以完善和优化人才培养模式；另一方面，要深化大学生就业制度改革，以市场为导向，坚持自主就业、双向选择的原则。通过教学和就业改革，培养直接服务于社会经济文化建设的新型人才。高等教育的这些重大的变革，决定了高校

---

① 参见杜彬武. 高校校园文化的发展趋势[J]. 安阳师范学院学报，2009.6，第154—156页。

校园文化不仅要满足师生的文化需求，而且要走向社会，以适应社会用人制度改革的现实需求，并认清自己先进文化的社会位置。在走向社会的同时，引导社会前进，并以积极主动的心态参与社会文化建设，从中实现高校校园文化与社会文化的互相促进、共同提高①。这样，既促使师生在同社会接触中，把校园文化中蕴含着的社会责任感和主人翁精神吸收为自己的思想意识，融化于社会之中，确立自己在社会中的先进地位，完善自己的形象，又从社会文化母体中汲取丰富的营养，融汇社会乃至世界各种文化思潮中的先进部分，形成为我所用，对社会文化发展起启示和示范作用，从而实现高校校园文化走向社会和引导社会的统一。

4.深受网络的影响

随着信息网络技术的快速发展的校园网络，是继报纸、广播、电视之后被人们所公认的"第四媒体"，已经成为高校师生获取和交流信息、学习新知识、接受新思想的重要渠道，也成了高校校园文化建设的一个重要载体，促进了人类精神文化活动向网络延伸和拓展，孕育了信息时代的网络文化。网络已经成为人们尤其是青年学生新的生活方式，网络文化也逐渐渗入校园中，成为校园文化的重要组成部分。网络文化不仅改变了校园文化的面貌，而且深刻影响着校园文化建设。据2012年1月的中国互联网络信息中心（CNNIC）第29次互联网报告，截至2011年12月底，中国网民的规模已经从2010年4.85亿，增加到5.13亿，全年新增网民5580万人，互联网普及率攀升至38.3%，较2010年底提高了4个百分点，30岁以下互联网使用率保持高速增长，目前已接近高位，大专以上学历网民在2011年已达96.1%，目前基本饱和。从这些数据中我们看到，校园网络以其无可争辩的优势，已经成为大学生的"第三课堂"，对高校校园文化产生了巨大的影响。

（1）网络拓展了校园文化的载体，丰富了高校校园文化

传统的校园文化主要通过报纸、广播、电视等载体单向传播信息，使

---

① 宗旭.21世纪高校校园文化的发展趋势[J].沈阳农业大学学报，（社科版），2004.6，第198—199页。

大学生获取信息，以及与外界的交流受到了极大的限制，并处于被动的状态，校园文化传播的速度、广度和深度也非常有限。由于网络的介入，传统校园文化的载体逐渐被诸如BBS（指电子公告栏，是Bulletin Board System的缩写）、贴吧、微博、微信等大学生喜欢的载体所替代，充分调动了大学生选择信息并与外界交流的积极性和主动性，从而获取大量的信息和知识，有效填补了传统校园文化与社会其他文化存在的真空地带，丰富和充实了校园文化。同时，网络也使高校校园文化在时代性上表现出一定的同时态性，充满了时代的气息，使校园文化与其他社会文化保持同步，得以与时俱进。

（2）网络极大地改变了大学生参与校园文化的方式

由于借助网络的虚拟空间可以开展各种交流活动，使得大学生对校园文化活动的直接参与及面对面的交流和沟通越来越少，隐蔽性和虚拟性成为网络的显著特征。而"虚拟状态为人际交往提供了安全屏障"[①]，这样，网络的隐蔽性和虚拟性淡化了大学生对传统"教师、学生、干部"等角色的分工意识，使大学生参与校园文化时不再受到权威的引导，而是在平等、民主的氛围中参与校园文化的各种交流和互动，充分调动其参与校园文化的积极性、主动性。同时，网络也给大学生最大限度的自主选择空间，使他们的个性得到张扬。

（3）网络增强了高校校园文化的影响力

辐射功能是高校校园文化的重要功能之一。传统的高校校园文化的辐射功能具有间接性和局限性。间接性体现在高校校园文化要先积淀内化为大学生的观念和意识，然后通过他们毕业后源源不断地走向社会各地，再将他们释放和辐射出去影响周围及社会；局限性体现在辐射范围在一个时期内只能到达限定的地域，其影响力明显受到限制。而网络的时效性、快捷性和无国界性等特点，可以使人们在第一时间得到自己他们想要的信息，不受时空的限制，使高校校园文化与社会的交流增多，速度加快，其

---

① 郭钟琪. 信息时代校园文化的嬗变与发展导向[J]. 高教探索，2001.2，第74—76页。

辐射范围可以达到全国甚至是世界的各个角落，从而增强了其影响力。可见，传统意义上的由单极产生的校园文化现象，将随着网络快速传递到各方，从而提供了多数共享、高品位的校园文化营养。

5.马克思主义的主导性地位越发凸显

历史学家哈德罗·珀金在20世纪80年代初就指出，"受过高等教育的专门人才，是越来越起引导作用的社会集团，大学是现代社会的轴心机构"，"高等教育机构既不是独立于社会其他部门之外的独出心裁地存在，也不是被动地接受社会需要牵制的社会机构，而是一个与社会发展有着密切相关的能影响社会进步与否的社会中心机构"[①]。这足见高校在人类文化传递、发展与创新中的前沿阵地作用。高校还是我国同各国文化交流的桥头堡，是各种敌对势力同我们争夺下一代的主要场所，高校因而首当其冲成为我国意识形态领域的敏感中枢。所以，我国高等教育办学的社会主义性质，要求必须加强对青年学生进行马克思主义理论教育，坚持马克思主义意识形态在高校中的主导地位。

高校校园文化是服务于完成教育目标、培养人才的文化。因此，它的主题、内涵、形式都必须与高校的育人目标相一致。这就意味着高校校园文化建设的目标有着明确的指向，就是要始终坚持马克思列宁主义、毛泽东思想和中国特色社会主义理论体系为指导，积极引导学生朝着高校培养的目标去努力，并保证对学生引导符合健康的、科学的、向上的、按照培养"四有"的合格人才这一目标上，营造富有特色的文化氛围，确定正确的方向，使校园成员内在精神的实质与发展，以及这种精神外在的内容和形式，包括一切有形的和无形的成果，一切设施和行为，都从根本上从属于这个目标管理，都遵循是否有利于广大人才培养的目标来接受考查、评价、衡量和检验[②]。从高校校园文化建设史来看，凡是校园文化建设成功

---

① 王晓华，任胜洪. 知识社会: 高等教育职能的超越与整合[J]. 北京科技大学学报，1999.3，第87—91页。

② 张俊. 社会主义核心价值体系与校园文化建设[J]. 传承，2011.29，第44—45页，第69页。

的高校，都是坚持了正确的政治方向，始终坚持社会主义意识形态的主导地位。

伴随着全球化的趋势和网络化程度的不断提高，文化多元性的现象日趋突出，由此带来的各种文化之间的冲突也愈加激烈，大学生在汲取各种文化时由于缺乏足够的辨别力和选择力，因此，他们不同程度存在政治信仰迷茫、理想信念模糊、价值取向扭曲、诚信意识淡漠、社会责任感缺失、艰苦奋斗精神淡化、团队协作观念较差、心理素质欠佳[①]等价值偏差。面对这个不争的事实，如何坚持社会主义办学方向，坚定共产主义理想信念，为国家培养社会主义的建设者和接班人，就变得尤为突出。所以，在高校校园文化中坚持马克思主义主导性地位就比任何时候都更紧迫，它要求高校校园文化在多元文化的取舍中必须以马克思主义、毛泽东思想和中国特色社会主义理论体系为指导，坚持以社会主义核心价值体系引领高校校园文化，在各种校园文化活动中更加注重社会价值的导向，使大学生把个人前途命运与民族、人民的前途命运紧密联系起来，突出高品位，强化高格调，从而为培育社会主义事业合格的建设者和可靠的接班人提供健康的文化环境。

## 第三节　新时代高校校园文化的功能

所谓功能，《辞海》中解释为"功效""作用"，即某一事物的影响和作用。高校校园文化的功能，是指高校校园文化对其主体，即广大师生员工及社会其他文化所产生的影响、发挥的作用。"置身于高校校园这样一种特定的环境，从事着学习、研究、传承和发展变化这样一种专门的事业，'大学城'里的人们在知识背景、行为习惯、价值取向、思维方式等方面，都自觉不自觉地形成一种富有大学特色的文化品格或风格。一般来

---

① 傅巧玲. 以社会主义核心价值体系引领高校和谐校园文化建设[J]. 学校党建与思想教育，2010.9，第86—87页。

说，高等学校总是在力图超越那种封闭、狭隘、主观的认识习惯，以开阔的胸襟和科学的态度去认识世界、探求真理、服务社会。"①高校校园文化这种不同于社会其他领域文化的独有特性，决定了它除了具有社会其他文化共有的一般功能之外，还具有其自身特有的或者其他社会文化也会有，但相比较而言却不如它突出的功能。从总体上看，人才培养、科学研究、服务社会是高校的三大职能。因此，新时代校园文化的功能概括起来就是人才培养功能、创新功能和社会功能。

## 一、新时代高校校园文化的人才培养功能

在全球化、网络化的背景下，当今世界的竞争归根结底是文化的竞争，而文化的竞争又取决于人才。因此，党的十七届六中全会在提出文化强国的战略，要求牢固树立人才是第一资源的理念。高等教育作为人才培养的最高殿堂，"育人"是高校一切工作的中心和终极目标。实践证明，人才培养的质量决定性因素是人才的文化素养。高校校园文化是直接影响大学生成长的环境因素，对大学生的文化素养具有巨大的影响，正如加拿大教授斯蒂芬·利考克在《我之见牛津》中深有感触地说："对大学生真正有价值的东西，是他周围的生活环境。"因此，新时代高校校园文化具有人才培养功能。我国高校所要培养的是合格的社会主义建设者和可靠的接班人，这"合格"和"可靠"道出了人才的基本要求：德、智、体、美全面发展的"四有"人才，这样，新时代高校校园文化的人才培养功能具体表现在德育、智育、体育和美育各个方面。

### （一）新时代高校校园文化的德育功能

新时代高校校园文化的德育功能，通常就是思想政治教育功能。早在2004年的党中央国务院十六号文件中就指出："要建设体现社会主义特点、时代特征和学校特色的校园文化，形成良好的校风、教风和学风……把德

---

① 国家教育行政学院. 高等教育论纲[M]. 天津：南开大学出版社，2003年版，第7页。

育与智育、体育和美育有机结合起来，寓教育于文化之中"，指明了新时代高校校园文化的发展方向是为高校思想政治教育工作服务，为培养合格的社会主义建设者和接班人服务，而思想政治教育的本质属性是意识形态性，"具有对受教育者施加意识形态的影响，使其形成教育者所期望的思想观念和价值体系，并以此指导和规范自己行为的作用。简而言之，就是思想政治教育具有向受教育者传播和灌输意识形态的作用，其目的达到整合、维护统治阶级统治地位"①。这就意味着，新时代高校校园文化具有鲜明的政治方向性，必须把德育功能摆在优先的地位，其最重要、最直接的作用，就是用社会主义先进文化教化人、塑造人、熏陶人、培养人、改造人，始终弘扬社会主义、爱国主义、集体主义的主旋律，将符合时代要求的正确价值观取向、思想品德、生活方式等融入大学生的成长成才过程中，引导大学生树立正确的世界观、人生观，把他们培养成国家要求的业务要精、思想要过硬的德才兼备的高级专门人才。

可见，新时代高校校园文化的德育功能主要体现在对校园整体和校园每个成员的价值和行为取向的引导，使之符合学校所确定的目标。方向问题决定着大学生"合社会性"发展的成功与否，从根本上决定着大学生思想政治教育的成败。因为大学生的世界观、人生观、价值观尚未成型，其心智也尚未成熟，是非、善恶辨别能力又不够，面对复杂的国内外形势，尤其是网络虚拟世界里的种种诱惑，如果不能正确的进行引导，就有可能使大学生们迷失于种种现实冲突和困惑之中。②历史和现实告诉我们，只有坚持校园文化的正确政治方向，才能引导大学生沿着正确的方向前进。否则，就会给社会的发展造成不良的后果，甚至付出沉重的代价，20世纪80年代末期发生的那场政治风波就是例子。

---

① 李辽宁. 当代中国思想政治教育意识形态功能研究[M]. 武汉：武汉大学出版，2006年版，第56页。

② 李晓云. 德育在大学生社会化中的价值[J]. 现代教育科学，2007.4，第36—38页。

## （二）新时代高校校园文化的智育功能

不论人们怎么认识高校及其校园文化，高校的天职就是传承知识、整理知识和创新知识。因此，学习对学生来说是天经地义的事，而且永远是第一要务。这就决定了高校校园文化的核心内涵必然要凸显"教与学"的内容。没有教与学的活动，就不能生成具有学校特征的文化现象。可见，智育作为高校教育应有的重要任务，是新时代高校校园文化本身所包含着的一个重要功能，具体体现在以下几个方面：

### 1.课堂教学本身就属于校园文化活动的一个重要组成部分

从真正、完整的意义来看，课堂教学是校园文化的主要表现形式，是各种校园文化活动的主战场和主阵地。今天，不管像"做中学"之类的新的教育理念被看好和推崇，也不管课堂教学有这样或那样的不令人满意之处而备受质疑，课堂教学作为一种传统的教育模式，在现代高等教育中仍然扮演着重要的角色，至少在可以预见的未来，它作为传承知识的主渠道的地位是无法替代的。因为系统的科学文化知识的传播与巩固、学生完整的知识链条的形成、最基本的知识和技能的掌握等，都离不开课堂教学。特别是师生之间的沟通，以及教师以其渊博的学识、高尚的人格来影响学生，也主要是通过课堂教学这个主渠道。从这个意义上来说，校园文化智育功能是以课堂教学为主的一种学校教育活动。

### 2.高校校园文化自身拥有丰富的智育资源

众所周知，高校是各学科、各领域的前沿知识的交叉融合处，深厚的知识性是高校文化的一个显著特点。而高校校园文化本质上是高校文化的组成部分，高校文化本身又具有"传授人文知识的性质"[①]。所以，校园文化自然成为科学文化氛围最为浓郁的地方之一。其中，校园精神文化通过营造优良的校风、学风、形成深厚的学习氛围，激发和调动学生学习的积极性和能动性；校园制度文化为课堂、考试、科研提供了保障和条件，对食堂、寝室、医疗等进行管理，保证学生能以健康的体魄、充沛的精力投入到学习中；通过弹性的教育教学评价制度，确保学习者在知识、技能、

---

① 吴丽娟. 大学校园文化的社会学分析[J]. 沧桑，2008.4，第186—187页。

智力、能力等方面得以进步与发展；等等①，校园文化拥有这些丰富的智育资源，充分显示了其智育功能。

3.高校校园文化实践性具有拓展知识面的功能

校园文化的实践性更多的是以"无形课堂"丰富多彩的课余文化生活的形式出现的，如各类学术讲座、社团活动、文体活动等丰富性和灵活性的课外活动，为不同兴趣和爱好的同学提供了学习的场所和施展才能的机会。"在这些活动中，由于学生是受教育的被动客体向积极的自我教育自我塑造和主体转变，变被动学习为主动学习，变个体学习为相互学习、群体学习、变继承性学习为创造性学习，学习内容不仅涉及本专业领域，而且涉及相关专业、相关学科的基础知识，应用技巧及人文、自然等各门学科领域。"②因此，课余文化生活更容易为学生所接纳，这既满足了学生的各种欲望和业余生活的需要，又拓展了其知识面，培养和提高学生学以致用的能力。

（三）新时代高校校园文化的美育功能

大学时代也是人的审美能力、审美理想的成型时期。高校校园文化以其独有的魅力孕育着一所学校独特的精神气质，营造着一片广阔的美育天地，全面而深刻地影响着大学生的审美观念和审美情趣。新时代高校校园文化的这种美育功能，体现的各个层面中，在此主要以物质、精神、活动三个层面为例。

1.校园物质文化蕴含着丰富的美育因素

前苏联著名教育家苏霍林斯基曾说："无论是种植花草树木，还是悬挂图片标语，或是利用学校墙报，我们都将从审美的角度深入规划，以便挖掘其潜移默化的育人的功能，并最终连学校的墙壁也在说话。"这就告

---

① 侯东喜，乔长水.校园文化的人才培养功能初探[J].教育与职业,2010.15，第175—176页。

② 李玲，杨龙.校园文化与高素质人才的培养[J].福建医科大学学报（社会科学版），2005.1，第103—107页。

诉我们，校园物质文化，包括校园的硬件和软件设施，都应努力达到物质和精神、形式和内容高度的统一，让学生在使用这些物质文化的同时，也得到美的享受。充分发挥校园物质文化的美育因素的潜在的"教化作用"，对学生进行外在美和内在美的全方位渗透和影响，培养和提高学生感受美、鉴别美、欣赏美和创造美的能力，从而帮助学生树立正确的审美观和科学的审美理想。

### 2.校园精神文化含有深厚的历史底蕴

校园精神文化具有强烈的感染力和号召力，使置身于其中的成员心灵得到净化、情感得以熏陶。实践证明，健康、高尚的校园精神文化可以成为一种激励因素和动力，以其丰富的历史底蕴，实现对人的心灵、精神、性格的塑造，使得人们积极进取。校园精神一旦形成，就会长期不断地影响着其成员主要是师生，增强他们对学校的归属感、责任感和美誉感，进而形成学校发展的强大合力。

### 3.校园活动文化提供了美育教育的平台

校园活动文化是校园的"活文化"，也是校园文化的"晴雨表"，它主要是通过丰富多彩的校园文化活动融入高校整体文化中。而校园文化活动的主要内容是对大学生进行文化艺术和审美教育，包括很受学生欢迎的演讲、辩论、文艺演出、知识竞赛、学术讲座、书画展览等，这些活动都是审美活动，都蕴含着审美倾向，丰富了大学生的校园生活，提高了其文化艺术修养、道德情操和审美情趣。既给大学生提供了表现美、创造美、享受美的平台，也以此使大学生陶冶情操，净化心灵。与此同时，校园活动文化通过开展一系列积极向上的校园活动，培养和激发人们的群体意识和集体意识，发挥其团结一致、奋发向上的凝聚作用，从而增强校园文化活动的思想性，知识性、艺术性和高雅性。

### （四）新时代高校校园文化的体育功能

校园文化的体育功能，也称为身心培育功能，它是校园文化在培育校园成员，主要是广大师生的身心健康方面发挥的作用。在现代社会里，不仅从生理的角度，更多的是从心理角度来衡量身体的素质的高低，因为研究表明，生理上的问题很多是由心理引起的。所以，校园文化的体育功能，从狭义上是指心理调节功能，广义上是指娱乐功能。下面分别从狭义和广义这两方面来认识新时代校园文化的体育功能。

### 1.狭义上的心理调节功能

在当今竞争日益激烈的知识经济时代，生活在高校的人们尤其是广大师生，繁重的工作和学习压力，使他们的身心负担日趋加重，其精神层面都不同程度地存在着困惑和障碍，如果这些困惑和障碍长期积累得不到及时地解决，必然会引发各种心理问题，这不仅会影响他们的身心健康，也会影响学校乃至整个社会的稳定。而丰富多彩的文化活动，诸如校运动会、各种球赛等体育活动及科技创新大赛、舞会、歌咏比赛等文娱活动集思想性、知识性、学术性、竞争性、娱乐性、创新性于一体，不仅丰富了师生们的精神生活，而且能使广大师生通过生活调节，减轻其生理和心理负担，身心素质得到改善和提高。高校校园文化的这种心理调节功能，使广大师生的自我调节能力增强，促进其身心健康发展。

### 2.广义上的娱乐功能

所谓娱乐功能，是指对师生业余文化生活的调适功能，故也称"调适功能""消遣功能"。文化娱乐是人们生活中不可或缺的一种需要，对于正处在成长发育、生命力旺盛时期的大学生来说，他们对文化娱乐的需要更为强烈。娱乐作为校园文化的重要组成部分，是大学生投放过剩精力的主要场所，其重要表现形式是文化艺术活动。实践证明，富有趣味性、娱乐性、知识性的文化艺术活动，有利于改变校园生活单调枯燥的状况，调节师生的紧张情绪，增强师生的体质，使师生身心健康、思维敏捷、斗志昂扬，从而进一步提高师生工作学习的主动性、积极性和创造性。[1]

## 二、新时代高校校园文化的创新功能

教学科研作为大学的基本职能之一，表明了大学的主要使命与价值在

---

[1] 王莹.浅谈高校校园文化的基本功能[J].陕西师范大学学报（哲社版），2006.S2，第235—237页。

于传递和研究高深学问，培养高级复合型的专门性人才。通过教学传递知识，这是任何学校的初衷和职能，但是把科研引进教学过程，突出科研职能则是高校的特色，其目的在于培养具有创新精神和创新能力的人才，它的出现始于洪堡的改革。洪堡认为，大学的真正成绩应该在于它使学生有可能，或者说它迫使学生至少在他一生中有一段时间完全献身于不含任何目的的科学。正是在这种理念的影响下，高校的科研不仅使高校的学术气氛异常活跃，而且带动了科学事业发达昌盛，当时的德国也因此成为世界科学发展的中心。这种效应在今天知识经济时代表现得尤为突出。据有关资料显示，在过去20年里的世界范围内，数学、化学、天文学和地球科学四个科学领域，70%有重要意义的科研进展是由大学贡献的。正是大学的这种求知、求真、求创新的发展精神，激励着广大师生不断进取、创新，创新也就成了新时代高校校园文化的主要功能和不变的品质。

所谓校园文化的创新功能，是指校园文化本身所蕴含的创新因素及其对生活在其中的成员的创新意识、创新潜能、创新方法的萌动、激起和开发[1]。也就是说，以创新为灵魂和动力之源的高校校园文化，为创新型人才的培养营造了良好的创新氛围。校园文化传递和创造的基本功能，一方面，强调校园文化对民族传统文化和外来优秀文化的传授和继承；另一方面，强调在扬弃与吸收的基础上，实现文化自身的创新。高校校园文化正是在继承和融合民族文化和外来文化的基础上，不断吸取新思想、新理论、新科学，又直接为社会创造和更新文化，成为推动社会文化前进的重要杠杆，在一定程度上左右着甚至决定着社会文化的发展水平。生生不息的创新活动是校园文化的活力所在，也是校园文化的魅力所在[2]。

关于创新人才，在现代社会形成比较一致的观点是：基于合理的知识结构基础之上，具有较高的创新能力和敏捷的创新思维，并且将自身创新

① 蒋洪池. 新世纪高校校园文化功能及塑造[J]. 高教论坛, 2003.1, 第130—133页。

② 葛金国. 校园文化：理论意蕴与实务运作[M]. 合肥：安徽大学出版社, 2006年版, 第293—294页。

素质合理地与专业领域相结合，能够开发出创造性成果的人才[①]。创新人才的产生需要创新的校园文化氛围，因此，新时代高校校园文化的创新功能主要体现在它在创新人才的培养中所发挥的重要作用。

### （一）有利于培养大学生的创造性思维

恩格斯说："一个民族要站在科学的最高峰，就一刻也不能没有理论思维。"恩格斯在此提到的"理论思维"，主要是指创造性思维，它包括抽象逻辑思维和形象发散思维。脑神经生理学研究表明，人脑分为两个半球，被坚韧的白质桥——胼胝体联结起来。1981年诺贝尔生理学和医学奖获得者的美国人史百瑞成功地揭开了人脑两个半球的部分秘密。他指出，人大脑的左右半球的功能在很大程度上是相互独立的，在认知方面具有单侧性的特征，具有高度的专门化，左脑擅长语言信息加工和抽象逻辑思维，右脑擅长于表象信息加工和形象发散思维。这就是学者彭加勒所说的，逻辑是证明的工具，直觉是发现的工具，想象力、直觉都属于形象思维，属于右脑活动。可见，与左脑相连的抽象思维和与右脑相连的形象思维是有差异的。而在人的创造性活动中，形象思维特别是想象力，是创新的源泉。所以，高校校园文化活动中，学生经常参加诸如文体之类的活动，可以提高审美情趣，丰富想象力，更有利于激发大学生的灵感，培养其创造性思维。

### （二）有利于提高大学生的创新能力

人才因素包括智力因素和非智力因素。事实表明，非智力因素在一个人的成长中发挥着越来越不可忽视的作用，也是造成人们之间工作成就或学习成绩差异的重要因素之一，甚至有时比智力因素的影响作用还要大。这一点也为心理学研究所证明。美国心理学家推孟通过实验研究发现，同样高智商的两组人，由于非智力因素的不同，他们所取得的成就却有着明

---

① 张维平. 校园文化建设与创新人才培养的理论与实践[J]. 青海社会科学，2008.2，第179—182页。

显的差别。其中，成就最高的一组的非智力因素如谨慎、有进取心、不屈不挠、完成任务的坚持性等明显高于成就最小的一组。创造能力作为人才所必须具备的重要素质之一，由于想象力之类的非智力因素本身就是创新的源泉，所以，创造能力受非智力因素的制约更加明显。高校校园文化，一方面，通过涵盖学习、生活、兴趣、爱好各个领域的种种课外活动，对非智力因素如动机、兴趣、情感、意志、性格等的培养有着十分重要的作用，有助于提高学生的综合能力和创新能力；另一方面，丰富多彩的高校校园文化生活本身含有丰富的知识内容、充满生机的创造活力和昂扬向上的开拓精神，都是激发创造灵感的有利因素，自然也有利于大学生创新能力的提高。

### （三）有利于塑造大学生的创新人格

创新人格是指具有创新责任感、顽强的意志力，能经受得住挫折、失败的良好心态及坚强的性格，这是坚持创新并能作出成果的根本保障。高校校园文化的先进性和高品位性，有利于塑造大学生的创新人格。首先，能帮大学生指明正确的政治方向，树立正确的世界观、人生观和价值观，自觉地为祖国富强、人民幸福和人类进步而积极开拓创新；其次，能造就勤奋、严谨、求实、创新的校风传统，营造积极向上，在竞争的环境中形成和谐、友好、宽松、完美的人际关系，建立公正、宽容、理解的集体舆论，促使大学生形成坚定执着、勇敢刚毅、自信自尊和豁达开朗的心理品质，充分发挥其创造潜力；最后，能通过举办各种国际性或全国性的学术会议、水平较高的各种体育邀请赛、书画展览等，开阔学生的视野，调节其情绪，陶冶其情操，从而塑造其完整的健康人格。

## 三、新时代高校校园文化的社会化功能

服务社会是高校的又一项基本职能。在知识经济时代，高校不再是单纯的教书育人的机构，而是承担着知识生产，并为产业界需要的技能进行技术培训，这使得高校服务社会的内涵发生了巨大的变化，其中最大的变化在于随着知识特别是高新技术知识的增长与创新，产、学、研成为高校

肩负的新使命之一。因此，高校不仅要授予学生谋生的技巧，更要引导学生完善自我；不仅要引导学生适应社会，更要引导学生引领社会。因此，完成社会化就成了大学生的必修课。校园文化处处渗透着明确的教育目标，对学生的培养目标和规格起着导向作用，深刻地影响着学生社会化的方向。从这个意义上说，新时代高校校园文化具有社会化功能。

### （一）新时代高校校园文化社会化功能的内涵

在理解新时代高校校园文化社会化功能的内涵之前，先来了解人的社会化。人的社会化，简单地说，就是把人培养成一名合格的社会成员的过程。社会化是一个复杂的终生都要进行的过程，贯穿于人的整个生命历程。由于"人的本质不是单个人所固有的抽象物，在其现实性上，它是一切社会关系的总和"①。所以，任何人的成长和发展都离不开社会，都面临着社会化的客观事实。

大学作为学校与社会衔接的关节点，能否营造一个有利于大学生社会化的文化氛围，将直接影响大学生的社会化进程和程度，这也是大学生进入社会后能否尽快融入社会所期望的角色的关键所在。高校校园文化被视为大学生社会化的催化剂，需要具有社会化功能。新时代高校校园文化的社会化功能，主要是指校园文化以其所蕴含的符合现实社会要求的精神、习惯、道德风尚，来营造精神环境和文化氛围，对生活于其中的高校校园主体，尤其是大学生进行潜移默化的熏陶，并有意或无意地内化为他们的人格追求和行为，使他们形成与社会要求一致的思想观念、行为方式、价值取向等，从而养成良好的行为习惯，最终实现行为规范的社会化和人生的责任化，使自己成为与现实社会合拍的社会成员，并能按照社会规范来为人处世，胜任一定的社会角色。可见，新时代校园文化的社会化功能是要通过营造文化氛围来发挥的。因此，美国课程专家杰克逊从课程建设的角度指出，校园文化在促进学生社会化的非学术过程中构成了"隐性课程"。

---

① 《马克思恩格斯选集》（1）[M]. 北京：人民出版社，1995年版，第60页。

（二）新时代高校校园文化社会化功能发挥的依据

首先，高校校园文化所具有的示范辐射的作用，为社会的发展提供了范例。高校校园文化一旦形成较为固定的模式，有了某种稳定的结构和个性后，不仅在高校内部通过丰富多彩的第二课堂活动或形式多样的社团活动载体，将高品位的文化因素直接作用于校内所有成员，使每一个成员都受到启迪，而且还利用各种途径，如通过先进、深刻的思想和科技文化活动、高雅的文化生活及源源不断地向社会输送大量毕业生等渠道传播到社会上，对整个社会文化发展产生示范、引导与改造的作用，从而成为不断推进社会发展的动力源泉。高校校园文化的这种示范辐射作用，展现了"大学是引领社会风尚的希望之光，是照耀社会前进的灯塔"的风采。

其次，高校校园文化的教育导向的作用，培养符合社会需要的人才。教育的本质就是通过文化使个体社会化。因此，校园文化的教育目标就是把具有动物本性的自然人塑造成具有文化本性的社会人，"使社会的每一个成员都能完全自由地发展和发挥他的全部才能和力量并且不会因此而危及这个社会的基本条件。"[1]在我国社会主义制度下，以爱国主义、集体主义、社会主义为道德规范的校园文化，固有的主导意识强烈地体现出一种教育导向作用，引导学生去追求真善美，把他们培养成符合社会发展需要的人才，从而为经济、社会的全面进步提供有力的思想保证、精神动力和智力支持。因此，中科院院士杨叔子先生指出："一所现代大学，必须具有一个很高的文化品位，构筑富有活力的高尚的文化生态环境，形成一个朝气蓬勃的浓厚学术氛围，充满着求真的科学精神和求善的文化精神，教育人、启迪人、感染人、熏陶人、引导人，充满着对人的终极关怀，充分调动人的主体的自觉性和积极性，滋润着优秀人才的成长"。

最后，高校校园文化的各种实践活动，为大学生的社会化提供锻炼机会。一方面，通过课堂教学，使教师为人师表的言行举止对学生的思想和行为起着直接示范作用，并通过师生关系、同学关系，促使他们之间进行正确的思想与情感交流，帮助学生养成合作的良好习惯和品质，同时为学

---

[1] 《马克思恩格斯列宁论教育》[M].北京：人民出版社，1993年版，第83页。

生提供人际交往的实践机会，提高他们待人处事的本领和社交能力，增强学生对未来社会的适应能力；另一方面，通过课外活动，如社团活动、社会实践活动等，由学生亲自参加，甚至亲自组织，使学生学会自我管理、自我教育、自我调节，提高独立生活能力，增加社会阅历，积极促进大学生的社会化。总之，无论是课堂教学，还是课外活动，都为大学生的社会化提供了广阔的锻炼空间，"校园文化活动是促使学生由'校园人'向'社会人'转化的重要桥梁。"[1]

### （三）新时代高校校园文化社会化功能的主要体现

高校校园文化的社会化功能说到底主要是促进大学生社会化的进程，所以，高校校园文化对大学生社会化的促进作用，主要是下几个方面：[2]

1.促进大学生的政治生活社会化

高校校园文化既然是社会主义先进文化的重要组成部分，必然是以马克思主义为指导，以弘扬爱国主义、集体主义和社会主义为主旋律，对大学生进行社会主义主流意识形态教育，促进大学生的政治生活社会化。

2.促进大学生的生活目标社会化

马克思指出："人创造环境，同样，环境也创造人。"[3]积极健康的校园文化，使长期生活在这样氛围中的大学生，有意无意地受到这一氛围的影响，清晰地认识到自己的学习生活、工作目标，积极进取，具有高度的社会责任感、使命感和紧迫感。

3.促进大学生的价值取向社会化

高校校园文化作为一种教育文化，反映的是学校这一教育机构的价值观和人才观，它可以通过自身各种文化要素集中一致的作用，引导学生主

---

① 李帆，甘世斌.校园文化与大学生社会化[J].高等工程教育研究，2002.3，第38—40页。

② 戴玉英.略论学校校园文化的内涵、特征及功能[J].常州技术师范学院学报，2002.1，第16—19页，第56页。

③ 《马克思恩格斯选集》（1）[M].北京：人民出版社，1995年版，第92页。

动接受一定的价值观，使他们的价值取向沿着社会期望的方向发展。

4.促进大学生的道德规范社会化

良好的校园文化通过灌输、引导、启迪和熏陶，潜移默化地作用于学生，能使生活在其中的学生受到无形的约束，与有形的约束如规章制度等一起，保证学生成为对国家、对社会有用的人。

5.促进学生的角色扮演社会化

这是学生社会化的根本。如前所述，无论是课堂教学还是课外活动，校园文化的各种活动为学生即将走上社会提供各种角色训练的机会，使他们在能力、心理等方面做好充分的准备，确立自己的角色意识，以适应将来担任社会角色的各种要求。

6.促进大学生的人格社会化

一般说来，每个学生都有自己的个性并力求发展这种个性，丰富多彩和积极健康的校园文化，对于大学生形成优良的个性品质和良好的心理状态具有重要作用，使大学生能很好地把自己的个性与社会性协调起来，形成社会所期望的健康人格。

第二章

新时代高校校园文化建设取得的成就

改革开放以来，随着我国对高校校园文化建设研究的不断深入，依据我国社会主义文化建设在不同阶段的任务，高校校园文化建设的发展大致经历了三个阶段：改革开放至20世纪90年代初的恢复与发展时期、20世纪90年代初到世纪之交的深化发展时期和进入新世纪至今的全方位推进时期。在党和国家的关心和重视下，经过各方的努力，高校校园文化建设在各个阶段都取得了令人瞩目的成就，在提高国家软实力、构建社会主义和谐社会、促进大学生全面发展等方面发挥着重要作用。

## 第一节　高校校园文化建设恢复与发展时期取得的成就

1978年12月18—22日，党的十一届三中全会的胜利召开，以邓小平同志为代表的党的第二代领导集体，遵循文化发展规律，继承、发展和丰富马克思主义、毛泽东思想的文化思想，构建了具有中国特色社会主义文化建设的理论体系，为高校校园文化建设的恢复与发展提供了直接的客观条件，极大地影响着高校校园文化建设，且取得了很大的成就。

## 一、高校校园文化建设重新得到重视

十一届三中全会之后，面对人民日益增长的物质文化需要与落后的社会生产之间的矛盾日益尖锐，正如邓小平同志所说的，"为了建设现代化社会主义强国，任务很多，需要做的事情很多……"，"但说到最后，还是要把经济建设当作中心……其他一切任务都要服从这个中心，围绕这个中心，决不能干扰它，冲击它"①。依据社会存在和社会意识的辩证关系原理，党中央提出了"以经济建设为中心"的文化建设模式，并提出了"科学技术是第一生产力"的著名论断，科学技术被放到发展经济战略的首位。而发展科学技术，离不开科学技术人才。由于"技术人才的培养，基础在教育"②，所以，注重教育、重视知识分子的作用被提到议事日程。高校作为知识分子的聚集地，又是国家培养人才的重要基地，这样，"以经济建设为中心"的文化建设模式，必然在高校校园文化建设上得以反映。

首先，1977年恢复了中断了长达10年的高考制度，给广大青年带来了无限希望。1977年第一批大学生，承载着社会给予的很高的期望和评价，在社会的强烈关注下，步入高等学府。他们的心态是积极的、振奋的，不凡的经历和磨难，使他们有着强烈的时间紧迫感。在追回被耽误的青春的强烈学习动机的主导下，大学校园里出现了久违的"读书热"，以"学习求知"为特点的高校校园文化发展起来。"向科学进军"，"奋发读书，立志成才、实现自我"成为这一时期学校校园文化建设的主旋律，充分体现了"天之骄子"们的时代责任感和使命感。

其次，经历"文化大革命"的广大高校师生，对极"左"思潮进行了从自发到自觉的深刻反思，高校校园文化也由盲目狂热向理性回归。十一届三中全会后，整个社会开始拨乱反正，掀起了一场波澜壮阔的解放思想运动，社会文化逐渐繁荣起来，高等教育逐渐走上正轨，这为高校校园文

---

① 《邓小平文选》（2）[M].北京：人民出版社，1994年版，第250页。
② 《邓小平文选》（2）[M].北京：人民出版社，1994年版，第95页。

化的恢复和发展提供了最直接的客观条件。①"校园文化"概念在这一时期被正式提出后，各种形式的学生沙龙、学生社团、学生刊物应运而生；文化节、艺术节、电影首映式和名片回顾展应接不暇；各地高校"三下乡"活动如火如荼地开展，读书和逛书店成了学生们的习惯……这些活动极大地丰富了师生们的校园文化生活。②

但不可忽视的是，此时的校园文化建设尚处于探索的阶段，再加上当时国际、国内的影响及时代的局限性，难免出现内容上鱼龙混杂、内涵不够深刻、载体不丰富等缺陷。特别是高校校园文化的思想政治教育功能没能得到足够的重视，给了各种不良文化可乘之机。1989年春夏之交的政治风波的发生与高校校园文化建设出现的这种偏离正确的政治思想教育无不关系。

## 二、高校校园文化建设的方向更加明确

相对于"以经济建设为中心"的"物质形态的文化"，社会主义精神文明建设属于"观念形态的文化"。尽管我们党提出了以经济建设为中心，但从未对精神文明建设掉以轻心。对此，邓小平早就指出："我们要在建设高度物质文明的同时，提高全民族的科学文化水平，发展高尚的丰富多彩的文化生活，建设高度的社会主义精神文明。"③他强调："我们要建设的社会主义国家不但有高度的物质文明，而且要有高度的精神文明。"④

面对一些地方、部门领导把经济建设曲解为单纯的经济增长，导致社会上出现了重物质文明、轻精神文明、重经济建设、轻文化建设的"一手

---

① 夏立军. 改革开放以来高校校园文化的发展轨迹[J]. 广西青年干部学院学报，2009.5，第60—61页，第68页。

② 葛金国. 校园文化：理论意蕴与实务运作[M]. 合肥：安徽大学出版社，2006年版，第59页。

③ 《邓小平文选》（2）[M]. 北京：人民出版社，1994年版，第208页。

④ 《邓小平文选》（3）[M]. 北京：人民出版社，1993年版，第144页。

硬，一手软"的现象，邓小平一针见血地指出，"不加强精神文明的建设，物质文明的建设也要受破坏、走弯路。光靠物质条件，我们的革命和建设不可能胜利"①。他还认为贫穷不是社会主义，物质富裕而精神"贫穷"也不是社会主义。他要求"两手都要抓，两手都要硬"，"不仅经济要上去，社会秩序，社会风气也要搞好，两个文明建设都要超过他们，这才是有中国特色的社会主义。"②

党中央加强精神文明建设、坚持"两手抓"的文化建设战略方针，无疑为当时暂时迷失方向的高校校园文化建设指明了正确的发展方向。伴随着对"文化大革命"的深刻反思和对改革开放的初步探索，进入20世纪80年代，我国社会主义建设事业取得了巨大成就，不仅在很大程度上弥补了"文化大革命"给人们带来的创伤，而且也给人们带来了无限的希望，促使了大学生本身所固有的那种求知欲、成就意识和奋斗精神得以迸发。"团结起来、振兴中华"，这一由北大学生最先喊出的口号，迅速得到全国各地大学生及各行各业人士的积极响应，构成了高校校园文化一道靓丽的风景，一时成为青年学生和全国人民团结奋斗，建立美好家园的誓言。

随着改革开放的不断深入，大学生的主体意识不断增强，传统的义利观、生命观与现实校园文化建设发生了强烈碰撞，大学生开始思考和讨论人生价值问题。1980年《中国青年》第5期刊登的潘晓的来信，围绕着合理利己主义、人的本性是否自私等敏感而富有时代色彩的话题，展开了激烈的讨论，在大学生中引起了强烈的反响，"大多数青年把对自我价值和追求定位于：个人服务于社会是对社会发展应尽的义务，同时，追求正当的个人利益、个人价值也是人的一项权利；也有的定位于：在个人价值的追求上以不损害国家、集体利益为前提，努力做到个人、社会、集体三者利益相统一"③。而此时的第四军医大学的张华为救一位老农而献出了自己

① 《邓小平文选》（3）[M]. 北京：人民出版社，1993年版，第367页。

② 《邓小平文选》（3）[M]. 北京：人民出版社，1993年版，第378页。

③ 江涛. 1949—1999中国青年社会参与的演变历程[J]. 中国青年研究,1999.4，第4—7页。

生命的见义勇为的行为，以及被称为"80年代新雷锋"和"当代保尔"的张海迪的感人事迹，是对这场讨论的直接回答，这也成为这一时期高校校园文化建设的主流。与此同时，全面改革以其不可逆转的潮流而成为校园的中心话题，"创造性人才""开拓精神"的讨论在大学生中再次掀起读书热，像"李向南"式（电视剧《新星》的主人公，他具有勇于开拓、敢为人先的改革精神）改革业绩是他们奋斗的目标。[①]但随着改革的全面展开，愈来愈触及了旧体制和各种观念及习惯势力，部分青年的极端"自我实现"的思想经过不断地发酵，再加上由商品经济带来的商品文化，校园文化的功利性日渐明显。一时间"经商热""厌学风""六十分万岁""金钱万能"等思想观念和行为充斥着校园，"读书无用论"沉渣泛起，严重地冲击了高校校园文化建设，校园文化建设陷入晦暗迷失的状态。这样，加强精神文明建设、坚持两手抓的文化建设战略方针，无疑就成了及时雨，为培养"四有"人才和教育面向现代化、面向世界、面向未来成了高校校园文化建设的方向标。

## 三、高校校园文化建设得以健康发展

建设中国特色社会主义文化，就是发展面向现代化、面向世界、面向未来的、民族的科学的大众的社会主义文化。它要求我们既要立足于中国又要面向世界，既要着眼于当代实际又要吸取历史经验。也就是说，建设中国特色社会主义文化，首先，要对中华民族传统文化进行科学地批判和继承，因为传统文化是文化发展的根基。为此，"要划清文化遗产中民族性精华同封建性糟粕的界限。还要划清封建主义遗毒同我们工作中由于缺乏经验而产生的某些不科学的办法、不健全的制度的界限，不要又是一阵风，不加分析地把什么都说成是封建主义。要运用马列主义，毛泽东思想

---

① 佘双好. 当代大学生价值观念发展特点及趋势分析[J]. 青年研究, 1999.3，第13—19页，第34页。

对于封建主义遗毒表现出进行具体的、准确的历史分析"①。其次，要善于吸收和借鉴外国的先进文化，因为历史表明，"中国长期处于停滞和落后状态的一个重要原因是闭关自守"②。所以，"社会主义要赢得与资本主义相比较的优势，就必须大胆吸收和借鉴人类社会所创造的一切文明成果，吸收和借鉴当今世界各国包括资本主义发达国家的一切反映现代社会化生产规律的先进经营方式、管理方法"③。但无论是对传统文化的批判和继承，还是对外国先进文化的借鉴和吸收，其前提必须是坚持文化的社会主义性质，"我们要永远坚持百花齐放、百家争鸣的方针"④。

建设中国特色社会主义文化思想，既是改革开放的结果，也是解决改革开放给高校校园文化建设带来各种新问题的对症良方。党的十一届三中全会以后，在政治体制、经济体制、教育体制等方面进行了一系列拨乱反正，带着对历史的深刻反思和对先进思想文化的饥渴，20世纪80年代初的高校校园成为各种社会思潮的集散地，尤其是西方思潮随着国门的打开纷纷涌入高校校园的各个角落。高校校园里很快就充斥着"萨特热""尼采热""弗洛伊德热""第三次浪潮"等。不可否认，这些西方思潮丰富了大学生的思想，增强了其民主意识和参与意识，激起了其学习西方文化的热情。然而，在与西方进行文化交流时，由于中国文化与西方文化这两个主体各自立足点不同，经济力量、实力的差异，使中国及其文化在西方完全失去了光彩。⑤所以，一些学生对西方资本主义政治大加赞赏，盲目崇拜，这就使西方的自由化思潮有了可乘之机。

而此时中国的改革正进入一个转折阶段。1984年，改革由农村转到城市；1985年，推出"对外进一步开放，对内进一步搞活"的战略，改革的步伐不断加大，党政分开、政企分开、权力下放等极大地激发了社会发

① 《邓小平文选》（2）[M]. 北京：人民出版社，1994年版，第335页。

② 《邓小平文选》（3）[M]. 北京：人民出版社，1993年版，第78页。

③ 《邓小平文选》（3）[M]. 北京：人民出版社，1993年版，第373页。

④ 《邓小平文选》（2）[M]. 北京：人民出版社，1994年版，第256页。

⑤ 黄力之.先进文化论 [M]. 北京：三联书店，2002年版，第58页。

展的活力，逐渐赢得人们的认同。在这新旧体制交替过程中暴露的党内腐败、"官倒"等问题，激起了人们特别是大学生的不满，再加上教育引导不力，舆论上宣传不当，如作家柏杨的《丑陋的中国人》提出所谓"国民劣根性"、电视片《河殇》大肆宣传历史虚无主义等，使很多大学生对传统文化"不屑一顾"，甚至要求"全盘西化"。这样，"改革进程中存在的大量尖锐复杂的现实和理论问题，促使高校师生们企图从传统文化和西方文化中寻求答案，其中包括对西方文明进行深入探索和对中国文化的深度反思"。然而，"强烈的社会参与感，变革中国落后现实的紧迫感，改革进程中出现的种种失误以及西方资本主义社会思潮等多种因素的整合，最终导致大学生在理想与现实的尖锐冲突中，逐渐向非理性方向发展"[①]。而正是以建设中国特色社会主义文化为指针，坚持马克思主义指导思想，正确处理好中外古今的关系，才使我国经受了严峻的考验，及时纠正高校校园文化建设出现的偏离，促进高校校园文化的健康发展。

## 第二节　高校校园文化建设得到深化时期取得的成就

以江泽民为核心的党的第三代领导集体，提出了一系列关于当代中国先进文化的思想，并把当代先进文化定位为"有中国特色社会主义文化"，对刚刚得以恢复和发展的高校校园文化建设产生了深刻的影响，使高校校园文化建设得以进一步深化，取得了历史性的突破。

### 一、提升了高校校园文化建设的战略地位

随着知识经济时代的到来，知识在生产力要素中起着基础性、决定性作用不断得到印证，文化在与政治、经济的关系中的枢纽地位和关键作用

---

① 贾敬远. 激进　保守　多元——改革开放以来社会思潮与大学校园文化的互动轨迹[J]. 思想政治教育研究，2008.2，第108—110页。

也日益彰显，因此，以江泽民为核心的党的第三代领导集体，高瞻远瞩地把文化提高到综合国力的战略地位，认为"当今世界的竞争，归根到底，是综合国力的竞争，实质上是知识总量、人才素质和科技实力的竞争"。"历史和事实都告诉我们，国家要独立，不仅政治上、经济上要独立，思想文化上也要独立。"①

"文化是综合国力的重要标志"这一论断的提出，使社会主义文化建设的重要地位愈来愈为人们所认识，高校校园文化建设首先得到了党和国家的高度重视。江泽民在党的十四大报告中提到了校园文化建设后，党中央和国务院对校园文化建设的重要性和具体要求作出了明确的规定和详细的布置，在1994年8月《中共中央关于进一步加强和改进学校德育工作的若干意见》中指出："重视校园文化建设。要大力开展学生喜闻乐见的丰富多彩、积极向上的学术、科技、体育、艺术和娱乐活动，建设以社会主义文化和优秀的民族文化为主体、健康生动的校园文化"；1994年7月，《国务院关于〈中国教育改革和发展纲要〉的实施意见》中又明确规定"要加强德育实践环节，大力推进校园文化建设"。这两个文件的出台，有力地推动了校园文化的建设。

经过1989年的政治风波后，大学生"积极进取"的人生观转变为逃避现实的"灰色人生观"，他们在"气功热""跳舞热""恋爱热"中寻找慰藉，在"琼瑶热""三毛热""金庸热"等言情与武打小说中寻找寄托，原来的社会参与意识也逐渐转变为远离政治追逐实利的取向。尤其是1992年邓小平"南巡讲话"后，"市场热"在高校校园迅速升温并蔓延，在"市场"强力的渗透和影响下，高校校园文化的价值取向更趋于实用性和功利性。大学生对现实的关注和参与意识逐步升高，但已不再是单纯的政治层面，而主要停留在市场经济层面，这种远离政治追逐实利的取向，使拜金主义、享乐主义等西方腐朽思潮也开始在校园弥漫，严重冲击着校园文化，给大学生的身心健康带来不利影响。面对这些问题，党的十四届六中全会

---

① 论有中国特色社会主义（专题摘编）[M]. 北京：中央文献出版社，2002年版，第388页。

《关于加强社会主义精神文明建设若干重要问题的决议》中指出：要帮助青少年树立远大理想、培育优良品德，各级各类学校都要全面贯彻党的教育方针，加强德育工作。校园文化建设开始探索精神文明建设与市场经济内在需求相一致的文化教育模式，以服务社会、提高自身适应能力为目的的社会实践活动成为校园文化的新热点。"中国大学生志愿者扫盲与科技服务""三下乡"（文化、科技、卫生）等社会实践活动的开展，使大学生的社会责任感得到强化，社会适应能力得到提高，校园里充满着求真、求善、求美的文化氛围，高校校园文化建设得到深化。

## 二、高校校园文化建设适应了"科教兴国"发展战略的要求

为了发挥文化在提升综合国力中的作用，以江泽民为核心的党的第三代领导集体，在高度认同邓小平的"科学技术是第一生产力"的论断基础上，提出了"科教兴国"战略，认为当今社会"科学技术日益渗透于经济发展和社会生活各个领域，成为推动现代生产力发展的最活跃的因素，并且归根到底是现代社会进步的决定性力量。"[1]强调实现科教兴国这一战略，要优先发展教育，"培养同现代化要求相适应的数以亿计高素质的劳动者，和数以亿计的专门人才，发挥我国巨大人力资源优势，关系21世纪社会主义的全局。要切实把教育摆在优先发展的战略地位"。

实施"科教兴国"战略，把教育放在优先发展的战略地位，使高校的高素质人才培养基地备受党和国家的重视，国家对教育投入力度的加大，高校校园文化建设的物质条件得到改善，文化载体异常丰富，一大批各具特色和充满艺术人文基调的建筑，如大学生活动中心、体育场、图书馆等在许多高校拔地而起，既美化校园、又陶冶学生的情操。同时，还兴建了一些高科技硬件设施如电子阅览室等，为高校校园文化提供了更广阔的发展空间，也为高校校园文化建设营造了浓郁的时代氛围，直接影响着高校校园文化建设的内容和方向。

---

① 《江泽民文选》（3）[M]. 北京：人民出版社，2006年版，第42页。

随着市场经济广泛而深入的发展，以及产业结构的调整和"两个根本性转变"（经济体制由计划经济向市场经济根本性转变，经济增长方式由粗放型向集约型的根本性转变）的提出，促使高校为了满足社会对人才的实际需要而调整专业设置和课程结构，并于1994年实行全国普通高校招生与分配"并轨"和收费制度，在教学制度上实行学分制。这些都使大学生的学习危机意识和竞争意识不断增强，学习的积极性和主动性不断得到提高，曾经在商品经济冲击下的"上山"与"下海"热、"读书无用论"等消极的学习心态，逐渐被重视科学文化知识的学习、认真读书钻研等积极的学习心态所代替。很多大学生清醒地认识到知识经济时代科教兴国的真正内涵。他们不再盲目追求西方思潮，而是更加注重实用知识如英语、计算机、工程技术等知识的学习。他们也不再好高骛远而是脚踏实地，注重实干，努力提升自身素质，以适应科教兴国对高素质人才的要求。[1]

此外，作为高校校园文化建设的重要组成部分的课外活动，此时也适应"科教兴国"战略的要求，主要是以培养科技意识和科技创新能力为目的，丰富多彩的校园文化。

## 三、充实和发展了高校校园文化建设的内涵

关于"人的全面发展"的观点，江泽民做了详细的论述。早在1989年5月，江泽民在刚刚主持中央工作时就明确指出："精神文明建设，说到底是要提高全民族的素质，培养有理想、有道德、有文化、有纪律的社会主义新人。"[2]在1991年著名的"七一"讲话中，他再次重申："发展社会主义文化的根本任务，是培养一代又一代有理想、有道德、有文化、有纪律的公民。要坚持以科学的理论武装人，以正确的舆论引导人，以高尚的精

---

① 陈海芹，刘海燕，黄辛隐.改革开放以来大学生学习心理历程回眸.扬州大学学报（高教研究版），2000.4，第35—37页，第57页。

② 《江泽民文选》（1）[M].北京：人民出版社，2006年版，第159—160页。

神人，以优秀的作品鼓舞人。"①江泽民还提出"党代表中国先进文化的前进方向"的观点，创造性地把先进文化与人的全面发展联系起来，他还强调："党要承担起推动中国社会进步的历史责任，必须始终紧紧抓住发展这个执政兴国的第一要务，把坚持党的先进性和发挥社会主义制度的优越性，落实到发展先进生产力，发展先进文化、实现最广大人民的根本利益上来，推动社会全面进步，促进人的全面发展"。②

在如何实现"人的全面发展"上，江泽民认为，首先，必须"牢牢地把握先进文化的前进方向"。"在当代中国发展先进文化，就是要发展面向现代化、面向世界、面向未来的，民族的科学的大众的社会主义文化，以不断丰富人们的精神世界、增强人们的精神力量。"③因此，他坚持继承和发扬优秀的民族文化传统，主张大胆地吸收和借鉴外来文明的一切优秀成果，"要坚持以我为主、为我所用的原则，开展多种形式的对外文化交流，博采各国文化之长，向世界展示中国文化建设的成就。"④为了保证先进文化发展方向，真正实现古为今用，江泽民强调中国特色社会主义文化建设必须坚持"为人民服务、为社会主义服务"的"二为"方向和"百花齐放、百家争鸣"的"双百"方针。

其次，要弘扬和培育民族精神、加强爱国主义教育。江泽民说过："一个民族、一个国家，如果没有自己的精神支柱，就等于没有灵魂，就会失去凝聚力和生命力。有没有高昂的民族精神，是衡量一个国家综合国力、强弱的一个重要尺度。"⑤，因此，"必须把弘扬和培育民族精神作为文化建设单位极为重要的任务，纳入国民教育全过程，纳入精神文明建设全过程，使全体人民保持昂扬向上的精神状态。"⑥

---

① 《江泽民文选》（3）[M]. 北京：人民出版社，2006年版，第277页。

② 《江泽民文选》（3）[M]. 北京：人民出版社，2006年版，第538—539页。

③ 《江泽民文选》（2）[M]. 北京：人民出版社，2006年版，第230页。

④ 《江泽民文选》（2）[M]. 北京：人民出版社，2006年版，第35页。

⑤ 《江泽民文选》（2）[M]. 北京：人民出版社，2006年版，第230—231页。

⑥ 《江泽民文选》（3）[M]. 北京：人民出版社，2006年版，第559—560页。

最后，要把依法治国和以德治国结合起来，切实加强思想道德建设。江泽民指出："我们在建设有中国特色社会主义、发展社会主义市场经济的过程中，要坚持不懈地加强社会主义法制建设，依法治国；同时也要坚持不懈地加强社会主义道德建设，以德治国。……两者缺一不可，也不可偏废……把依法治国与以德治国紧密结合起来。"①他在党的十六大报告中又强调："依法治国和以德治国相辅相成。要建立与社会主义市场经济相适应，与社会主义法律规范相协调，与中华民族传统美德相承接的社会主义思想、道德体系。"②

在"人的全面发展"的理念影响下，"素质教育热"在高校校园内悄然兴起，素质教育成为校园文化建设的主旋律。1994年年底，国家教委召开了"文化素质教育工作会议"，时任教育部高教司司长，也是文化素质教育倡议者的周远清同志，在直属高校咨询会上就高等教育人才培养问题提出了"三注"：即"注重素质教育、注重能力培养、注重个性发展"。1995年9月，国家教委又在"加强高等学校文化素质教育试点工作研讨会"上，正式提出了加强大学生文化素质教育，即"主要是文、史、哲的基本知识、艺术的基本修养、国内外的优秀文化成果。当然，对文科的学生需要加强自然科学的教育。"③这样，以素质教育为突破口、以人文讲座为内容的校园文化活动开始活跃。

随着文化素质教育的不断深入和发展，文化素质教育逐渐成为一种教育思想而提升为党和国家的重大决策。1998年教育部颁布实施的《关于深化教学改革，培养21世纪需要的高质量人才的意见》和《关于加强大学生文化素质教育的若干意见》文件中，第一次明确提出将文化素质教育纳入高等教育改革中，由原来的第二课堂、课外活动正式列入教学计划中，并在原来"三注"思想的基础上，提出"三提高"：即提高大学生的文化素

---

① 《江泽民文选》（3）[M]. 北京：人民出版社，2006年版，第200页。

② 《江泽民文选》（3）[M]. 北京：人民出版社，2006年版，第560页。

③ 周远清. 加强文化素质教育，提高高等教育质量[J]. 教学与教材研究，1996.1，第4—7页。

质，提高大学教师的文化素养、提高大学的文化品位与格调，进一步拓展文化素质教育的内涵。1999年，中共中央国务院做出的《关于深化教育改革全面推进素质教育的决定》中正式提出"实施素质教育应当贯穿高等教育等各级各类教育"，"高等教育要重视培养大学生的创新能力、实践能力和创业精神，普遍提高大学生的人文素质和科学素质"，这标志着素质教育已提升到党和国家的重要日程上。此外，教育部先后出台的诸如成立高等学校文化素质教育委员会、建立国家大学生文化素质教育基地、举办一年一度的"五月的鲜花"全国大学生校园文艺演出活动等一系列促进大学生文化素质教育工作的制度和措施，使高校校园文化建设内容得以不断充实和发展。

## 第三节　高校校园文化建设全面推进时期取得的成就

进入21世纪，以胡锦涛为总书记的党的第四代领导集体，高度重视社会主义先进文化建设，在科学判断国际国内形势、全面把握当今世界文化发展趋势、深刻分析我国基本国情和战略任务的基础上，围绕着建设创新型国家与社会主义和谐社会，坚持以人为本的科学发展观，创造性地提出了社会主义核心价值体系理论和社会主义和谐社会理论，确立了增强国家文化软实力，努力建设社会主义文化强国的文化战略目标。发展了建设有中国特色社会主义文化思想，丰富了中国特色社会主义理论，全面推进了高校校园文化建设。

### 一、高校校园文化建设促进了国家软实力的提高

随着文化在综合国力竞争中和民族发展中的作用日益突出，文化软实力的地位也在得到不断地提升。胡锦涛为代表的党中央多次强调"国家文化软实力"的重要性，认为"综合国力竞争的一个显著特点，就是文化的地位和作用更加凸显，经济较量中的文化因素日益突出，越来越多的国家把提高文化软实力作为重要发展战略"，"加强国家文化软实力建设，对

内增强民族凝聚力和向心力，对外增强国家亲和力和影响力，是全面增强我国综合国力的必然要求，也是实现我国和平发展的战略之举。"①居于这种认识，我们党在十七届六中全会首次提出建设社会主义文化强国战略目标后，十八大又提出要扎实推进社会主义文化强国建设。

对于如何提升国家文化软实力、建设社会主义文化强国，党中央也做了具体的部署：首先要发展新文化，培育全社会的创新精神。强调"创新文化孕育创新事业，创新事业激励创新文化"②，因为"中华文化历来包含鼓励创新的丰富内涵，强调推陈出新、革故鼎新，强调'天行建，君子以自强不息。'建设创新型国家，必须大力发扬中华文化的优良传统，大力增强全民族自强自尊精神，大力增强全社会的创新活力"。其次要充分吸收国外文化的有益成果。"要坚持对外开放的基本国策，扩大多种形式的国际和地区科技交流合作，有效利用全球科技资源。"③其中，关键在于文化体制改革，它"关系着全面建设小康社会的奋斗目标的如期实现，关系着我国特色社会主义事业的总体布局，关系着中华民族的伟大复兴。"④因此，党的十七届六中全会以文化体制改革为议题，提出包括深化国有文化单位转企改制等在内的六方面体制、机制改革。党的十八大在此基础上，又提出要坚持把社会效益放在首位、社会效益和经济效益相统一，推动文化事业的全面繁荣、文化产业的快速发展，以增强文化整体实力和竞争力，最终实现文化强国的战略目标。

文化软实力的思想是继承和发展了马克思精神生产力的观点，是解放

---

① 中共中央宣传部、中共中央文献研究室. 论文化建设——重要论述摘编[N]. 人民日报，2012.2.20。

② 胡锦涛. 坚持中国特色自主创新道路为建设创新型国家而努力奋斗[J]. 求是，2006.2，第3—9页。

③ 胡锦涛. 坚持中国特色自主创新道路为建设创新型国家而努力奋斗[J]. 求是，2006.2，第3-9页。

④ 中国共产党第十七届中央委员会第六次全体会议文件汇编[C]. 北京：人民出版社，2011年版，第10页。

和发展文化生产力、实现文化繁荣的必由之路。而生产力中起决定因素的是人的因素，因此，建设社会主义文化强国，人才是关键。高校的第一任务是人才培养，即把大学生培养成中国特色社会主义的合格的建设者和可靠的接班人。为此，不仅要大力提高大学生的科学文化素养，更要大力提高其思想文化素养，以引导大学生树立正确的理想信念。这必然会对新时代高校校园文化建设产生重大的影响。

首先，在党和国家的重视下，校园文化建设得到全面深入的发展。激起大学生对知识的强烈崇拜与渴望是这一时期高校校园文化的特色。大学生参加各种等级考试、资格证书考试、考研的热情逐渐高涨，其间虽有利益驱动，但更主要的是适应社会发展和竞争的需要[①]，为提升国家文化软实力，实现文化强国打下坚实的人才基础。其次，文化素质教育得以大力推进，扩大了其覆盖面和影响力。在"三提高"的基础上，进一步提出"三结合"，即要把思想道德素质提高与人文素质提高相结合，把教师的人文素养与学生的人文素质相结合，把人文素质与科学素质相结合。大力推进高雅艺术进校园活动，增设多个国家大学生文化素质教育基地，并在"高等学校本科教育质量和教学改革工程""国家精品课程""人才培养模式创新试验区"等项目中，设定文化素质教育专项。明确提出全面实施素质教育的教育改革发展的战略主题，鼓励高校"大力发展自然科学、技术科学、哲学社会科学研究"。最后，以培养大学生的创新能力和创新精神的社会实践不断得到深化。2005年，中宣部、中央文明办、教育部、团中央下发《关于进一步加强和改进大学生社会实践意见》要求组织大学生积极参与文化科技卫生"三下乡"，科教、文体、法律、卫生"四进社区"活动，并把它们作为大学生参加社会实践的有效载体，鼓励大学生利用寒暑假等时间开展"三下乡"和"四进社区"活动，锻炼自己的能力，提升自身的素质。

---

① 曾长秋、程玮. 回顾与展望：建国后高校校园文化的发展[J]. 湖南第一师范学院学报，2009.6期，第30-33页。

## 二、高校校园文化建设践行了和谐文化思想

和谐文化既是和谐社会的反映，也是构建和谐社会的指导思想，更是和谐社会的重要内容。因此，以胡锦涛为代表的党中央，提出了建设和谐文化的思想，强调了社会主义核心价值体系在建设和谐文化建设中的重要地位。认为社会主义核心价值体系不仅是社会主义意识形态的本质体现，而且是兴国之魂，是社会主义先进文化的精髓，决定着中国特色社会主义的发展方向，要坚持用社会主义核心价值体系来引领和谐文化。"社会主义核心价值体系是建设和谐文化的根本，必须牢牢把握社会主义先进文化前进方向。"[①]所以，首先，要进行舆论调控，必须"坚持党管媒体的原则，增强引导舆论的本领，掌握舆论工作的主动权。"[②]面对互联网时代网络的"双刃剑"作用，党中央特别强调要"高度重视互联网等新型传媒对社会舆论的影响，加快建立法律法规、行政监管、行业自律、技术保障相结合的管理体制，加强互联网宣传队伍建设、形成网上正面舆论的强势"[③]，加强阵地意识，并把是否重视宣传思想工作和精神文明建设作为衡量领导干部讲不讲政治的重要方面。

其次，要坚持"引进来"和"走出去"来增强和谐文化的国际影响力。充分发挥和谐文化所具有包容性和开放性的特点，在对外文化交流中，既要"引进来"，也要"走出去"。一方面，要非常重视文化"引进来"工作，要"积极学习和借鉴世界各国人民创造的一切文明成果，博采

---

① 中共中央关于构建社会主义和谐社会若干重大问题的决定[M]. 人民出版社，2006年版，第21—22页。

② 中央文献研究室.十六大以来重要文献选编（中）[M]. 北京：中央文献出版社，2006年版，第284页。

③ 中央文献研究室.十六大以来重要文献选编（中）[M]. 北京：中央文献出版社，2006年版，第285页。

众长，"①也只有"以开放的心态和宽广的胸襟，学习和借鉴其他地区的经验，才能具有持久旺盛的生命力。"②另一方面，随着我国综合国力的增强，我们的文化也要大胆地走出去。所以，以胡锦涛为总书记的党中央创造性地把"推动中华文化走向世界的文化开放格局，进一步提升文化事业和文化产业的国际影响力和竞争力"作为文化体制改革的目标任务之一。这标志着我国文化开始主动"走出去"，把中华文化核心理念之一的"和谐"思想推向世界。

面对多元文化在高校校园中不断碰撞和交锋的现实，高校校园文化建设首先要解决的是，如何在承认和尊重校园文化多元性的前提下，坚持马克思主义一元化的主导地位，保证高校校园文化的社会主义方向。和谐文化的思想为高校校园文化建设的全面推进指明了方向，取得了显著的成就。

首先，加强了学科建设。2005年2月，中共中央宣传部、教育部《关于进一步加强和改进高等学校思想政治理论课的意见》指出，学科建设是加强和改进思想政治理论课的基础。设立"马克思主义"一级学科，开展马克思主义理论体系研究、马克思主义中国化研究、思想政治教育研究，为推进党的思想理论建设和巩固马克思主义在高等教育教学中的指导地位，培养思想政治教育工作队伍，提供了有力的学科支撑。

其次，改革高校思想政治理论课课程。开设了《马克思主义基本原理》《毛邓三重要思想概论》《中国近现代史纲要》《思想道德修养与法律基础》四门新的思想政治理论课，代替原来的《马克思主义理论课》和《思想品德课》（简称"两课"），并用思想政治理论课来概括原来的"两课"，使中国特色社会主义理论体系真正做到进教材、进课堂、进头脑。

再次是将社会主义核心价值体系融入校园文化建设的全过程。随着文

---

① 胡锦涛. 在中国文联第八次人国代表大会中国作协第七次全国代表大会上的讲话[N]. 人民日报，2006.11.11，第1版。

② 中共中央文献研究室. 十六大以来重要文献选编（下）[M]. 中央文献出版社，2008年版，第431页。

化多元化日益凸显，如何做到"和而不同"是高校校园文化建设面临的一个重大课题。党中央和国务院创造性地提出用社会主义核心价值体系引领各种社会思潮，从指导思想、理想信念、价值取向、道德规范及行为方式等方面来引领高校校园文化建设。

最后，时代榜样和时代精神来充实高校校园文化建设的内容。有带着妹妹上学的洪战辉、大山深处孤身支教的徐本禹、为救孩子而献身的长江大学学生陈及时、何东旭、方招等大学生自己的时代榜样；有爱心助学的业余歌手丛飞、航天英雄杨利伟、最美女教师张丽莉等各行各业的英雄、模范，以及汶川精神、玉树精神、奥运精神、世博精神、雷锋精神等时代精神，从内容和形式上大大丰富了高校校园文化建设，增强了社会主义意识形态的吸引力和凝聚力。

另外，由网络技术衍生的网络文化，因为"网络是开放的、国家化的、自由的、民主的，这些特点决定了网络信息的传播摆脱了原有的价值观念和意识形态，不同的文化可以在网络上进行传播"[1]，这就为不健康的文化，尤其是西方发达国家文化渗透提供便利。因此，中共中央"16号文件"提出拓展新形势下大学生思想政治教育新途径，包括"主动占领网络教育新阵地，要全面加强校园网的建设，使网络成为弘扬主旋律、开展思想政治教育的重要手段"。根据这个精神，教育部、共青团中央《关于加强和改进高等院校校园文化建设的意见》强调作为校园文化建设新载体的网络等新型媒体，在校园文化建设中的重要作用。于是各个高校纷纷建立各自的校园网站，通过网络平台，及时倾听学生的心声，掌握其思想动态并进行正确引导，调动学生参与高校校园文化建设的积极性、主动性，从而牢牢把握网络文化建设的主动权，使网络成为校园文化建设的新阵地。

---

[1] 邵一江.浅析新形势下高校校园网络文化建设[J].合肥工业大学学报,2005.5,第43—45页。

## 三、高校校园文化建设坚持了"以人为本"的文化建设理念

建设高水平的小康社会,是指广大人民群众物质生活过得殷实富足的同时,文化生活也要过得健康丰富,有很好的基本权益保障,有昂扬向上的精神风貌。因此,以胡锦涛为代表的党中央提出了以人为本的文化建设理念,"坚持以人为本,以满足人民精神文化需求、促进人的全面发展的目的。"①强调"要充分发挥人民在文化建设中的主体作用、调动广大文化工作者的积极性,更加自觉、更加主动地推动文化的大发展、大繁荣,在中国特色社会主义的伟大实践中进行文化创造。"②而为了更好地落实以人为本的科学发展观,党中央又明确提出了必须"坚持全心全意为人民服务,坚持群众路线……做到权为民所用、情为民所系、利为民所谋",改进领导干部作风,加强廉政文化建设。坚持"贴近实际、贴近生活、贴近群众"的"三贴近"原则,"全面贯彻为人民服务、为社会主义服务的方向和百花齐放、百家争鸣的方针,立足发展先进文化、建设和谐文化","创作生产更多元无愧于历史、无愧于时代、无愧于人民的优秀作品"③,把中国特色社会主义文化建设成为人民共建共享的文化,发挥人民在推动社会主义文化大发展大繁荣中的力量源泉作用。

高校校园文化作为中国特色社会主义文化的一个重要组成部分,体现了以人为本的文化建设理念。首先,高校哲学社会科学得以繁荣和发展。哲学社会科学是社会主义文化的重要组成部分,蕴含着丰富的人文底蕴,对于传承人类文明、发展先进文化、推动思想文化创新等方面具有重要意义。高校是哲学社会科学的主阵地和示范区,也是繁荣发展哲学社会科学的主力军,在服务社会主义文化大发展大繁荣中发挥着重要作用。所

---

① 胡锦涛.坚定不移走中国特色社会主义文化发展道路,努力建设社会主义文化强国[R]. 2011.10.18.

② 十七大报告辅导读本[M]. 北京:人民出版社,2007年版,第35—36页。

③ 胡锦涛.坚定不移走中国特色社会主义文化发展道路,努力建设社会主义文化强国[R]. 2011.10.18.

以，进入新世纪以来，党中央国务院高度重视哲学社会科学工作，启动实施马克思主义理论研究和建设工程（简称"马工程"），制定了一系列发展、繁荣高校哲学社会科学的重要文件，使一大批哲学、社会科学走进大学校园，高校校园文化呈现出哲学社会科学热。人们深知，中国优秀传统文化不能少，夯实学子们的哲学基础不能少。于是，于丹的"论语"、易中天的"三国"、王立群的"宋史"等一批著名学者、教授在百家讲坛上的精彩亮相，使毛泽东同志生前所强调的"让哲学从哲学的课堂和书本里走出来"的愿望得以真正地实现，发挥着哲学社会科学潜移默化的育人功能，提升了大学生的文化素质和人文素养，为推进理论创新，培养高素质人才，维护高校和社会稳定，推动经济社会发展等做出了重要贡献。随着2011年《高等哲学社会科学繁荣计划（2011—2020）》的出台，必将使高校校园文化走向大繁荣大发展。

其次，高校校园文化建设更加注重营造浓厚的人文氛围。根据中共中央国务院"16号文件"提出的"贴近实际、贴近生活、贴近学生"的原则，高校校园文化建设从硬件和软件两方面全方位推进。积极开展各种校园文化活动，促使校园文化活动一方面要关注社会，积极参与各种社会活动，让学生在活动中了解、认识社会，如2008年的北京奥运会、2010年的上海世博会中大量的大学生参加志愿者活动，中国人民大学组织的暑假"千人百村"活动等，大大增强了大学生的爱国主义意识、社会责任感和荣誉感；另一方面，要关注大学生自身。针对大学生面临的学习、就业、经济、情感等压力普遍大、心理矛盾突出的问题，从解决他们的实际问题着手，联合社会力量，采取措施，开展扶贫济困、就业指导、勤工助学、心理咨询等活动，给予学生人文关怀。同时，要大力鼓励学生社团的发展，通过学生会、团委会、爱心社等社团组织，引导学生在各种社团活动中，学会自行管理、自我教育、自我发展，从而发挥其主体性的作用。

第三章

新时代高校校园文化建设现状调查分析

——以福建省高校为例

高校校园文化建设作为一项宏大的、复杂的系统工程，渗透于学校的教学、管理、生活及各种校园活动等方面，是高校教育工作的重要组成部分。新时代全球经济一体化、政治多极化、文化多元化、信息网络化和高等教育大众化的发展趋势，在给高校校园文化建设提供难得的机遇的同时，也带来不少挑战。尤其是随着高等教育体制改革的深化和高校的不断扩招，我国高等教育日趋呈现多样化、多层次的格局。不同类型、不同层次的高校，由于办学目标、办学理念的不同，各自的定位、功能、人才培养的目标等也各异。这就决定了高校校园文化建设绝不可能是一蹴而就的，它必然具有长期性、艰巨性、广泛性和复杂性。因此，本章以福建省的湄洲湾职业技术学院、福建师范大学和福州大学这三所不同层次的高校为研究对象，通过笔者为本书所设计的"新时代高校校园文化建设现状调查问卷"，对这三所学校的校园文化建设的现状进行调查以获取相关数据，来分析新时代不同层次的高校校园文化建设的共性和特色，从中认识新时代高校校园文化建设存在的主要问题，进而为探寻个中原因及应对策略提供实证依据。

# 第一节　作为考察研究的三所高校校园文化建设特色简介

由于本次研究的三个学校：湄洲湾职业技术学院、福建师范大学和福州大学，分别是市属高职高专、省属重点院校和国家"211工程"重点建设高校，涉及专科生、本科生等不同学历层次的学生。为了更全面地了解新时代高校校园文化的建设现状，在分析调查结果前，有必要对三所高校正在进行的校园文化建设特色进行简单的介绍。需要说明的是，鉴于高校校园文化是为完成教育目的服务的，而高校教育目的是为中国特色社会主义现代化建设培养合格的人才和可靠的接班人。所以，高校校园文化的建设和发展都是以人才培养为目标，并受其主导和调控的。否则，不仅无法实现高校校园文化建设的目的，更谈不上特色。因此，以下介绍三所高校校园文化建设特色主要是以各自人才培养目标为出发点的。

## 一、湄洲湾职业技术学院校园文化建设特色：彰显"职业"的本色

湄洲湾职业技术学院位于海峡西岸经济区中心地带的湄洲湾畔的莆田，这里依山伴海，风光秀丽，具有深厚的历史文化积淀，素有"文献名邦""海滨邹鲁"之美誉。其前身是湄洲湾职业技术学校，于2004年由中专学校升格为大专学校。从大专办学这一层次来说，仅有不到9年的时间，属于"年轻"的高职院校。"年轻"既意味着富有活力，能更积极吸纳各种优秀文化，其校园文化更具开放性和兼容性。而且因为年轻，没有历史包袱，在办学理念、专业设置、技术设施、校园布局、教育管理等方面也更具现代性和灵活性，更易适应现代社会瞬息万变的人才需求。但年轻也意味着缺乏办学经验和基础，校园建设缺少历史底蕴和文化氛围。雪上加霜的是学校地处乡下，缺乏浓厚的社会文化环境，以致于不少学生来报到时，发现学校不在莆田市标志性的风景名胜湄洲岛而大有"上当受骗"的感觉，由此引起人心不稳，给学校增添了不少压力。如何在"年轻"上扬长避短，湄职院人紧紧抓住"职业"这一本质特征，努力建设校园文化与企业文化有机融合的特色校园文化。

面对一些高职院校在实践中把校园文化建设成为"本科院校学科型"

或"科学院的大专的压缩饼干"型之类的，这种偏离职业院校培养具有高素质，高技能的"双高"应用型人才的目标，过于重视理论知识和科研而轻实践能力的培养，实际上是对高职教育没有准确定位的结果，正是认识到这一点，为了避免重蹈覆辙，湄洲湾职业技术学院清醒地认识到自己作为一所高职院校，是一种兼有高等教育和职业教育双重属性的教育办学的新范式。因此，根据教育部《关于加强高职高专教育人才培养工作的意见》提出的"高职高专院校培养的是适应生产，建设管理，服务第一线需要的，德、智、体、美等全面发展的高技能应用型人才"的要求，对高职教育进行准确定位，提出自己所要培养的学生的职业能力比普遍本科生要强，技术水平比中职学生要高的目标。正是围绕着这一培养目标，湄洲湾职业技术校园文化建设凸显"职业性"的特色。

### （一）在校园物质文化建设上，突出职业的要求和特点

由于高职学生的核心竞争力在于动手能力和实践水平上，所以，科学先进的实验、实训设施和条件是必须具备的校园"硬件文化"。湄洲湾职业学院为此可以说是卯足了劲，充分发挥其从事职业技术教育为学时间相对较早（前身中职创办于1985年）、办学经验丰富、办学条件基础雄厚等优势，加大高职办学重要指标的实验实训教学设备的投入，由教育部要求每个学生5000元提高到每个学生10000元。目前，学院实验实训设备总价值4600多万元，拥有中央财政支持的院内实训基地3个、省财政支持的实训基地2个，实验实训大楼6幢，实训中心6个，总面积3万平方米。各类专业实验实训车间90间，校外实训基地和研究中心43个。设有国家职业技能鉴定站，被省人力资源和社会保障厅授予"高校高技能人才培养培训基地"，可以开展高级技师、技师等技能培训鉴定，国家人力资源和社会保障颁发、国家承认职业资格证书。此外，学院主动适应信息化时代潮流，加快数字化校园建设，实现图书馆信息化、电子化、成为全国教育网络系统示范单位，为推行数字化教学和数字化实践奠定了坚实的基础。

### （二）在校园精神文化建设上，移植企业精神

作为校园精神的灵魂，湄洲湾职业技术学院的校训是"博识厚技、立

德躬行"以"服务生产管理第一线"为宗旨，以校企精神文化融合为突破口，通过校企合作、产学研相结合，移植企业精神，加强校风建设，突出"职业"特色。与学院合作的有中央直属国有企业、大型外资或民营公司和企事业，如中石化、中海油、中国移动、鞍钢、英博雪津、福耀玻璃、东南汽车等。注重对学生的爱岗敬业、无私奉献的"职业道德"教育和实干、创新、创业、团队等精神的培养。借鉴先进企业文化建设理论和成功案例，设计学生团队活动。学院成立了包括电子协会、电脑爱好协会、创业管理协会等在内的30多个社团。这些社团通过丰富多彩的科技文化活动，如社团成果展、电子协会义务维修、技能节、DIY科技创造等，在提高学生创新创业能力、实践动手能力的同时，使学生受到诚信教育、纪律教育、吃苦耐劳的体验教育，使校园精神文化中融入更多的职业技能、职业道德、职业特征、职业人文素质，创新校园精神文化的内涵。

### （三）在校园制度文化建设上，嫁接企业制度

针对职业技术教育培养的大多是企业基层从事操作的技能人才，湄洲湾职业技术学院在管理制度上与企业制度嫁接，开展"订单式"人才培养模式，以就业（用人单位）需要为导向，主动对接本地央企、外资及民营大型企业等"三维企业"，由校企双方根据人才需求，共同设计培养方案，逐步形成"企业需求驱动重构课程模块，培养双高（高素质、高技能）人才"的办学特色，为企业"量身定做"人才。最典型的是学院与安博教育校企合作的培养模式：安博整合学校、企业、社会三方资源，以"学生+员工"的培养模式，应用"企业化+国际化"的课程体系，强调"项目+实操"的教学模式，共同实现"把需要工作的人变成工作需要的人"的培养目标，这种人才培养模式突出以实战操作为核心，通过课程实训、阶段项目实训、企业初衷等环节，让学生有良好的就业能力，使学生就业得到保障，与包括IBM、思科（中国）公司、网龙（中国）公司、冠捷电子、神州数码等企业保持深度整合。此外，学院还实行毕业生双证制度，即学生毕业时同时拥有毕业证书和至少一张职业资格证书。

总之，湄洲湾职业技术学院在校园文化建设上，着力于打造"职业"牌，具有十分浓厚的职业教育色彩，凸显高职文化特色。

## 二、福建师范大学校园文化建设特色：时代气息与百年文化底蕴有机结合

福建师范大学作为我国建校最早的师范大学之一，迄今已有100多年的办学历史。百年老校，"老"字既代表着博大精深的文化历史底蕴、实力雄厚的师资力量和办学条件、高起点和高水平的特色专业等优势，也预示着如何汲取时代精华、焕发老当益壮风采的挑战。从福建师范大学最初的"温故而知新可以成师、化民成俗其必由学"的办学宗旨，到今天逐渐砥砺出"知明行笃、立诚至广"的校训精神，形成了"重教、勤学、求实、创新"的优良学风中，可以深刻地感受到其既继承传统又与时俱进的发展思路。在新时代，福建师范大学把自己重新定位为"综合性、有特色、高水平教学研究型大学"，提出了培养"宽口径、厚基础、高素质、强能力、重创新的高级专门人才"的总体要求，并以此为标杆进行校园文化建设，呈现出时代气息与百年文化底蕴有机结合的特色。

### （一）在校园物质文化建设上"软硬兼施"

在硬件设施建设上，首先福建师范大学重视校园文化环境育人之功效。在老校区长安山校园里，保持着古朴典雅、人文底蕴厚重的文化气息，彰显百年学府的魅力。在新校区校园里，以旗山校区建设为契机，加大对校园环境建设的投入，实施绿化、美化、花化、香化、人文化的"五化"工程，对校园内的人文景观进行精心设计，形成了具有四季飘香的十大植物园区、青春活泼的共青团广场、象征校园精神的校训石碑、独树一帜的理工楼群人文景观、反映百年历史的宝鼎，等等，校园内充满和谐向上的整体氛围。其次不断完善教学、实践设施。目前，学校拥有全国古籍重点保护单位的图书馆，馆藏纸本文献总量380余万册，位居全国高师院校基本馆藏前列；全校教学科研用计算机7000多台，多媒体教室100多间，语音室30多间，各类研究所、研究中心70多个；校园网络建设日益完善，速度、规模和覆盖面不断扩大，为广大学生提供了便捷的互联网服务；拥有全国高校一流的体育设施，可满足各类比赛、训练、健身运动的需要。

在软件建设上，福建师范大学着眼于社会发展需要，首先，在学科

建设上，制定了"一流文科、高水平理科、有特色工科"的专业发展新蓝图。学校现有本科专业71个，其中国家特色专业有汉语言文学、体育学、音乐学等10个专业，省级特色专业有教育学、思想政治教育、心理学等8个专业。拥有博士学位授权一级学科19个、硕士学位授权一级学科38个、硕士专业学位类别12种（含37个专业领域）、博士后科研流动站10个，均居福建省属高校首位。其次，注重师资队伍建设，实施"人才强校"战略。学校深刻意识到高校之间的竞争归根到底是人才的竞争的事实，以高层次人才作为学校师资队伍水平的标志，不断构筑人才高地，提出"引进急需人才，培养未来人才，用好现有人才"的战略。在"引进急需人才"上，做到"大楼、大师一个都不能少"，对部分学科建设急需的高层次人才，按照特事特办的原则，在科研经费、住房和家属安排等方面给予特别优惠的待遇；在"培养未来人才"上，学校特别重视对青年骨干教师的培养，实施"青年教师培养工程""15100培养工程"（"15"即用三至五年培养和汇聚15名左右在国内外具有领先水平、有较大影响的旗帜性人才和学科带头人；"100"即用三年培养和造就100名左右具有创新能力和发展潜力的青年学术带头人和学科骨干）、"创新团队工程"等，为学校培养未来人才；在"用好现有人才"上，学校采用"条件留人、机制留人、感情留人、事业留人"的办法，积极推行岗位聘用制，形成"人员能进能出、职务能上能下、待遇能高能低"的竞争激励机制，激发广大教师的爱岗敬业精神，不断提高自己的教学科研水平。

（二）在校园精神文化建设上，"传承与创新、多样与特色"并重

首先，校园文化活动精彩纷呈。在艺术教育活动方面，既有群众性的，如每年举行文化艺术节、科技节、体育节等；又有高雅性的，如学校先后邀请中国歌剧舞剧院、江苏苏州昆剧院、福建芳华越剧团、厦门爱乐乐团等来校演出。在社团活动方面，目前，学校共有如青年志愿者协会、演辩协会、西部爱心联盟等200多个学生社团，每年举办被称为"百团大战"的社团文化巡礼月，吸引了广大学生积极参与。在社会实践方面，学校与闽侯团县委携手深化学校与地方共青团合作，助推大学生暑假"三下乡"社会实践活动模式创新。在青年志愿者活动方面，从2002年起，学校

先后选派6批次研究生到甘肃漳县接力支教，并援建了"福建师范大学支教团希望小学"和"中小学教师培训中心"，给贫困地区的孩子带去知识和爱心。

其次，充分发挥思想政治教育优势。学校始终坚持用社会主义核心价值体系引领校园文化，紧紧依托"一个课堂、一个研究会、一个讲坛"三大阵地，扎实推进马克思主义进课堂、进教材、进头脑。其中，"一个课堂"是指在学科建设上突出思想政治理论课优先发展地位；"一个研究会"是指大学生参加的邓小平理论与"三个代表"重要思想研究会；"一个讲坛"是指马克思主义理论与现实大讲坛。在这"三大阵地"的基础上，学校提出"打破围墙，充分利用社会资源"，把大学生思想政治工作延伸到校外，多方位立体式推进大学生思想政治工作，使大学生思想道德素质呈现出良好的发展态势，涌现出了援菲汉语教学志愿者、研究生西部支教团、"学生兵"等许多特殊的优秀学生群体。

最后，与时俱进地提出"五微五阵地"工作思路。信息时代如何有效引导学生，成为高校必须面对的新课题。福建师范大学团委从2011年尝试建立团学组织微博至今，全校已有200多个团组织开辟微博，构建起各级团学组织相互捆绑、信息共享、各具特色、优势互补的微博体系，形成了一定的规模效应和影响力，成为团中央"团学组织微博体系建设"试点高校，如今形成了"五微五阵地"的工作思路。"五微"即微协会、微活动、微服务、微论坛、微文化；"五阵地"即努力将团学组织微博建设成思想引领的新阵地、成长服务的新阵地、组织动员的新阵地、答疑解惑的新阵地、工作创新的新阵地。"五微五阵地"在网络思想政治教育、服务学生方面发挥着重要作用，并因此得到福建省领导的重视和肯定。

### （三）在校园制度文化建设上，转变观念，深化改革

首先，创新人才培养模式。面对高校竞争日益激烈的现实，福建师范大学充满忧患意识，放下架子，转变偏理论、轻实践的观念，着眼于全面建设小康社会和繁荣海峡西岸经济区，以及人才全面发展的需要，紧密联系学校实际，不断深化改革。在招生上试行按类招生和分段培养，开设文理兼收专业，努力实现专业教育、人文与科技教育、品德教育三教并举，

强调"通识教育",大胆突破文理界限。在人才培养上积极推行双专业、双学位的培养模式。高度重视"国家人才培养基地"的建设与管理,实行"导师制"和"分段培养、二次选拔"制度。

其次,深化教育教学改革。一是积极建设品牌专业,以"基地""重点""一般"三个层次打造品牌专业群;二是优化教育教学资源,启动"普通本科专业运行信息数据库"建设,为优化专业布局提供科学依据;三是建立健全教学质量监控体系,大力推行"一二三四五"课堂教学监控机制:"一"是指完善一系列规章制度,加强对日常教学工作的宏观调控;"二"是依靠"教学督导团"和"教学信息员"两支队伍,加强对课堂教学的微观调控;"三"是组织领导、教师、学生三个层面的教学主客体开展课堂教学评价活动;"四"是指完善领导、专家、教师同行、学生四级听课制度;"五"是指畅通五种教学信息反馈渠道,即公布办公电话、公开电子信箱、组织问卷调查、召开学生代表座谈会、编印《学生教学信息报》等。四是积极推进实践教学。采用认证方式要求师范生在书写技能、口语表达技能、教学工作技能人人过关、合格;学校设立专项基金,启动"本科生课外科技计划",建立本科生科研创新实验室,等等。此外,学校"微格教室"向全校学生开放,以促进学生教学实践技能和水平的提高。

总之,在"建设一流的学校,就必须建设一流的校园文化"的理念的指引下,福建师范大学建设时代气息与百年文化底蕴相结合的特色校园文化服务体系,在促进学生全面成长成才上发挥着"春雨润物细无声,于无声处孕芳华"的作用。

### 三、福州大学校园文化建设特色:着力打造具有工科特色的文化校园

创建于1958年、国家"211工程"重点建设的福州大学,经过半个多世纪的建设,已经成为福建省唯一的一所以工为主,理、工、经、管、文、法、艺多学科协调发展的省属重点综合性大学。相对于前述的"年轻"的湄洲湾职业技术学院和百年老校的福建师范大学来说,福州大学正处于年富力强

的"壮年"时期，既具有百年老校的沉稳，又具有年轻学校的活力，淋漓尽致地体现在以"福"字为主体的红色校标上（见117页左图）。"福"字吉庆祥和，为人喜闻乐见，学位帽象征着高等教育，二者巧妙结合，形象独特，寓意深邃，宛如一位温文尔雅的饱学之士，反映了福州大学这样一所以理工为主的高校对文化的珍惜。面对进入新世纪的重要战略发展机遇期，福州大学及时进行自我调适和重新定位，致力于由教学主导型向教学研究型的大学转变，努力建设成为具有相对较强学科优势、体现教学研究型办学特色和开放型的办学格局的我国东南强校，确立了走区域特色创业型强校之路的办学理念。因此，在校园文化建设上，福州大学非常注重学校文化品位的提升，着力打造具有工科特色的文化校园，实现人文精神与科学精神齐步发展。

（一）在校园物质文化建设上，结合工科特色，突出文化福大的魅力

首先，在硬件上致力于景观建设。一方面，充分发挥福州大学有山水花园的天然优势，与学校精神、办学历史、学科特色、地域特征相结合，在体现"以山为骨、以水为脉、以文为魂"的整体风格的同时，加强一院一景、一楼一景的局部景观构建。如化工学院的院士墙、诺贝尔墙等、建筑学院的走廊文化，人文学院的文化长廊、管理学院的网络数字馆、物理与信息工程学院的电子屏文化等。另一方面，充分利用两岸三地的关系，积极开展对台港澳的科技文化交流和中西文化交流，建有国内首个西方文献典籍中心——"西观藏书楼"，成立了国际汉学研究院。国际著名汉学家、荷兰皇家科学院院士施舟人先生长期在校从事汉学学术研究、交流和教学活动，从而使学校成为福建省与国际及台港澳地区科教文化交流的一个重要窗口。

其次，在软件上重视相关学科建设和人才培养。一方面，作为理工为主的学校，福州大学结合学科特色，建设了一批高水平的文化事业人才培训基地、文化产业创新基地和文化创意产品孵化基地。积极参与福建传统文化的保护、传承和创新，组织师生开展福州"三坊七巷"、武夷山五夫古镇朱子文化保护等。重点加强海洋文化、闽商文化等品牌建设，不断提升工艺美术、创意文化、建筑景观设计等相关研究。另一方面，注重人

才培养。福州大学紧紧抓住国家首批"卓越计划"试点高校的有利时机，实施"卓越工程师教育培养计划"，走工程教育改革创新之路，建立"教师—工程师"有机结合的"工程型"教师培育新机制，加强工程师资队伍建设。为此，学校出台相关规定，拨出专项经费，推行"企业导师制"，立足区域产业发展的需求，与海西对接，服务海西。

（二）在校园精神文化建设上，以"三种精神"为灵魂，营造文化校园氛围

福州大学在办学过程中形成的"三种精神"，是指福州大学创办人之一的以张孤梅同志为代表的老一辈艰苦奋斗的创业精神、以中科院院长卢嘉锡先生为代表的严谨求实的治学精神、以魏可美院士为代表的勇于拼搏的奉献精神。秉承这"三种精神"，福州大学大力推进精神文明建设，构筑"福大人"的精神大厦，促进高素质人才的培养。在教师层面，加强师德师风建设。学校开展了一系列活动，如"师德之星""十佳青年教职工""我心目中的好教师"等评选活动，树立当代福大教师的新形象，让以身作则、严谨治学的师德风范蔚然成风；在学生层面，加强学风建设。一是以先进文化育人，提升大学生思想政治素质，涌现了福建首例在读研究生造血干细胞捐献者杨超余等一大批大学生先进人物；二是以特色文化育人，培育大学生创新创业精神；学校通过"预就业培养模式""新楚大学生创业助力工程"[①]"紫金模式"等，来培养创新创业型人才；三是以精品文化育人。学校建立"文化素质教育基地"，将文化素质教育贯穿于教育教学的全过程，营造浓厚的文化育人环境；四是在大学生中强化以"明德至诚，博学远志"校训为核心的学校精神教育，以一年一度的学生科技节、艺术节、读书节、田径运动会等活动为主要载体，把思想政治工作渗透到科研、文化、艺术、体育等丰富多彩的群众性精神文明建设活动中，努力形成政治方向明确、学术氛围健康、道德风尚崇高的校园文化环境，

---

① "新楚大学生创业助力工程"是福州大学专门为大学生创业和就业服务的一个创业网名称。

使大学生在良好的文化校园氛围中潜移默化地全面提高自身素质。

（三）在校园制度文化建设上，着眼于开放式办学，创新人才培养模式

福州大学利用其提出的建设"东南强校"的跨越式发展目标与福建省省政府提出建设"海西战略"的阶段性目标相耦合的机遇，以及作为福建省唯一进入国家"211"重点建设理工学校的有利条件，实行开放式办学，创新人才培养模式。其中最引人注目的是福州大学首创的"预就业人才培养模式"。所谓"预就业"，就是经企业挑选和认可的在校生（一般为二、三年级大学本科生和硕士研究生），可以通过签约提前与企业"亲密接触"，即到用人单位学习和实践，为毕业后正式就业打下必要的基础。按照预就业人才培养模式的要求，相关学院承担学生的基础知识教育和基本实践教学环节，让学生完成大学公共基础教育和专业基础教学任务，用人单位则为学生和指导教师的实践教学及训练活动提供必要条件。实行双导师制，即在学生实习期间，学院选派指导教师与用人单位选派工程技术人员或管理骨干，共同组成预就业培养模式指导小组，对学生的专业教学、技能训练、实习和毕业设计（论文环节）进行指导，并纳入学校的专业教学计划。这种"预就业人才培养模式"，既可以在学生实习过程中，使企业能完成学生的部分上岗技能培训工作，又可以把企业和用人单位对人才的知识、能力和综合素质方面的需求引入学校的教育过程，使学校能根据社会需要及时调整教学与研究的安排。

正是在"预就业人才培养模式"的基础上，福州大学加大开放式办学步伐，与紫金矿业集团联手创建福州大学紫金矿业学院，形成了人才培养的"紫金学院模式"，除了在紫金矿业学院本部外，还在紫金集团总部所在地上杭建有教学基地，以期形成基础教学、基础实践训练、专业教学和工程训练等各个环节的分解与衔接。通过"紫金学院模式"，福州大学在打破了传统教学模式的同时，也构建开放式的办学大格局，主动适应了区域经济建设和社会发展对人才的需求。

总之，福州大学在校园文化建设中，凭借国家"211工程"重点建设高校的优势，抓住福建省海西建设的机遇，在努力创建创业型强校之路中发

挥工科类工程教育特色的同时，着力打造生态福大、诗意福大、人文福大和科技福大，实现校园文化向文化校园的飞跃。

## 第二节　调查研究的思路和调查对象的基本情况分析

### 一、调查研究的思路

共性与个性的辩证关系，如同毛泽东在《矛盾论》中所指出的那样：关注事物的特殊性是"我们认识事物的基础性的东西"；由特殊到一般，由一般到特殊是人们循环往复的认识过程；而且只要严格按照科学的方法，每一次循环都能使人们的认识不断提高、不断深化；他还指出，共性"包含于一切个性之中，无个性即无共性"[1]。根据这个原理，在上一节分析了三所高校校园文化建设的特色即个性的基础上，为了更全面认识新时代高校校园文化建设的现状，还必须了解他们的共性。同时也为了探寻新时代高校校园文化建设存在的主要问题、产生的原因，以及为提出解决这些问题的对策提供实证依据，笔者多次参加有关高校校园文化建设现状调查的辅导员和大学生座谈会，还私下与他们进行广泛交流，通过走访一些高校的宣传部、团委、学生处（科）等与高校校园文化建设密切相关的单位，虚心请教同学、同行、老师和有经验的高校校园文化建设者，并参考近年来国内外同类研究，结合本书的自身特点和需要，在此基础上，笔者精心设计了《新时代高校校园文化建设现状调查问卷》（见附录1）。

本调查问卷内容包括五大部分共36题（实际是35题，其中第35和36题是根据实际情况仅选一题）。这五大部分的内容分别涉及个人基本情况、对校园文化认的知情况、校园物质文化、校园精神文化、校园制度文化。本次调查选择了福建省高校中的三所不同层次、类型的高校为调查研究对

---

① 毛泽东：《毛泽东选集》（第1卷）[M]. 北京：人民出版社，1991：308页、310页、319页、320页。

象，它们分别是湄洲湾职业技术学院、福建师范大学、福州大学（说明：以下分析的时候，没有特别说明，就按这个顺序进行）。之所以在那么多的高校中选择这三所，主要居于两方面的考虑：一是从办学层次上看，它们分别属于市属高职高专类、省属重点本科类和国家"211工程"重点建设大学；二是从办学历史上看，分别是改革开放后新建高校、百年老校和中华人民共和国成立后建立的高校。由于这三所高校办学层次分明，"老中青"相结合，是不同历史时期的代表，很具代表性。

在具体调查对象的选择上，三所高校都是选择新生（大一）和老生（其中湄洲湾职业技术学院是大二的，其他两所都是大三的）各一半。特别值得一提的是，老生都避开毕业班（即专科三年级、本科四年级）的学生，因为他们面临毕业、就业，容易受各种因素的干扰而影响调查的信度。此次调查共发放了1800份问卷，每所高校各600份（新生、老生各300份），有意识地兼顾文理科学生、男女比例等，确保调查的合理性、广泛性和准确性。同时，考虑到问卷涉及的一些内容会使有些学生产生误解或理解不透，也为了让学生耐心、认真的回答相关问题，保证问卷调查的真实性和可靠性，笔者首先争取得到三所高校辅导员、班主任的支持，利用班会课、政治集中学习等机会，亲自到场，做好动员工作，并对问卷相关内容进行详细解释，得到了学生的大力支持和密切配合。问卷发放及回收情况良好，如表3-1所示。

表3—1：调查问卷的发放和回收情况

| 问卷发放情况 | 湄洲湾职业技术学院 | | 福建师范大学 | | 福州大学 | |
| --- | --- | --- | --- | --- | --- | --- |
| | 大一 | 大二 | 大一 | 大三 | 大一 | 大三 |
| 发放问卷总数 | 300 | 300 | 300 | 300 | 300 | 300 |
| 回收问卷 | 294 | 291 | 285 | 276 | 282 | 273 |
| 回收率 | 98% | 97% | 95% | 92% | 94% | 91% |

总之，通过笔者的积极努力和相关人员的帮助和支持下，本次调查所抽取样本的具有相当的层次性和典型性。既在"面上"即广度上下功夫，也在"点上"花心思，做到点面结合，以点带面，在顾及层次性的同时也突出了典型性。问卷涉及高校校园文化建设中的物质文化建设、精神文化

建设和制度文化建设的三个方面，以及对校园文化的认知情况，共计四个
方面。问卷中每一方面的内容设计了相关问题，共计30题。将全部资料输
入计算机，按调查人数计算所占百分比，将文字分析与图表相结合进行分
析，既增强了表述内容的逻辑性和准确性，又形象、直观地显示出调查的
结果，努力做到深入浅出，通俗易懂。

## 二、调查对象的基本情况分析

作为调查对象的三所高校的性别、年级、所学专业、政治面貌等基本
情况分别从表3—2中可以看出，三所高校男女比例接近，新生和老生比例
相差无几，文理专业及其人数比例也相当。在政治面貌的比例上，团员占
的比例最多，党员也占了一定的比例，这与实际情况相符，体现了当代大
学生的政治价值观。主流方向是积极向上的，这有利于对新时代高校校园
文化现状做出相对客观的评价。从总体上看，调查对象的基本情况符合调
查的初衷。具体统计情况如表3—2所示。

表3—2：湄洲湾职业技术学院、福建师范大学、福州大学调查基本情况统计表

| 调查对象情况 | | 湄职院 | | 福师大 | | 福大 | |
|---|---|---|---|---|---|---|---|
| | | 人数 | 比例 | 人数 | 比例 | 人数 | 比例 |
| 性别 | 男 | 309 | 52.82% | 207 | 36.90% | 363 | 65.41% |
| | 女 | 276 | 47.17% | 354 | 63.10% | 192 | 34.59% |
| | 合计 | 585 | 100% | 561 | 100% | 555 | 100% |
| 年级 | 大一 | 294 | 50.26% | 285 | 50.80% | 282 | 50.81% |
| | 大二 | 291 | 49.74% | 0 | 0 | 0 | 0 |
| | 大三 | 0 | 0 | 276 | 49.20% | 273 | 49.29% |
| | 合计 | 585 | 100% | 561 | 100% | 555 | 100% |
| 所学专业 | 人文社科类 | 297 | 50.77% | 288 | 51.34% | 294 | 52.97% |
| | 理工类 | 288 | 49.23% | 273 | 48.66% | 261 | 47.03% |
| | 文体艺术类 | 0 | 0 | 0 | 0 | 0 | 0 |
| | 合计 | 585 | 100% | 561 | 100% | 555 | 100% |
| 政治面貌 | 党员 | 21 | 3.59% | 78 | 13.90% | 69 | 12.43% |
| | 团员 | 492 | 84.10% | 474 | 84.49% | 471 | 84.86% |
| | 群众 | 72 | 12.31% | 9 | 1.6% | 15 | 2.70% |
| | 合计 | 585 | 100% | 561 | 100% | 555 | 100% |

## 第三节　新时代高校校园文化建设现状的调查内容分析

根据本书对新时代高校校园文化建设状况的问卷设置的框架，通过对调查问卷进行统计，在获得实证调查第一手材料的基础上，本节主要从对校园文化的认知情况、校园物质文化建设、校园精神文化建设、校园制度文化建设四个方面，来分析新时代高校校园文化建设的现状。

## 一、大学生对校园文化的认知情况

认知是行为主体做出相应行为选择之前的态度和倾向。大学生作为学校教育实践过程中最大的一个群体，是大学校园文化建设的主力军，也是校园文化建设的直接受益者，他们对校园文化的认知情况如何，是高校校园文化建设的重要思考基点。这不仅反映出大学生自身的文化素质，而且也从总体上反映了校园文化建设的基本状况，更重要的是直接影响他们参与校园文化建设的积极性、主动性。

### （一）大学生对校园文化作用的认识

近几年，随着我国对高校校园文化建设的日益重视，高校校园文化建设得到了长足发展，成为高校"软实力"的作用也越发凸显。尤其是高校扩招后，在激烈的竞争中，校园文化的品牌效应在不断发酵，加强校园文化建设就成为各高校建设的一个重要组成部分，客观上促使校园文化得以蓬勃发展，使大学生在潜移默化中受到熏陶的同时，也丰富和充实了他们的大学生活，使越来越多的大学生认识到校园文化建设的重要性和必要性。如图1所示，从调查数据中可以看出，三所学校尽管层次不同，但对校园文化建设觉得"很有必要"的比例都占得比较高的比例。不过，仍然还有一部分同学对校园文化建设抱着"无所谓"的态度，甚至有的认为"完全没必要"，这些尽管占的比例不高，但也反映了校园文化建设需要不断加强。

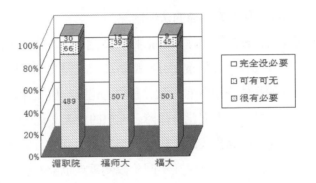

图1：关于高校校园文化建设必要性

在"校园文化对自己的作用"这一问题上，湄洲湾职业技术学院、福建师范大学、福州大学选择"能放松娱乐自己"的人数比例依次为14%、22%、24%；选择"能交到有共同兴趣的朋友"的依次为25%、16%、18%；选择"能学到很多东西，提升自己文化水平"的依次为56%、59%、55%；选择"其他"的依次为5%、3%、3%。从中可以看出，三所学校选择"能学到很多东西，提升自己文化水平"的比例都是最高的，反映了当代大学生在激烈的竞争中渴望提高自身素质的愿望。其次是"能放松娱乐自己"，说明相当一部分大学生把校园文化视为休闲娱乐的一个途径，这既符合大学生的特点，也符合当下物质丰富条件下人们对精神生活的渴求，同时也是缓解紧张、快节奏生活在校园文化中的反映。但相对而言，高职院校更偏向娱乐放松和交朋友，本科院校则偏向提升自己文化水平。如图2所示。

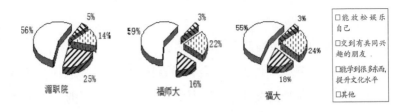

图2：关于心目中的校园文化对自己的作用

## （二）对校园文化建设重点的认识情况

如前所述，高校校园文化建设包括物质文化建设、精神文化建设和制度文化建设。三者没有孰轻孰重之分，都是高校校园文化建设不可或缺的一部分。但三者的具体作用各有千秋，其中，校园物质文化是基础、校园精神文化是核心，校园制度文化是保障。理想的校园文化建设应该是三者协调平衡发展，这也是高校校园文化建设努力要达到的目标之一。但在一定条件下，由于具体情况不同，在不同阶段侧重点也会有所不同。那么，新时代高校校园文化建设的重点应放在哪里呢？作为高校校园文化建设主体和受益者的大学生是最有发言权的。调查显示，三所高校认为重点应在"精神文化建设"的人数比例分别是66%、90%、87%，认为应放在"物质文化建设"的分别是13%、3%、3%，认为应放在"制度文化建设"的分别是21%、7%、10%。总的看来，三所高校都认为精神文化建设是重点，但相对来说，湄洲湾职业技术学院的比例比其他两所要低，体现了学生素质有一定差别的现实情况。如图3所示。

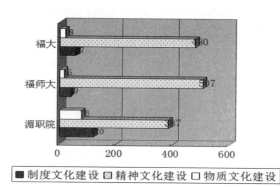

图3：关于校园文化建设重点

## （三）对校园文化建设效果的认识情况

校园文化建设效果如何，学生会有最直接的感受，是校园文化建设的重要依据之一，也是校园文化建设实效性的体现。调查表明，三所高校的大学生大部分都认为自己所在学校的校园文化"一般"，持这种观点的比例依次是53%、74%、71%，认为"丰富多彩"的比例却很低，即使像福建师范大学这样的百年老校，其人数比例也只占16%。相反，觉得"没意思"和"说不清"却占一定的比例，依次是40%、11%、18%，这从一个侧面反映了目前高校校园文化建设的实效性不高，需要进一步提高。如图4所示。

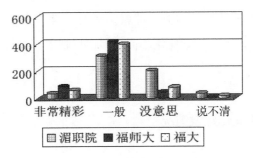

图4：对校园文化文化的评价

此外，在了解"校园文化建设的薄弱环节上的认识"，三所高校的很多学生无不例外地指向"校园文化品位不高"，所占的比例分别是28.72%、28.88%、26.49%。其次是认为"文化设施不完善"，分别是27.18%、24.06%、25.41%。这表明了校园文化建设在层次和投入上需要进一步加强。还有一些学生认为"局限于学生管理和思想教育层次上，缺乏以教师为主导的校园文化建设"，这也表明了在高校校园文化在建设过程中，一些高校简单地把校园文化理解为思想政治教育和管理学生的手段，没有正确认识它们之间的关系。同时，教师在校园文化建设的缺席也是值得注意的。这些问题在这三所高校都存在，尽管占的比例不高，但反映了目前校园文化建设存在的这些问题具有一定的代表性和普遍性。具体如表3-3所示。

表3—3：对校园文化建设的薄弱环节的认识

| 内容\情况\学校 | 校园文化品位不高 | | 文化设施不完善 | | 局限于学生管理和思想教育层次 | | 缺乏系统规划，校园文化档次不高 | |
|---|---|---|---|---|---|---|---|---|
| | 人数 | 所占比例 | 人数 | 所占比例 | 人数 | 所占比例 | 人数 | 所占比例 |
| 湄职院 | 168 | 28.72% | 159 | 27.18% | 123 | 21.02% | 135 | 23.08% |
| 福师大 | 162 | 28.88% | 135 | 24.06% | 141 | 25.13% | 123 | 21.93% |
| 福大 | 147 | 26.49% | 141 | 25.41% | 135 | 24.32% | 132 | 23.78% |

从对校园文化认知情况的调查结果来看，当代大学生对校园文化建设总体上还是比较关注和重视的。相当一部分大学生把校园文化视为自己大学生活中不可或缺的一个重要组成部分，并与提升自身的素质联系起来。但也有令人不满意的地方，那就是还有一部分大学生对校园文化建设抱着无所谓的态度，尽管比例不高，但也反映了高校校园文化建设存在的问题。

## 二、校园物质文化建设情况

完整意义上的校园物质文化，既包括看得见、摸得着的外显办学条件，也包括师资力量、学科结构等内隐的教学条件。因此，高校校园物质文化建设情况如何，主要从办学条件和教学条件即硬件和软件两个方面来衡量。

### （一）硬件建设情况

任何人的成长都离不开一定的环境为其提供现实的可能，从总体上来看，人所面对的环境主要包括三个方面：一是自然环境；二是人创造的、改造过的自然环境；三是人的社会生活环境。校园硬件设施往往从办学思想、办学目标、校风学风等方面体现出来，本问卷调查硬件建设情况主要是从这些着手的。如图5所示，在调查学生对"所在学校的校园环境、图书馆、教学科研设施等硬件建设方面"的看法中，三所学校的学生选择"很好""较好"的人数比例依次是42%、81%、67%；选择"一般"的依次是54%、17%、30%；选择"很差"的依次是4%、2%、3%，总体上三所学校的学生对自己学校的硬件建设是比较满意的。但由于学校的层次不同，还是略有差别的。其中，福建师范大学和福州大学因为有了一定的底蕴和相关政策的倾斜，所以学生对硬件建设的满意度相对更高一点，湄洲湾职业技术学院相对较低，这也反映了高职院校硬件建设有待加强。不过三所高校都有部分学生选择"很差"，这其中虽然不排除一些学生存在偏见，但在一定程度上反映了高校硬件设施需要不断地完善和统筹规划。

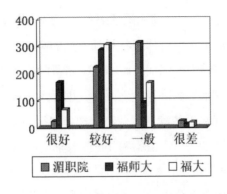

图5：关于学校硬件建设方面

随着网络化的快速发展，网络以其不可阻挡的态势渗入高校校园的教学、学习和生活等各领域，数字化校园成为物质文化建设的一个重要内容，网络也就成为硬件建设的一个新亮点。在这种背景下，各高校加大投入校园网络基础设施建设，很多高校都完成了校园内的整体网络建设工程，基本上实现办公、教学、管理网络化。但出乎意料的是，调查中三所高校的学生普遍对校园网网速不满意，从总体上看，三所学校选择"较慢""很慢"的比例较高，有超过一半以上。选择"一般"的平均约占33.51%，选择"很快""较快"的分别平均约占2.12%和8.99%。如图6所示。

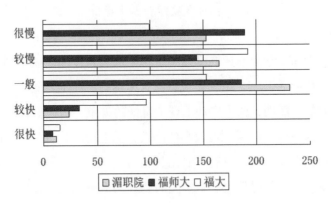

图6：关于学校校园网络网速情况

（二）软件建设情况

高校校园文化建设的目标既然是培养合格的社会主义建设者和可靠的

接班人，所以，教书育人的天职和使命决定了师资水平在这当中发挥着决定性的作用。而师资水平主要体现在教师素质的高低上，包括知识素养的高低和教学方法运用能力的强弱。而实践中衡量师资水平高低的一个重要依据就是学生对师资水平的满意度。调查数据显示，福建师范大学和福州大学生的学生对师资水平的满意度较高，选择"很满意"或"比较满意"的比例分别是85%和78%，而湄洲湾职业技术学院的满意度相对较低，只有40%，选择"一般"或"不太满意"的却占54%，比福建师范大学和福州大学分别高出40和30个百分点，反映出高职院校师资水平有待于提高。具体如图7所示。

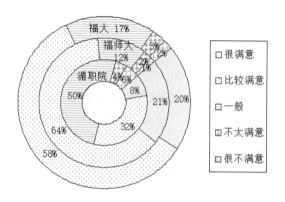

图7：对学校师资水平评价

从理论上讲，学生对所在学校师资水平的满意度能反映出师生之间教学互动的基础是否扎实。也就是说，满意度越高，师生之间的交流就越频繁，反之亦然。然而，调查中却出现了奇怪的现象，即使像福建师范大学和福州大学这两所学生满意度较高的高校，学生在回答者与教师的交流情况时，选择"很少"或"没有"的比例相对偏高，如果再加上"有时"，则超过90%。而湄洲湾职业技术学院的调查结果则相反，比例相对偏低。这种学生对师资水平的满意度与师生之间的交流情况发生一定背离的结果令人费解。通过深入学生中，与学生进行面对面直接交谈后，终于找到了答案。问题就在像福建师范大学和福州大学这样省属重点和国家"211工程"重点建设的高校，教师的科研任务比较重，而且与教师的职称、经济利益挂钩，这使得很多教师把精力放在科研上，同时还有一些教师利用自己的特长在外兼职。但是，人的精力毕竟是有限的，这无疑会让他们无法顾及与学生进行交流。而高职院校教师在科研上的压力相对轻点，而且很多高职院校是刚刚建立不久，多数教师是年轻的或毕业不久的大学生，与大学生年龄相差不大，没有太多的代沟，而且工作热情高，因此相对能更容易、更经常与学生交流。但也要看到，由于高职院校因校企合作，一些教师，特别是专业课教师也把主要精力放在与企业合作的科研和生产中，这部分教师与学生的交流就相对较少。在对湄洲湾职业技术学院的学生访谈中，这个问题反映的最多，调查数据中有46.15%的学生选择"很少"或"没有"，主要出自于此。详细情况如表3—6所示。

表3—4：学生与教师交流情况表

| 项目 学校 | 很经常 | | 经常 | | 有时 | | 很少 | | 没有 | |
|---|---|---|---|---|---|---|---|---|---|---|
| | 人数 | 所占比例 | 人数 | 所占比例 | 人数 | 所占比例 | 人数 | 所占比例 | 人数 | 所占比例 |
| 湄职院 | 39 | 6.67% | 108 | 18.46% | 168 | 28.72% | 207 | 35.38% | 63 | 10.77% |
| 福师大 | 15 | 2.67% | 30 | 5.35% | 192 | 34.22% | 243 | 43.32% | 81 | 14.44% |
| 福大 | 9 | 1.62% | 48 | 8.45% | 204 | 36.76% | 237 | 42.70% | 57 | 10.27% |

在与教师的主要交流形式上，随着手机、电脑在大学生中的普及，很多学生把交流的形式首选与这两者相关的途径。不过，选择"直接交流"也占有一定的比例，占36.86%。调查也显示，"书信"这种古老而传统的形式已变得越来越不重要。如图8所示。

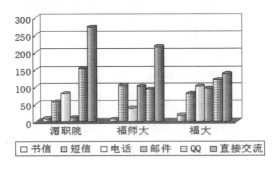

图8：与教师的主要交流方式情况

学科设置又是软件建设的一个重要组成部分，是一所高校办学特色的关键所在，也是一所高校建设的重点。但调查结果却不容乐观。从总体上看，三所高校的学生选择"缺乏特色"或"说不清"的比例都较高，分别为76%、48%、45%，选择"有点特色"的分别为23%、49%、52%，而选择"很有特色"的几乎没有。但三所学校相比较来看，福建师范大学和福州大学在学科设置上比湄洲湾职业技术学院的更完善，这与它们的有利条件是分不开的。不过高职院校的学科设置需要调整也是不争的事实。具体如图9所示。

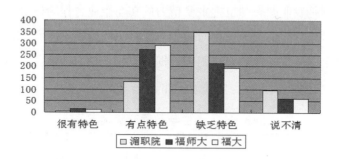

图9：关于学校学科设置具有特色情况

## 三、校园精神文化建设情况

高校校园精神文化作为校园文化的核心，是高校校园文化建设的重中之重。很多人谈到校园文化建设时，往往把它理解为校园精神文化建设，从一个侧面体现出校园精神文化建设的重要性。因此，在本书中，校园精神文化是一个重头戏，主要从学生对校训校史的了解程度、学风情况和对传统文化的态度这些方面来调查。

### （一）关于校训校史的了解程度

校训作为一所学校的办学风格和精神传统，是学校校园精神的概括和集中体现，是师生立身处世、从教求学的行为准则，也代表了一所学校的特色和个性。因此，学生对校训知晓如何，在很大程度上反映了该校校园精神文化建设的状况。调查结果显示，有69%的学生知道校训，但其中有21%的学生知道却写不出来，一点儿真正都不知道的占31%。从三所高校的具体数据来看，校训的知晓情况存在一定的差异。其中，福建师范大学学生的知晓率最高，占81%，能写得出来的占73%；其次是福州大学，占65%，能写得出来的占58%，比福建师范大学低；最后是湄洲湾职业技术学院的，知晓率最低，占53%，而且能写得出来的仅有16%。详细情况如图10。

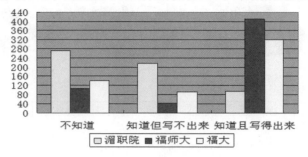

图10：关于校训知晓情况

上述校训知晓调查结果基本上与实际相符，因为校训制定的一个重要依据是学校的历史传统。三所高校如前所述：福建师大是百年老校；湄洲湾职业技术学院最年轻，从大专层次来看，至今总共才9年；福州大学居中。这种不同的历史底蕴，直接反映在对"校园历史文化对您的学习和成长影响"的回答上。总的来看，有36.33%的学生认为"一般"，比例较高；次之是"比较大"，占30.33%。从三所学校的具体情况来看，福建师范大学的学生选择影响"很大""比较大"的比例最高，占45%；其次是福州大学，占41%；湄洲湾职业技术学院最低，仅占35%。

（二）关于学风的情况

高校主要是以学生作为教学对象主体，所以学风建设尤为重要，它是学生在学习生活过程中所表现出来的精神面貌，是学生在校园中经过长期的教育和影响而逐步形成的行为风尚，是校园精神的具体表现，也是校园文化优劣的主要标志。它包括学习态度、目的、方法等方面。在回答"您认为本校学风如何"这一问题上，福建师范大学和福州大学有过半数的学生选择"总体良好""总体较好"，分别为82%和59%，湄洲湾职业技术学院相对较低，占14%。数据反映了本科院校的学风相对比高职院校的要好，与学生的素质成正比。但令人担忧的是，三所高校选择"一般""不好"的比例也不低，分别为82%、16%、39%，这就告诉我们，学风建设任重而道远。如图11所示。

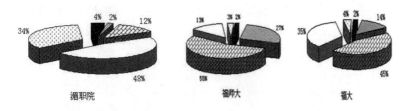

图11：关于学风的情况

　　作为学风的一个重要内容的学习目标，决定了学生的学习态度，从而直接影响到学风的好坏。调查显示，大部分学生学习的目的性明确。不过三所高校由于各自的定位不同，在具体学习目标选择上略有侧重，其中福建师范大学与福州大学比较接近，主要集中在全面提高自身素质和学得一技之长这两个选项上，前一选项两所学校的比例分别为48%和43%，后一选项分别为42%和41%。而湄洲湾职业技术学院的职业教育特色，及其在学历上的劣势，在学习目标的选择上表现得尤为突出，因此主要集中在"学得一技之长"和"方便就业"这两个选项上，人数比例分别为45%和22%，还有5%的学生选择"未认真想过"，这是前两所高校所没有的，体现了高职院校部分学生对学习还处在迷惘的状态。另外，三所高校分别也有9%、2%、5%的学生选择了"多交朋友并兼顾学习"，反映了在当今激烈的社会竞争中，大学生务实的学习态度。具体看图12。

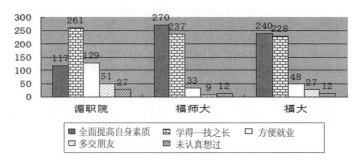

图12：关于学习目标情况

学术氛围是构成学风的一个重要组成部分，也是高校学风特有的一种表现形式。所以，学术氛围如何，直接影响整个学校的学风。在这个问题上，本科院校与高职院校区别明显。科研是本科特别是重点本科院校校园文化建设的一个重要内容，也是其特色之一。而湄洲湾职业技术学院的实用型人才的培养目标，决定了它对科研要求相对较低，再加上原来是所中职学校，学术基础非常薄弱，所以，认为学术氛围"很差"所占的比例很大，占45%。形成鲜明对比的是，选择"很好"的仅占4%。但令人深思的是，福建师范大学和福州大学原来就具有浓厚的学术底蕴，却分别有56%和51%的学生选择了"一般"。如图13所示。

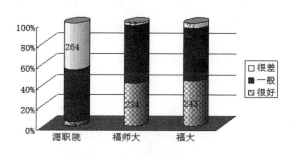

图13：学术氛围情况

## （三）对传统文化的认同情况

传统文化是构成大学精神的一个重要组成部分，传承传统文化又是高校的基本职能之一，继承和发扬中华民族传统文化是校园精神文化建设的重要内容。所以，了解学生对传统文化的认同情况，就可以直接反映出新时代高校校园精神文化建设的情况。调查结果令人堪忧：在回答"您对西方国家倡导的自由、民主、平等、公正"这一问题上，有67%以上的学生选择了"非常赞同"和"赞同"，不到3%的持"不太赞同"和"不赞同"。一方面，反映当代大学生对民主、自由、平等、公正的向往，民主意识较强；另一方面，也反映了西方的价值观在大学生中影响很大，这在回答"您对我们国家所倡导的爱国主义、集体主义、社会主义主旋律"和"您最喜欢的文化"这两个问题中进一步得到证实。对于前一个问题，只有51%的学生选择"非常赞同"和"赞同"，选择"一般"的比例最高，占

45%，有4%的持"不太赞同"和"不赞同"，这与对西方价值观的态度形成明显的对比。在后一个问题上，有27%的回答最喜欢"传统文化"，有31%的选择"外来文化"，还有42%的选择"能张扬个性的文化"，这充分展现了90后大学生的特点。详看图14和图15。

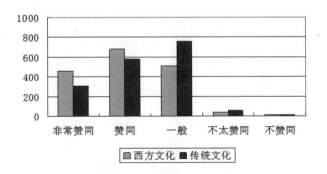

图14：对西方文化和传统文化的态度对比

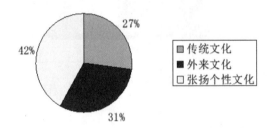

图15：喜欢各种文化的情况

## 四、校园制度文化建设情况

俗话说，无规矩不成方圆。任何组织要想得以正常的运行，都需要相应的制度和纪律，高校这样一个培养人才的特殊组织更是如此。可以说制度既是一所高校进行精神引导的保证，也是学生完善自我的方式。所以，校园制度文化是高校校园文化建设和学校正常秩序的必不可少的保障。对此，笔者主要从网络的使用情况、学校的管理情况和学生社团活动情况这三个方面来分析。

（一）网络的使用情况

如前所述，随着高校数字化校园建设的加速推进，为网络的主要使用者——大学生提供了更加方便、更好的条件，大学生也因此成为校园网络文化的主要传播者和受影响的对象。调查结果表明，总体上业余时间用在上网的人数比例最高，其次是读书和运动。但从三所学校的具体数据来看，湄洲湾职业技术学院选择"上网""睡觉""逛街"的比例都高于其他两所学校，而在选择"读书""运动"上的比例却相反。这说明高职院校学生的学习积极性和主动性比本科院校差，有待于加强。具体如表3—5。

表3—5：业余时间使用情况

| 项目<br>学校 | 读书 | 运动 | 上网 | 睡觉 | 逛街 | 其他 |
|---|---|---|---|---|---|---|
| | 所占比例 | 所占比例 | 所占比例 | 所占比例 | 所占比例 | 所占比例 |
| 湄职院 | 29.23% | 9.74% | 48.21% | 6.15% | 6.15% | 0.51% |
| 福师大 | 37.97% | 12.83% | 40.64% | 4.28% | 3.21% | 1.07% |
| 福 大 | 35.14% | 21.08% | 40.54% | 3.78% | 3.78% | 1.08% |

在回答"您最经常光顾的网站"这一问题上，选择"娱乐"的占比例最高，其次是"时政"，再次是"校园"，接下去依次是"色情""国外"。从中可以看出，校园网这个与学生关系最密切的网络所占的比例不高，说明校园网站建设需要进一步完善和加强。另外，光顾色情网站的比例虽不高，但也要引起重视，要注意对学生上网的正确指导。如图16所示。

至于"上网的主要目的"，笔者通过对三所高校学生随机调查，结果显示，约有44.33%的学生选择"查资料、满足学习、生活需要"，有36%的选择"听音乐、看电影和游戏聊天"，有18.67%的选择"没目的、打发时间"，这种没目的的上网是学生最容易光顾色情和国外网站的关键之处。而在回答"您认为上网说谎"这一问题上，竟然29.67%的学生认为"很正常"并承认自己也经常这样做。还有20.67%的学生选择"无所谓"，这两部分加起来占50.34%，而只有49.66%的学生选择了"不道德"。此外，有83.2%的学生是通过"网络"这一途径来获得信息的。这些调查结果为我们敲起警钟，净化网络空间、加强网络管理迫在眉睫。

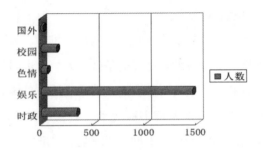

图16：最经常光顾网站的情况

（二）学校管理的情况

　　校园制度文化主要是通过各种管理制度体现出来的。也只有通过管理制度，才能使学校的学习、工作、生活等顺利进行。因此，管理制度是学校各种制度得以实施和落实的前提和基础，也是校园文化建设得以顺利进行的重要保障。所谓管理育人就说明了管理的重要性，它也是现代管理上的一个重要理念，以人为本的观念日益得到很多学校的重视，调查的结果证明了这一点。在回答"您所在学校的学生管理和规章制度"这一问题上，有44%的学生选择"较完善"，比例最高。其次是"一般"，占36%，这表明学生对学校的管理较满意。但也要看到，认为"很完善"的比例很低，只有4%，而认为"不大完善"和"很不完善"的比例却较高，占16%。相对而言，福建师范大学和福州大学的学生认为"较完善"的比例比湄洲湾职业技术学院的要高，而湄洲湾职业技术学院则在"不大完善"或"很不完善"上的比例要比其他两所高校高。这说明高校的管理制度都需要进一步完善，高职院校更需要花大力气。具体如图17。

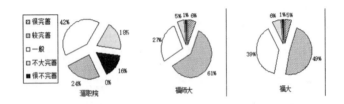

图17：关于学校的学生管理和规章制度的情况

在"对行政后勤人员的服务"的满意度上，三所学校的调查结果差不多。有3%的学生选择"非常满意"，35%的选择"满意"，10%的选择"不满意"，还有6%的选择"很不满意"，呈两头尖中间大的橄榄型。以人为本的管理理念已初见成效，但仍需要不断加强。如图18。

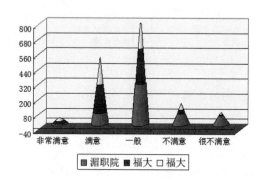

图18：对行政后勤管理人员的服务的满意度

（三）关于学生社团活动情况

学生社团活动是校园文化活动的主要载体和表现形式，是高校校园文化活动的重要组成部分。从某种程度上讲，一所大学学生社团的发展状况往往标志着其校园文化的水平和高度，集中展示和凸显了校园文化的特质和追求。学生社团作为学生的一种自己组织，是学生进行自我管理、自我组织的一种形式，从一个侧面体现了校园制度文化。调查显示，在对"加入社团的原因"的回答中，有34%选择了"锻炼自己"比例最高。其次是"兴趣爱好"，占29%。再次是"丰富生活"，占20%。而对"不加入社团的原因"的回答中，选择最多的是"太多太杂，不好选择"，占31%。其次是"管理混乱"，占21%。再次是"不感兴趣"，占19%。还有14%选择"要缴纳费用"，这与社团创立的初衷相背离。具体如图19和图20。

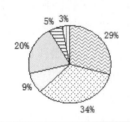
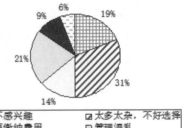

图19：加入社团的原因　　　　图20：不加入社团的原因

在社团类型的选择上，从总体上看，选择"娱乐型"的偏多，其次是"学习型"的。但三所高校具体情况有一定的差别。湄洲湾职业技术学院偏向"娱乐型"，福建师范大学偏向"学习型"，福州大学偏向"科技型"。具体如表3—6所示。

表3—6：社团类型选择情况

| 项目<br>学校 | 学习型 | | 技术型 | | 艺术型 | | 娱乐型 | | 商业型 | |
|---|---|---|---|---|---|---|---|---|---|---|
| | 人数 | 所占<br>比例 | 人数 | 所占<br>比例 | 人数 | 所占<br>比例 | 人数 | 所占<br>比例 | 人数 | 所占<br>比例 |
| 湄职院 | 174 | 29.74% | 69 | 11.79% | 27 | 4.62% | 276 | 47.18% | 39 | 6.67% |
| 福师大 | 219 | 39.04% | 63 | 11.23% | 24 | 4.28% | 237 | 42.25% | 18 | 3.21% |
| 福　大 | 183 | 32.97% | 105 | 18.92% | 15 | 2.70% | 225 | 40.54% | 27 | 4.86% |

## 第四节　新时代高校校园文化建设存在的主要问题

从上述调查分析中可以看出，新时代高校校园文化作为高校的"软实力"，在党和政府的关心及各方的共同努力下，在理论上和实践上，高校校园文化建设都得到了长足的发展。特别是在今天文化大繁荣大发展的背景下，高校校园文化建设越来越为人们所重视，它不仅成为高校建设的一个重要组成部分，而且对整个社会文化的发展起着引领作用。但它们存在的共同问题也是显而易见的。本节就在调查结果进行认真分析梳理的基础上，联系实际，来归纳总结新时代高校校园文化建设存在的主要问题。

## 一、高校校园物质文化建设缺乏文化内涵

改革开放以来，我国经济得以飞速的发展，从而为高校校园物质文化建设快速发展提供了可能和雄厚的物质基础。实践表明，高水平的高校校园物质文化，离不开一个经济实力雄厚的国家作为其后盾的。然而，调查结果表明，"以经济建设为中心"的理念，使人们对高校校园物质文化建设的理解走向了另一个极端：单纯为了物质而建设，致使高校校园文化建设缺乏文化内涵，有的甚至非常严重。主要表现在以下几个方面。

（一）对高校校园物质文化的基本内涵认识不全

一谈到高校校园物质文化，很多人的第一反应就是一所高校应具有的物质条件，包括校园的建筑，如校门、教学楼、图书馆等是否气派，学生宿舍是否舒适现代，校园环境是否优美，教学设施是否齐全……以至于在现实中爆出某新生报到因觉得大学的校门不够气派，闹着要退学诸如此类的看似天方夜谭的怪象，足见高校校园物质文化在人们心目中的位置，这些看得见、摸得着的"物质"说到底就是办学条件。尽管办学条件本身并不是文化，但其具有的文化意蕴，就在于它们都是人创造的，而只要是人创造的东西，都是人们精神世界对象化的物质，都或多或少蕴含着人们的某些思想、情感等精神内容，并因此对人们的精神世界产生着潜移默化的影响和作用。也正因如此，人们习惯把高校校园物质文化等同于办学条件，而且这种想法几乎是根深蒂固的。不可否认，办学条件是高校校园物质文化一个不可或缺的部分，但并非是它的全部。从完整意义上看，高校校园物质文化还应包括师资力量、学科结构等[①]。由于师资力量、学科结构相对于外显的办学条件，显得比较内隐，往往只为业内或受过相当教育的人

---

① 刘新生. 大学文化建设（上）[M]. 济南：泰山出版社，2010年版，第128页。

士所注重。即便如此，也有不少研究高校校园文化的学者，在谈到校园物质文化时，主要从办学条件来分析，很少甚至没有涉及师资、学科等这方面的内容。专业人士尚且如此，更不要说大多数的普通人。这样，高校校园物质文化就给人留下仅指办学条件的印象。这一点在调查中令人感受深刻。而事实上，师资力量、学科结构不仅是不可忽视的方面，而且其作用更是不可替代的。

首先，就师资力量来看。在我国高校由来已久关于办学条件与教师两者即所谓的"大楼"与"大师"的论争。原清华大学校长梅贻琦的"大学，乃大楼，非大师也"，强调了大学之所以为大学，全在于有没有好教授。相对于大学生，"好教授"代表着先进文化的思想观念、价值趋向、行为方式和较为丰富的人生经验，他们能够而且必须对大学文化给予指导并进行整合。教书育人是他们的天职与使命，正如老一辈革命家、教育家徐特立把教师可分为两种："一种是经师，一种是人师。人师就是教行为的，就是怎样做人的问题。经师是教学问的，就是说，除了教学问外，学生的品质、学生的作风、学生的生活、学生的习惯，他是不管的，人师则是这些东西他都管，我们的教学是采取人师和经师二者合一的，如果只传授点文化科学知识，而忽视培养的方向，这样的教育是失败的。"[①]随着我国高等教育大众化，高校本应更加重视师资力量建设，提高教师素质。然而，现实中缺恰恰忽视了这一重要方面。很多高校教师，在教学中应付课堂教学，很少用心备课和授课；在科研中一味追求数量上规定完成的指标，很少用心去调研、实验、深思、探究和创新：学术思想浮躁，不时出现一些教师甚至一些名教授剽窃他人成果、学术造假等丑闻，极大地破坏了高校教师的形象，在社会上造成了难以弥补的不良影响，也损害了高校校园文化的美誉度。调查中学生对师资水平满意度不高就是一个明显表现。

其次，就学科设置而言。目前，我国高等教育日趋多样化、多层次格局。不同类型的高校办学特色，是其在长期办学过程中所表现出来的、有

① 中央教育科学研究所. 徐特立教育文集[M]. 北京：人民教育出版社，1979版。

别于其他学校的独特办学风格和办学理念，以及在人才培养、科研、校园文化等方面的特色，它是高校在长期发展历程中形成的比较稳定的发展方式，是一所高校赖以生存与发展的生命线，是一所高校的优势所在[①]。办学特色不同，高校的定位、功能、使命、人才培养目标等都具有显著区别。高校学科结构设置在彰显高校特色中具有重要作用，每所高校都有自己的特色学科，即使是同一学科类型的高校，由于地理位置、建校历史等不同，也应该体现不同的风格。在人类对知识的依赖逐渐走向自我价值解放的高等教育大众化时代，实用学科逐渐走进大学，高等教育也走向满足社会对人才大量需求的专业化教育趋势，高校学术价值革命的线索，也就从"价值无涉"走向"价值相容"[②]。同时，为了适应高校扩招以满足复杂多样的"教育需求"，高校学科设置也日渐多样化。但由于人们对学科设置在高校校园物质文化中的地位和重要性认识不足，投入不够，不少高校"机械模仿"现象日益突出，移植风气蔓延，没能根据社会和学习者多样化的需求来及时调整和变更学科设置，为此有学者担忧地指出："当前我国大学办学思想的随意化、组织机构的科层化、办学目标的趋同化，造成了大学精神文化的缺失。"[③]调查中，有57%的学生对自己学校学科设置特色认为"缺乏"或"说不清"就是很好的说明。可见，避免学科设置的"趋同化"倾向，也是高校校园物质文化建设所必须解决的重要课题。

最后，在高校校园物质文化建设中把办学条件与师资力量、学科设置等割裂开来，强调办学条件的重要性，忽视师资力量和学科设置的作用，实质上是对校园物质文化建设缺乏全面、正确的认识，也是高校校园物质文化建设普遍存在的问题。

---

① 吴云志，张广鑫，丛茂国. 高等学校校园文化建设研究[M]. 长春: 吉林大学出版社，2007年版，第109—110页。

② 王洪才. 大众高等教育论: 高等教育大众化的文化——个性向度研究[M]. 广州: 广东高等教育出版社，2004年版，第356页

③ 黄新国，沈国英，郭代习."大学校园文化建设论坛"综述[J]. 南昌航空工业学报（社科版），2006.1，第22—23页。

（二）对高校校园物质文化建设的地位认识偏差

高校校园文化是由物质文化、精神文化、制度文化等组成的有机整体，各组成部分的地位和作用各不相同。其中，物质文化是校园文化的物质载体，是校园文化功能有效创造和发挥的前提。但校园物质文化只是校园文化的"表层"，校园文化的内核则是校园精神文化。校园文化建设的根本性和实质性的部分是校园精神文化建设，它蕴含在物质文化建设中，是校园文化存在的价值取向。可见，校园物质文化建设是手段，其根本目的是精神文化建设。随着高校在经济建设和社会发展中的作用日益凸显，国家对高校的各种投入也在不断加大，尤其是在资金上，到2012年，全国财政性教育支出占GDP的4%中高校占了相当的比例。正是这种高投入，使得现实中不少高校在实际运行中错误地把校园物质文化建设当作目的，使很多高校在校园文化建设的规划和布局上缺乏整体意识。调查的结果证实了这一点，有23%的学生认为校园文化建设"缺乏系统规划，档次不高"，有81%的学生认为校园文化建设的重点应在于"精神文化建设"。

首先，把高校校园物质文化建设当作纯粹的物质建设。一些高校普遍追求物质条件的改善，单纯求大、求量的粗放式校园物质文化建设模式。不仅在学校发展规划中把校园物质文化建设放在首要位置，在布局上着重考虑学校空间的拓展，而且在具体实施过程中很舍得人、财、物的投入。搞建筑、购设备、扩道路、集图书、植花草、竖雕塑等这些显性校园物质文化建设，在很多高校达到了极致而陷入了物质主义的泥潭不能自拔。有些高校领导错误地认为，只要物质搞上去了，校园文化的品位自然就上去了。高校校园设施建设的目的是为了满足教学、科研的需要，而一味求大、求量的粗放式发展，只能使校园物质文化建设变成"表面上"的文章，失去了它提升校园精神文化这个目的的意义所在，校园文化的品位也就无法保证。另外，高校校园物质文化建设的另一目的是追求"美"的环境，建设"美"的校园。校园的"美"有不同的表现形式，可以是"磅礴大气的美，也可以是玲珑精致的美；可以是绚烂多彩的美，可以是简洁整齐的美；可以是自然旷怡的美，也可以是装饰繁华的美①。而现实中很多高校盲目追求千篇一律的美，使校园物质文化建设失去了应有的特色和文化底蕴。

其次，高校校园物质文化建设的形式主义严重。打造一个校园文化品牌，必须有一个卓越的领袖、一支优秀的队伍、一种良好的氛围、一套成熟的模式、系统的建设规划、行动方案及步骤②，如果这些没有日积月累的积淀，只能流于形式，也很难形成优良的校风、学风。而现实中在校园物质文化建设中盲目求大、求量的粗放式发展，恰恰是无视文化发展的这一特质，使校园物质文化建设的形式主义日趋严重，也助长了一些高校领导的官僚主义作风。在他们看来，搞好校园物质文化，对外可以树立学校良好的形象，对内可以让学生受到潜移默化的熏陶，还可以为师生员工创造一个工作、学习、生活的优美环境。同时，直接而明确的检测校园物质文化的标准，更容易显示他们的能力和成绩。因此，很多高校领导大搞形象工程和政绩工程，以突出自己的能力和政绩，对见效慢、需要历史底蕴的、隐性的、潜在的精神文化建设却不闻不问。遇到上级部门检查，便贴些标语、搞些活动等来应付。高校校园物质文化建设的这种形式主义，不仅会影响其他方面的正常建设和校园文化的整体协调，导致其发展结构的不合理，而且会带来办学方向上的急功近利、大学精神旁落、学术风气浮躁，乃至腐败盛行，造成学生在价值取向上出现迷失和混乱，从而背离了校园文化建设的初衷，校园文化的功能也会因此严重弱化。

（三）高校扩招后，高校校园物质文化建设又面临力量投入不足的问题

近年来，高校不断扩招，在为更多人提供高等教育机会的同时，也给

---

① 郭广银、杨明等. 新时代高校校园文化建设的理论的实践[M]. 南京：南京大学出版社，2007年版，第91页。

② 魏金明. 科学发展视域下的高校和谐校园文化建设[J]. 华中农业大学学报（社科版），2009.1，第81—83页。

高校校园文化建设带来了不少难题。其中最棘手的是办学规模的迅速膨胀，学生数量急剧增加，许多高校为此要么一校多区，要么另建新校区，还有一些经济较为发达的地区，把几个、十几个建设全新的高校校园聚集在一起，出现了规模很大的"大学城"。但不管采取何种形式，它们都面临着一个共同的问题，那就是在高校校园物质文化建设的力量投入上存在着严重不足，包括财力和人力。

首先，财力上的不足。突出表现为校园文化建设资金的严重短缺。这与前述单纯求大、求量的粗放式发展而投入大量资金形成鲜明对比，是高校校园物质文化建设在扩招后的资金投入上走向的另一个极端。尽管党和国家给予高度重视并给予大力支持，积极推行包括高校后勤社会化在内等一系列政策，还通过《中华人民共和国教育法》以法律的形式硬性要求教育资金、投入的增长速度应高于财政控制性收入的增加。可以说，党中央和教育主管部门在解决资金这一问题上，所下的决心不能说不大，所采取措施的力度也不能说不强，而且也确实在一定程度上缓解了资金不足的压力，然而，校园物质文化建设的资金投入不足的问题并还没有真正得到解决。调查中，有55%的学生认为学校校园网速"较慢"或"很慢"，这种与今天网络化背景下本应具备的基本设施条件相背离的结果，从一个侧面反映了校园文化建设资金投入的不足。

其次，人力上的不足。主要表现在高校领导及教职员工的时间和精力投入的不足。作为一种群体文化，高校校园文化要保证兴旺繁荣，长盛不衰，既需要学校领导的高度重视，也需要广大师生员工的积极参与。然而现实却不尽如人意，本应集中精力抓教学、管理的高校主要领导，由于面临扩招后资金短缺的困扰，为了争取尽可能多的资金，整天忙于各种应酬、协调关系，根本无暇顾及高校校园文化建设。而本应成为学生良师益友的广大教职员工，尤其是很多教师，在竞争压力日增的今天，一方面迫于科研的压力，整天忙于科研任务、论文写作；另一方面迫于生活压力而忙着"赶场"赚外快，对自己的学科授课任务只是程式化地去完成。不要说他们会去思考和关注校园文化建设，就是与直接接触的学生进行思想交流都很少，调查结果反映了这一点。有52%的学生反映自己和任课教师"很少"或"没有"交流。长此以往，不仅谈不上对学生正确引导，而且会影响到校园文化的整体水平①。

## 二、高校校园精神文化建设中大学精神的缺失

作为高校校园文化深层次的校园精神文化，是校园文化的精髓、灵魂和核心。由于在校园文化建设上普遍存在重物质轻精神的弊端，使得校园精神文化建设日趋功利主义、实用主义和工具主义，大学精神严重缺失。

### （一）大学精神及经典大学精神的要义

"大学精神是反映大学历史传统、特征面貌的一种精神文明文化形态，是师生员工在长期教与学、工作与生活实践中逐步形成和发展起来的并为广大师生员工所认同的一种群体意识。"②其中，经典大学精神是大学精神的精华。而所谓的经典大学精神，是指在国内外教育发展史上形成的一些精辟的大学理念和优秀的大学精神。中国古代经典大学精神，集中体现在被公认"中国高等教育总规律的最佳表述"《大学》一书中。该书不仅提出"大学"教育所要达到的"在明明德、在亲民、在止于至善"③的"三纲领"，而且包括实现这"三纲领"的过程和步骤的"八条目"，即"格物""致知""诚意""正心""修身""齐家""治国""平天下"。不仅古代大学理念一直未能摆脱《大学》的影响，"即使今日之大学教育理念也未能超越《大学》所表述的思想。问题在于对它的理解体会不深、实践不加"④。中国近代经典大学精神分别以北京大学、清华大学、南开大学各自倡导的大学理念和大学精神为典范: 北京大学主张的"兼容并蓄""自

---

① 刘德宇. 高校校园文化发展论[M]. 青岛: 中国海洋大学出版社, 2004年版, 第87—88页。

② 刘向红. 构建大学和谐文化的几点思考[J]. 辽宁中医药大学学报, 2006.4, 第151页。

③ 朱熹. 四书章句集注[M]. 北京: 中华书局, 1983年版, 第3—4页。

④ 刘宝存. 大学理念的传统与变革[M]. 北京: 教育科学出版社, 2004年版, 第85页。

由创新"的大学精神、清华大学强调的"通识为本""教授治学"的教育理念，南开大学以"允公允能，日新月异"的校训为主题的"南开精神"。[①]而当代中国经典大学精神归纳起来就是求真求实的科学精神、自由平等的民主精神、勇为人先的创新精神和以人为本的人文精神的统一。[②]

国外经典大学精神在此主要以西方为代表。在近代，英国著名教育思想家纽曼认为，大学"是以传播和推广知识，而非扩展知识为目的"。强调"大学应吸纳人类所有的艺术、科学、历史和哲学等方面的知识，并赋予每门学科以合适的地位"[③]的通才教育，主张不仅传授给学生普遍完整的知识，而且要致力于学生智力的发展。而德国著名教育家威廉·冯·洪堡关于"教学与科研相统一"的大学理念在柏林大学得到实践，并对现代各国大学产生了深远影响[④]。还有美国哈佛大学的"学生求真"的大学精神，麻省理工学院以"培养学生具有创新精神"为理念、耶鲁大学强调"以学生为中心"等。

尽管中外大学精神各有个性，但也具有共通性，而经典大学精神是大学精神之精华，体现了大学精神的共性和本质，是极其珍贵的教育文化资源，对高校校园精神文化建设具有重要而普遍的指导意义[⑤]。

## （二）大学精神缺失的具体表现

首先，功利意识浓厚，人文精神缺失。如果说，高校校园精神文化是校园文化的核心的话，那么，人文精神则是校园精神文化的内核，而人文精神又是一所大学发展的内在推动力量。在高等教育大众化的今天，人文

---

① 杨东平. 彰显大学精神[A]. 大学精神[C]. [M]. 北京：文汇出版社，2003年版。

② 张文显. 把握核心要素凝练大学精神[J]. 中国高等教育，2004.1，第13—14页。

③ 贺国庆，王保星，朱文富等. 外国高等教育史[M]. 北京：人民教育出版社，2003年版，第264、263页。

④ 刘宝存. 大学理念的传统与变革[M]. 北京：教育科学出版社，2004年版，第34页。

⑤ 宋保忠、相艳，经典大学精神与高校校园文化建设[J]. 西北工业大学学报（社科版），2005.2，第69—72页，第85页。

精神就是充分展现和实现人的价值，为人的发展创造条件，给予其必要的人文精神关怀，实现从物质性存在到精神性存在的表现①。因此，高校校园精神文化建设应蕴含着丰富的人文关怀。然而，近代工业革命以来所倡导的科学精神，在科技进步和高校科学研究中发挥着巨大的作用而被一些人推崇至极，致使科学的工具理性遮蔽了人文的价值理性，人文精神普遍缺失。反映在大学生身上，就是相当一部分人的价值取向趋向功利化和实用化，不管在学习上，还是参加各种校园文化活动，都以是否有利于毕业后派上用场为标准，结果道德失范、精神虚无、人格分裂、自我膨胀等问题层出不穷，直接影响着校园文化的质量和层次；反映在教师身上，不同程度地存在着忽视对学生人文素质教育和人文精神的培养，甚至在功利思想的驱使下，名教授不教本科之类的现象屡见不鲜，对学生的影响是难以估量的，因为"教师的政治思想、道德品质、文明修养，治学态度、生活方式以及人生观、价值观都会对学生产生潜移默化的影响，甚至是终身的影响"②；反映在课程设置上，在功利主义的支配下，高校的设置课程重理轻文的现象非常严重，人文学科备受冷落，人为造成大学生缺少追求人文科学和提高人文素养的大学精神；反映在评价体系上，则表现为以有多少院士、教授、具有博士学位的教师比例占多少、博士点、硕士点有几个、每年能拿到多少项国家科学基金项目或国家级、省级科技项目、有多少论文被收入SCI EI③、教学科研硬件设施规模有多大等作为最硬指标，使得学

---

① 刘新生. 大学文化建设（上）[M]. 济南：泰山出版社，2010年版，第185页。

② 王邦虎. 校园文化论[M]. 北京：人民教育出版社，2000年版，第82页。

③ SCI和EI都是国际检索期刊，分别是国际六大检索系统之一。其中，SCI是《科学引文索引》的英文简称，其全称是Science Citation Index，是国际公认的反映基础学科研究水准的代表性工具，并将其收录的科技论文数量的多寡，看做一个国家的基础科学水平及其科技实力指标之一。同时，它还具有反映科技论文质量和学术水平的功能。EI是美国《工程索引》的英文简称，全称是The Engineering Index，是由美国工程情报公司（The Engineering Information Inc）编辑出版的一部著名的综合性检索工具。EI报导的文献资料是经过有关专家、教授精选的，具有较高的参考价值，是世界各国工程技术人员、研究人员、科技情报人员经常使用的检索工具之一。

校和教师忙于追求这些指标，功利色彩越来越浓，市侩风气越来越多，与"以人为本"的人文精神背道而驰，[①]加剧了功利主义的泛滥。调查结果也显示，就连作为学校精神的概括和集中表现的校训，在这种功利思想的影响下，竟然有31%的学生不知道，即使知道的，也有21%的学生写不出来或无法完整写出来。

其次，对传统文化认同的缺失。传承传统文化是大学的一个重要职能，民族精神是经典大学精神的一个重要组成部分，它往往凝结在传统文化这个载体中，是传统文化中的精华部分。"中华民族是素以崇尚道德著称的礼仪之邦，中国传统道德精神是中国文化传统的核心，也是中国道德教育深刻蕴含的精髓，它是华夏五千年文明积淀而形成的一种内在精神，民族的道德环境，是以其勃勃生机与现时融为一体的。"[②]高校作为弘扬中华优秀文化传统的主要基地，应充分利用这些精神资源，引导学生学习传统文化，通过陶冶情操、升华精神、活跃思维、提高创新能力，以巩固其民族情、爱国情，增强其责任感，这是高校校园精神文化建设的应有之义。然而，在高校精神文化建设中，由于没能辩证地看待并处理好传统文化与先进文化之间的内在关系，很多高校热衷于对大学生进行具有科学性和时代性的创新精神、竞争意识和时效观念等的培养，并把这些作为时代精神的主旋律而广为传唱，这本身是无可非议的。问题在于对待传统与现代关系上过分强调现代性，造成"当代大学生许多人都以现代青年自居，用挑剔的眼光对传统文化，认为传统文化这也不行，那也不行，总的来说是否定的多，肯定的少。对'传统'认识模糊，往往把'传统'和'过去'等同起来，认为'传统'是过时、'过时的东西'——过去的人、过去的事、过去的思想、过去的精神、过去的心理、过去的意识……'过去的东西'就是陈旧的东西，陈旧的东西就应该抛弃，而不知道'传统'的

---

① 韩立新，张斌.加强校园文化建设促进高校和谐发展[J].辽宁行政学院学报，2011.1，第120—121页，第131页。

② 杨启亮.中国传统道德精神与21世纪的学校德育[J].教育研究，1999.12，第9—15页。

真正落脚点恰恰是在'未来'，而不是在'过去'。"①这种认识的偏差不仅使我国高校校园文化失去了应有的根基和文化主导性，而且也造成大学生思想上的混乱和行为上的错位，使一些学生对传统文化的认同度远远低于西方思想，如图21所示。

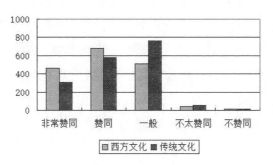

图21：对西方文化和传统文化的态度对比

再次，独立批判精神的缺失。大学鼓励创造新思想、新方法和取得原创性成果，并把培养具有开拓创新精神的人才作为自己的根本任务。高校校园精神文化要保持自身一种特殊文明形态和文化群落的人文本性，就必须要承担起以创新精神为关注对象的人文使命。创新是校园精神文化建设的精髓，创新意味着独立性、批判性和超越世俗性，使高校具有学术自由的基本精神，大学校园因此成为一个学术激荡的地方。也只有通过学术交流和碰撞、东西方文化的冲撞、古今各种思潮的交锋与交融，才能体现出高校校园文化的充实和敦厚，才能真正体现出校园文化的特色。然而，高等教育的社会主义办学性质，以及高校作为社会主义意识形态教育的前沿阵地，尤其是在多元文化并存的情况下，高校校园文化必然融有国家的意识形态，政治文化，因而成为校园多元文化中不可或缺的部分。正如有些学者指出的那样，"在我们这个转型社会，传统的价值观坍塌了，西方的价值理念跟着现代、全球化大潮涌入，共产主义的价值观仍作为'主旋律'占据大部分的宣传渠道，整个社会缺少公认的价值评价体系，而对人

① 侯长林.校园文化略论[M].贵阳：贵州教育出版社，1991年版，第129页。

权、自由、平等、公正这些价值观范畴，人们可以从不同的立场论证，而它们之间常常是相互冲突的，不可以因国家、集体利益而被迫让步。而共产主义价值观教导我们可认为'最大多数的最大利益'、'未来'或'子孙后代'预支我们的个人利益，限制过滥的个人自由"。[①]可见，适度的政治文化对于校园文化的健康发展是十分必要的，特别是在当前我国处于社会转型的复杂时期，更需要有正确的政治理论的指导。但是，当前校园精神文化建设中，生怕有批判的声音会干扰大学生形成统一的价值体系，所以，过分突出政治文化，导致校园精神文化建设缺乏必要的价值选择独立性和批判性，超越世俗性也就无从谈起，创新精神当然就变成了一句空话，校园精神文化建设最终无法达到深度发展。

### 三、高校校园文化活动品位不高

朱熹在谈到知行关系时指出，论先后，知为先；论轻重，行为重，道出了实践在增长知识、锻炼才干中的举足轻重的作用。同样，高校校园文化建设的成败与否，也取决于高校校园文化的实践活动，而高校校园文化活动是高校校园文化实践活动的最基本形式。因此，校园文化活动是高校校园文化建设的重要内容之一，是高校完成人才培养目标的重要教育环节。高校校园文化活动经过多年的摸索和实践，尤其是改革开放以来，其内容和形式总体上呈健康、向上、丰富有序的发展态势，但品位不高也是不容忽视的，主要表现在以下几个方面。

#### （一）高校校园文化活动缺乏文化底蕴，总体上处于低水平状态

随着网络、手机等现代大众传媒的普及而流行的大众文化，"作为丧失对深刻内涵的追求为代价的快餐式文化，使得大学生们放弃了对理性层面的思考，使他们沉浸于感官体验的消费中日益低俗化、世俗化，并表现

---

① 虞友廉，陈刚. 当代中国文化走向[M]. 南京：河海大学出版社，2002年版，第105页。

为行为和成功观念上的功利性"①，拜金主义、享受主义、消费主义、自由至上等价值观念在大学生中泛滥，反映在高校校园文化活动上，总体上缺乏深层次的文化底蕴而陷入低水平的状态。

首先，高校校园文化活动等同于娱乐活动，文化层次低。调查结果显示，有20%的学生认为心目中校园文化是"能放松娱乐自己"，甚至有27%的学生喜欢"娱乐性"的学术讲座和报告。客观地说，娱乐化并不等同于庸俗化，而且对大学生而言，在繁重、枯燥、紧张的学习之后，适当的通过唱歌、跳舞、游戏、聊天、体育运动等进行劳逸结合是无可厚非的。因此，从丰富业余生活促进身心健康这个层面来看，娱乐活动在高校校园文化活动中是必不可少的。但问题是，目前高校校园文化活动因过多强调娱乐活动而走向庸俗化。使本应集思想性、学术性、知识性、趣味性于一体的高校校园文化活动跟着时尚走，导致"娱乐性内容有余，启迪性内容不足""丰富的娱乐，贫瘠的文化"的现状，校园文化品位不高成为不争的事实，调查中有28%的学生也认为是这样的。这不仅使校园文化潜移默化的文化熏陶功能遭到抑制，影响高校作为文明示范区辐射作用的发挥，而且由于停留在浅层次的娱乐方式上，没能深入到对大学生内在精神追求的引导上，削弱了高校校园文化活动在人才培养目标中的教育功能作用。另外，将校园文化活动等同于文娱活动，让学生玩个痛快，使得有的活动不仅没成为课堂教学内容的补充，反而严重影响了正常的教学秩序。

其次，各种消极文化给大学校园带来不和谐音符。因大众文化的负面影响而在大学生中滋生的各种消极文化，常见的有：一是不良的消费文化。表现为大学生在消费过程中，一方面，消费结构不合理，重物质轻精神，饮食、穿戴等物质性消费占据了绝大部分的消费支出比例，用于买书、学技能等精神性消费支出却微乎其微；另一方面，在从众、攀比心理的作用下，或是超前消费、信用卡消费等在大学生中已屡见不鲜；或是面子消费，买名牌等高消费在大学生中成为潮流……这些不良消费习惯不仅影响了大

---

① 陈洪林，辛彬. 多元文化背景下高校和谐校园文化建设的策略[J]. 重庆工学院学报（社科版），2008.1，第149—151页。

学生的学业，而且容易使他们陷入物质主义而不思进取。二是不良的寝室文化。卧谈风屡禁不止，不仅影响正常的休息，而且涉及的内容有很多粗俗不堪。同时，随着手机电脑在大学生中的普及，游戏文化、QQ聊天文化成了宿舍主流文化，有43%的学生承认自己上网的主要目的就是游戏聊天。另外，女生寝室的针织文化、美容文化又构成了另一道独特的风景。不良的寝室文化几乎把宿舍变成了娱乐场所。三是课桌文化。这是高校中广泛存在而且由来已久的一种现象，它"从表面上看，是不爱护公物的表现……但从'课桌文化'的内容分析来看，又有更深层的原因：其一是学习态度不端正，上课不注意听课，自习时不专心致志，才有时间在课桌上乱写乱画；其二是没有树立正确的人生观和价值观，心灵空虚寂寞，便随意在课桌上宣泄自己的情绪。这种课桌文化不仅于创造者无益，而且具有传染性，影响其他的同学的思想和情绪，在校园中产生消极的影响。"[①]此外，还有恋爱文化、暴力文化、"关系"文化等在高校也非常盛行。这些消极文化，都不同程度地对大学生的心灵产生了严重的侵蚀，影响了高校校园文化的和谐发展。

## （二）校园文化活动普遍缺乏个性，没有特色可言

无论是第一课堂教育教学活动，还是第二课堂的各种文化活动，都应该要有自己的个性和特色，才能保证其校园文化的吸引力和感召力。耶鲁大学校长理查德·C.莱温认为：对一所大学来说，必须是自身培养、生长起来的，决不能照搬照抄别人的做法：大学应该是完全独创，融合在各自的政治和社会环境之下，所以，世界上看不到两所同样的大学。[②]然而，现实中的高校校园文化活动多限于演讲、征文、唱歌、体育等传统活动，这些形式雷同、未能突出学校特色、历史传统的校园文化活动，因局限于其固定模式，千篇一律而个性不明显，缺乏时代性、现代感和针对性而丧失了其吸引力和感召力。同时，由于提倡文化活动天天有、月月有、年年

---

① 罗丽艳. 谈谈校园文化与德育教育[J]. 高等教育研究，2001.9，第38—40页。

② 丰捷. 中外大学校校长论著综述[N]. 光明日报，2004.8.5。

有，校园文化活动安排存在较大的随意性，文化活动的内容和形式更加散乱，使得特色文化和品牌文化越发难以形成。但在注重校园文化活动个性和特色的一些高校，却又矫枉过正，把校园文化活动搞成部分专场，或一些专业学生的表演，使大多数学生成为"无为的听众和看客"，极大地挫伤了其参与活动的积极性和主动性，这与校园文化活动以内容丰富多彩、贴近学生特色、以学生在实践中成才的目标和宗旨相背离。所以，调查中有20%的学生觉得学校的校园文化"没意思"。可见，校园文化活动缺乏个性和特色，是高校校园活动文化建设中存在的一个大问题。

### （三）社团活动商业性、功利性色彩浓厚

作为大学生自己组织的社团活动，是高校校园文化活动的重要组成部分，以其形式多样、内容丰富多彩等优势，满足了不同层次大学生表现自我、发挥特长、充实生活、提高能力等各种要求，备受大学生的青睐。它也因此如雨后春笋般地在各高校迅速发展起来，名目繁多，涉及面广。而且从实践来看，校园文化活动的顺利开展，几乎都离不开社团的支持。这样，往往会产生把高校校园文化活动等同于大学生社团活动的认识偏颇。结果使得近年来社团建设盲目扩张，社团活动相应呈泛滥之势，很多社团活动经常是虎头蛇尾，不仅没给学生留下什么印象，更不要说要达到深层次的教育影响。尤其令人担忧的是，由于社团过多，原来的经费已远远跟不上，只好靠社团成员通过集资、自负盈亏等形式来得以维持正常运营。因此，为了筹集尽可能多的资金，很多社团要么实行缴费入团，使出浑身解数以吸纳成员（调查中有14%的大学生因"要缴纳费用"而放弃加入社团证实了这一点）；要么到处拉赞助，使社团活动带有明显的商业宣传性质。所有这些，使得社团活动四处弥漫着商业的气息。与此同时，部分学生还借社团名义为自己捞取"政治资本"，巧立名目，建立或参加一系列没有实际意义或不现实的社团、协会，为的只是能当上社长或会长，好在档案和毕业鉴定上留下几句冠冕堂皇的评语。社团活动这种具有浓厚的商业性、功利性色彩，不仅严重损害了社团的形象，违背了建立社团的初衷，不利于社团自身活动的开展，而且助长了歪风邪气在大学校园中的滋生蔓延，弱化了高校校园文化的教育功能。同时，由于社团活动这种喧宾

夺主的发展态势，也使高校校园文化活动受到了极大的局限，从而不利于校园文化活动健康有效的发展。

## 四、高校校园制度文化建设不够完善

美国学者博克认为："制度文化有一种似非而是之处，它通过约束人的行为而使人获得解放。"新制度经济学也指出，完善制度体系的建立和有效的实施是建设和谐校园文化成功的关键。[①]因此，高校校园制度文化建设，为高校校园文化建设的健康、长远发展提供了制度的保障。而"要保证校园文化的健康发展，必须建立合理的组织体系，学校的文化组织可以分为两个层次：一是校园文化建设的指导性机构；二是以学生社团为主体的学生组织。校园文化的指导性机构是指宣传部、学工处、团委等机构。这些部门改进和完善各类文化组织的功能和特点，尽可能使他们达到政治性、专业性、娱乐性相结合，使自发与指导恰当地统一起来。这是思想教育科学化、正规化、规范化的重要体现"[②]。经过多年的探索和发展，不少高校已初步建成这一组织体系。但高校校园制度文化建设是一个系统工程，从总体上看还不够完善，主要有以下表现。

### （一）高校管理体制的行政化倾向严重

所谓高校行政化，是指高校的办学理念、职能配置、组织建构、运转机制、决策管理等方面呈现与行政机构相似的特征。[③]行政化与行政不同，高校作为一个现代组织，人员众多，机构庞杂，没有行政机构的存在，学校就可能成为一盘散沙，大学在任何时候都需要行政组织。即使以高度自

---

① 卢现祥. 新制度经济学[M]. 武汉：武汉大学出版社，2004年版，第119页。

② 潘懋元、王伟廉. 高等教育学[M]. 福州：福建教育出版社，1995年版，第307—308页。

③ 李原刚，张延平. 浅谈我国内地部分高校的行政化[J]. 学习月刊，2006.12，第23—24页。

治为主要特征的现代大学制度倡导者的西方大学，哪怕是最优秀的大学，仍然存在数量众多的行政机构和行政事务人员，只是这些机构和人员责任明确，运转科学。与行政不同，高校行政化是指大学官僚化，行政权力过大，首长意识严重。[①]行政化目前是我国高校办学的一个鲜明特点，也是瓶颈所在，这也是人们去行政化呼声不断的根源。在高校内部，行政权力和学术权力是高校内部权力的两种基本形式，而高校学术机构的特殊性，决定了学术权力应在高校中居于中心地位，合理平衡行政权力和学术权力是高校管理体制的努力方向。高校行政化就是无法妥善处理好这两者之间的关系，使行政权力控制学术权力并凌驾于学术权力之上，高校几乎因此变成了一个等级分明的官场。

高校行政化的管理模式在集中办学力量、培养各种急需、紧缺的人才等方面曾发挥过重要作用。但随着时代的发展和高等教育改革的深入，高校行政化的危害性愈发突出：其一，权力过于集中、行政权力控制学术权力，使得学术资源分配、学术荣誉等都由行政官员掌控，容易滋生学术腐败；其二，学术腐败在挫伤广大教师教学、科研的积极性的同时，也误导部分教师放弃学术造诣而争相涌向行政职位，制约了教学和科研水平的提高；其三，很多高校受制于教育行政管理部门，而高校为了获得正常运作所需要的资源，只好屈服于行政偏好，使得高校很难根据学术志趣进行自由探讨和发挥，遏制了学术的创新。

正是这些危害性，在去行政化的一片呼声中，南方科技大学提出"去官化、去行政化"的尝试尤为引人注目。然而，实际运行过程中出现的诸多尴尬在显出无奈的同时，也让人看到了高校行政化的盘根错节。可见，高校行政化是高校校园制度文化建设中存在的一个大问题。

（二）缺乏系统建设和有效管理

高等教育大众化的发展，大学生构成的多层次和复杂化使其素质参差不齐，在增加教学教育工作难度的同时，也给校园文化建设和管理带来了

---

① 冉亚辉. 高校行政化与去行政化论析[J]. 现代大学教育, 2010.5, 第11—15页。

新问题。

首先，管理变革滞后。高校扩招后办学规模迅速膨胀，不得已而实施"条块分割"的多校区办学，因管理滞后，校、院、系、班等校园文化的组织管理主体层次不分明、分工不清，出现了忙乱无序，甚至相互冲突或重叠的混乱状态，高校在增加教育成本的同时，又面临着合理分配教育资源、提高教育管理效能、营建富有各自特色的校园文化等一系列问题，而这些都指向改革的肇事者——制度改革。但随着时间的推移，当人们回过头来盘点已有改革的得与失时发现，除了收学费和不管分配了，高校教学内容、上课状态、教育形式等都没什么根本性变化。尽管很多高校都打着现代大学管理制度的旗号，但管理思想和理念还是沿用之前的思路，很难与国际高等教育接轨。管理变革的滞后，严重制约着高等教育的实质性改革，进而影响了世界一流大学的创建。

其次，规划不合理、管理不科学。很多高校在校园文化建设过程中，有如前所述的缺乏全局意识，把校园文化建设与学校的专业设置、师资配备、课程开设等割裂开来，局限在学生管理和思想教育层次上，使得校园文化建设无法深入到对师生内在追求上的引导，也就没能在自由个性、客观认知、终极关怀等层面上拓宽精神空间，使校园文化建设缺乏系统性和长期性，极大地限制了校园文化功能的发挥。另外，有的高校还把校园文化建设看作教育教学活动的管理方法和管理手段，急于让学生学到更多知识，提高专业能力。结果往往适得其反，这些做法不仅使学生对校园文化失去了兴趣，而且忽视了对校园文化建设实施宏观的管理和调控，导致校园文化建设缺乏有效和长效的机制。

最后，高校校园文化主体结构不全。不少高校把校园文化主体局限在大学生群体及与学生管理有关的少数几个部门，如学工处、团委会、教务处等，而把校园中的其他部门和成员排斥在外，校园文化主体的片面性，使校园文化完全成了学生文化。而校园文化建设作为一个系统工程，它需要各部门的紧密配合和全员参与，尤其需要教师参与，因为学生的主动性、积极性和创造性的充分发挥离不开教师的引导和教化。而教师自身较为丰富的人生阅历、渊博的学识以及为人师表的特殊身份，决定了他们必须而且能够发挥其在校园文化建设中的主导作用。同时，拥有学术氛围是高校校园文化区别于其他文化的特色所在。现代大学实行"教授治学"的治学制度文化构成了校园制度文化的重要组成部分，它突出了教授（当然包括教师）在高校校园文化建设中的不可或缺的作用，而现实校园文化建设中教师的缺位显然是与此相背离的。

### （三）高校校园文化建设制度的不完善

从表面上看，校园文化建设经过这么多年的积累和探索，在制度层次的建设上似乎已经趋向饱和，并在某些方面开始出现重复建设的苗头。但只要深入探究就不难发现，出现重复建设只是饱和的假象，实际上是制度建设低水平的反映。因为制度尽管具有相对稳定性，但并非一劳永逸，而是需要不断完善的。完善的制度体系，既包括对违规行为的惩罚，也包括对正确行为的奖励，及其相应的奖惩实施活动。建立制度只是制度体系的一方面，制度体系的完善，还应包括制度的实施、制度前瞻性。目前，高校校园文化建设制度的不完善主要集中在其实施和前瞻性上。

首先，从制度的实施来看，主要存在有制度无实施，或者在实施上走过场的问题。制定制度的目的就在于规范人们的行为，因此，实施的情况直接关系到制度的威信，反映了制度的效果。制度定得再好，若得不到实施或有效的实施，也只能是摆设，毫无现实意义。而现在最大的问题不在于没有实施，而是走过场。以规定的各种活动为例，形式主义严重，没有整体安排等，往往无法形成良好的风气和氛围。如大学生暑假实践活动，不乏有脚踏实地、真抓实干的，但有相当一部分大学生是应付了事，有的甚至等到快要开学的时候，随便找个企业或单位盖个章、写个鉴定，填好实践表就交差了事。这不但没有达到锻炼的目的，还助长了弄虚作假的不良风气。再如，每年三月学雷锋文明月，学雷锋做好事都集中在3月5日，最多在3月份一个月，过后就跟没事了一样，难怪就有了"雷锋同志没户口，三月来了四月走"之类的调侃……如何使制度真正得到有效的实施，这是校园文化制度建设面临的一大难题。

其次，高校校园文化制度制定的前瞻性不够。前瞻性就是对可以预见的未来要有所预测，做到有备无妨。前瞻性绝不是毫无根据的猜测，也不是胡思乱想而妄下的结论，而是以现实为依据，按照逻辑发展规律做出常理性的判断，具有一定的科学性。制度的前瞻性考验着决策者的智慧和能力，也是制度科学性和合理性的体现，它保证制度的稳定性和严肃性。但目前校园文化制度在前瞻性上非常薄弱，如我国高校普遍缺乏危机管理制度。与国外像美国经常发生校园枪杀事件不同，在相当长的一段时间里，我国高校很少发生类似的恶性事件，结果很多人思想上就麻痹大意，认为学校危机潜伏和发生的可能性不大。但诸如马加爵事件、福建南平特大凶杀案、汶川大地震之类的天灾人祸，都给高校校园文化制度的前瞻性敲响了警钟。

## 五、高校校园网络文化建设有待进一步探索

高校校园网络文化极大地提高了校园文化的科技含量，丰富了高等学校的校园文化形态和表现方式，代表着校园文化发展的新方向，党和政府高度重视高校校园网络文化建设。早在2004年，党中央国务院的"16号文件"中就明确指出："要全面加强校园网络建设，使网络为大学生的学习生活提供服务，对大学生进行教育和引导，不断拓展大学生思想政治教育的渠道和空间。要建设好融思想性、知识性、趣味性、服务性于一体的主题教育网站和网页，积极开展生动活泼的网络思想教育活动，形成网上网下思想政治教育的合力。"党的十七大报告又明确提出要加强网络文化建设和管理，营造良好的网络环境。党和国家还不断提高高校校园网络文化建设力度，投入了大量的人力、财力和物力，并取得了有目共睹的成绩。然而，由于网络自身的特殊性及大学生利用网络能力的局限性，再加上校园网络文化建设在我国尚处于探索阶段，无论在管理理念上，还是软硬设施上，都受到很大的限制，也因此存在不少问题。现实中存在的问题主要表现在以下几个方面。

### （一）对高校校园网络文化建设的重要性认识不足

网络以其不可阻挡的态势渗入高校校园的教学、学习和生活等领域，高校校园网络文化建设也因此越来越受到人们的重视。但仍有一些作为决策者的学校管理者自己都没有认识到，或没有充分认识到加强高校校园网

络文化建设的重要性。

众所周知，网络文化具有"双刃剑"作用，学者对此做了生动的概括：网络文化在带给人类文明的同时也给人类带来了严重的威胁。它的虚拟性特征既给人以创造，又产生虚假；其交互性特征既传播信息文明，又产生信息垃圾；其开放性既给人广阔自由，又带来规律失范[①]，事实的确如此。从积极方面来看，网络文化使学生开阔了视野，提高了技能，锤炼了素质，完善了人格，树立了终身学习的理念，增强了主体意识等。但校园网络文化的消极作用也不容小觑，如很多大学生整天沉迷于网络游戏，浪费金钱和时间，网上不良信息冲击着大学生的世界观、人生观和价值观，网络阻碍学生的认知和逻辑能力的发展，等等。面对网络文化的"双刃剑"作用，一些管理者的心里，非常矛盾。一方面，他们看到了网络文化强大的渗透力和影响力，意识到在当今信息化时代，高校校园网络文化在高校校园文化中扮演着越来越重要的角色，所以也很想通过学习来加强网络文化的建设和管理；另一方面，在应对网络文化负面影响的破坏力及其对校园文化建设的巨大挑战时，他们既缺乏足够的处理经验又不敢轻举妄动。在这种矛盾的心理作用下，高校校园网络文化建设就在这种举棋不定、优柔寡断中不断内耗，使得校园网络文化未能作为学校工作的重要议程纳入校园文化的总体布局中，从而也就无法建立健全工作体制、机制和责任体系，高校校园网络文化建设效果不尽如人意。

### （二）对高校校园网络文化的管理力度不够

对校园网络文化的管理，尽管目前在管理机制、体制及方法、方式上初具规模，但很多是带有应急性的，而且网络变幻莫测的特性，给人一种"计划赶不上变化"的力不从心的感觉，校园网络文化管理力度不够已是不争的事实。

首先，网络管理理念尚待提升。中国的网民数量目前位居世界首位。

---

① 刘佳. 对高校校园文化的认识及其现状分析[J]. 吉林省教育学院学报，2009.1，第98—99页。

由于网民的层次不同，对网络上的海量信息的选择、判断能力参差不齐，这给网络舆情的汇集和研判造成了很大的困难，很多"突发事件"因此几乎都能在网络上找到"新闻源头"。尤其是大学生正处于求知、求实、求乐欲望最强烈的时期，好奇心重，又缺乏对信息的足够判断与选择的能力，再加上他们是网络的主要使用者，使得近年来高校很多突发事件，都是以第一时间通过网络以真实或背离真相的形态快速、无限地传播，给高校和教育管理部门带来了很大困扰。面对这种新情况，很多高校管理者固守传统的管理理念，担心公布突发事件会影响学校的形象和校园的稳定，一味采取传统的"堵、拦、卡、截"的做法。殊不知在信息时代，这种做法不仅起不到作用，反而由于信息的不畅会衍生出更多的误解和谣言，把事情复杂化，有的甚至弄到不可收拾造成难以预计的后果。①2006年研究生自杀在武汉高校引发谣言的事件就是一个教训。此外，很多管理者对网络功能的认识仍停留在过去的技术功能上，没有意识到网络文化已经影响到大学生的成长与成才，等等。这些认识上的局限性，致使部分高校网络文化建设步伐的缓慢，管理相对落后。②

其次，管理机制、体制没跟上。调查中有3%的学生光顾过"色情"网站。因此，如何加强网络管理目前在我国高校有待于加强。而目前很多高校在管理机制、体制方面没有给予足够的重视，一方面，缺乏各部门的联动机制。高校校园网络文化的建设作为一个系统工程，不仅需要校内各部门的紧密配合，而且需要与校外相关部门，如当地宣传管理部门、互联网行业主管和监管部门等建立联动机制，以加强校园及周边网络环境的综合治理。而目前高校在这方面却非常薄弱，经常处于孤军奋战的状态，严重制约了高校校园网络文化的建设；另一方面，管理缺乏规范，立法滞后。虽然各校都根据各自实际为学生提供相应的网上行为模式、价值和标准。

---

① 孔爱峰，李俊锋.和谐校园视域下高校校园网络文化建设的思考[J].教育与职业，2009.33，第161—163页。

② 张浩.影响大学校园文化建设的原因及对策研究[J].网络财富，2010.20，第166—167页。

由于学生自律意识差，单靠网络道德来约束显然是不够的，还需要制度、法律等强制的手段来规范。但目前很多高校基本上采用行政手段来管理，而行政手段本身不仅亟待规范，而且在力度上也非常有限。以实行网络实名制为例，自2004年底教育部和共青团中央明确提出在高校教育网实施实名制以来，效果不尽如人意，很多学生要么因不能再无所顾忌发表言论而选择离开校园BBS，转向校外的论坛，使得大学生网民流失；要么选择浏览而不发布信息，导致网站信息量不丰富，信息交换受阻，这些都不利于学校掌握舆情动态以切实解决问题。而同样实行网络实名制的韩国，自2002年开始至今，已成为全球贯彻实名制最彻底的、网络安全程度最高的国家之一，它的成功就在于实行立法、监督、管理和教育等措施。可见，立法滞后，法制管理手段缺失，严重阻碍了校园网络文化管理的发展。

### （三）网络基础设施差强人意

近年来，高校在校园网络基础设施上加大了投入，在硬件软件上都有了很大的改进，但总体上还是差强人意。

首先，硬件不"硬"。在完成了校园内的整体网络建设工程，实现了办公室、教室、机房、电子阅览室、宿舍等管理的网络化，各个高校由于具体情况不同，实现的程度也存在很大的差距。即使是基本完成网络化的高校，也普遍存在电脑设备陈旧、网速过慢、导航系统不便利等硬件设备质量不高的现象，一份关于网速的调查恐怕最能说明这个问题。调查结果显示，在公网条件下；能够在3秒内打开网页（属较快速度）的高校有68个，占调查总数的56%；能够在3—10秒内打开的（属一般速度）的高校有35个，占调查总数的28%，超过10秒打开的（属较慢速度）的高校有20个，占调查总数的16%。宿舍能上网且速度还可以的占30.3%，速度一般的占21.5%，速度很慢的占19.8%，不能上网的占27.4%。[①]此外，很多高校为了保证网络安全，基本上都采取安装防火墙、过滤软件或限制流量系统

---

① 左惟，秦霞，单晓峰等.高校校园网络文化中的问题及对思想政治教育的影响[J].江苏高教，2010.5，第109—111页。

的方式，使一些网页被封杀，人为限制网速，导致校园网在与公网的竞争中处于劣势，很多学生因此选择功能更齐全的公网，从而把学生"挤"到了具有良好设施环境的校外网吧。而大学生这个接受教育主体的不断"流失"，高校网络思想政治教育就显得意义不大，校园网络成为思想政治教育的主阵地也只能是空谈。

其次，软件不"软"。如果说硬件设备质量不高，通过增加资金投入、进行技术改造在短期内能得以解决的话，那么软件的改善就不是一蹴而就的轻巧事。当前高校校园网络文化软件建设上的欠缺主要表现在"重形式、轻内容"。在网络已成为信息社会人类获取知识的重要渠道的今天，"没有知识的网络是愚昧的"。所以，高校校园网络文化建设更应该增强网络文化的知识性含量。然而，重形式、轻内容已成为校园网络的一大诟病。如今，随便打开一所高校的网页，版块设置齐全，包括学校概况、招生就业、管理机构、教学机构、校园新闻、图书馆、友情链接等内容一应俱全，乍一看很是丰富，但进一步深入进去，就会发现其内容匮乏、形式单一呆板、缺乏生气。只注重信息单向传播，忽视互动平台的建设和管理，影响学生参与的热情。另外，由于缺少互动，使学生过度依赖网络而缺乏独立思考和分析问题的能力，不利于提高其综合素质。同时，由于高校校园网络没能发挥其应有的互动功能的特色，导致思想政治教育工作的渠道不通畅，高校校园网络作为思想政治教育主阵地的地位也就难以得到保证。

### （四）高校校园网络文化建设队伍素质亟待提高

校园网络文化要实现思想性、艺术性、积极性、教育性和指导性，需要一支强有力的网络文化队伍，它是高校校园网络文化向深层、高品位发展的重要保障。其中，网络思想政治工作队伍尤为重要。因为网络文化使青年学生的思维方式更加多元化、复杂化和个性化，不少学生的政治的意识、民族意识、本土文化意识正在逐渐淡化，如果光靠传统的思想政治的工作方法和手段，很难守住思想政治这块阵地。调查数据显示，有43%的学生是通过网络来获得信息的。因此急需一支既是网络技术专家又是思想政治教育专家的政工队伍，及时了解学生的上网规律和思想状况。从实践来看，这支队伍需要各方的参与，既可以是校领导，也可以是教师；既可以是学生干部，也可以是普通学生，以随时跟踪网上信息动态，做好信息传播的"把关人"，提高网络思想政治教育的实效性。然而，目前高校校园网络文化队伍的总体状况不容乐观，不仅队伍人员配备不够、结构不合理，大部分是由各院系辅导员作为兼职人员来开展工作的，而且队伍的专业知识（包括网络技术和思想政治教育）不够扎实，网络文化管理权责不明、分工不清等，这在很大程度上影响了网络文化建设。就网络思想政治教育队伍来看，令人堪忧，由于网络时代信息的快捷性、便利性，学生可以很方便的通过网络获取各种公开的或内部的、真的或假的信息，使得教育者不再具有传统教育中所具有的信息优势地位。相反，由于他们对利用网络信息技术开展思想政治教育的意识淡薄、专业知识有限、对网络法规、网络道德缺乏必要的了解等原因，使他们时常面临信息劣势的地位，甚至时有发生部分教育者的网络资源利用能力不如学生的现象，而在学生思想政治工作中经常处于被动局面。在走访中，就有不少学生反映，自己想通过邮件或QQ与老师交流，结果有的老师要么不会使用，要么使用得很不熟练。

第四章

新时代高校校园文化建设存在问题的原因分析

从上述调查结果的分析中不难看出，高校校园文化建设总体上呈积极、稳定、健康向上的良好发展态势，这是近年来我国社会主义文化得以不断繁荣发展的关键所在，也是高校乃至整个社会得以平稳健康发展的一个重要原因。但面对上述高校校园文化建设存在种种问题的不争现实，又不能不令人深思：究竟是什么原因造成的这些问题？从现实来看，引起高校校园文化建设问题的原因有很多，概括起来，主要有全球化、网络化消极影响的外部原因、社会转型负面影响的现实原因和高校思想政治教育存在问题的内部原因等三方面造成的。当然，需要说明的是，任何事物都有其两面性，全球化、网络化、社会转型和高校思想政治教育同样如此，它们都在现实中发挥着积极的作用，只是在此为了揭示高校校园文化建设存在的问题的原因，受到行文的限制，所以着重分析其各自负面之处。

# 第一节　全球化、网络化的消极影响

全球化、网络化是时代的境遇，也是历史发展的潮流。在这种背景下，任何一个国家或民族都不可能在完全与世隔绝的环境下发展自己的文化。相反，总是在不断同外来文化的撞击、交流过程中发现和发展自己的文化。因为马克思主义是一个开放的、不断发展的理论体系，正如列宁曾驳斥过这样的错误见解："一个马克思主义者如果认为，被整个现代社会置于愚昧无知和囿于成见这种境地，千千万万人民群众（特别是农民和手工业者）只有提高了纯粹的马克思主义教育这条道路，才能摆脱愚昧状态，那就是最大的而且最坏的错误。"[①]所以，任何企图把社会主义文化建设成一个与世隔绝的系统，都是不可能的，这在全球化、网络化的现代社会里更是如此。高校校园文化建设作为社会主义先进文化建设的重要组成部分，当然也不例外。

## 一、全球化、网络化是不可逆转的历史潮流

尽管"全球化"是近年来才提出的一个概念，但在马克思的世界历史理论中早就包含着全球化的观念。可以说，是马克思最早发现并考察了全球化的趋势问题，并论证了全球化是不可阻挡的历史潮流。

### （一）从世界历史的形成过程来看，全球化是历史发展的必然性

马克思首先指出，"作为世界史的历史是结果"[②]是"各个相互影响的活动范围在这个发展进程中越是扩大，各民族的原始封闭状态由于日益完善的生产方式、交往及因交往而自然形成的不同民族之间的分工消灭得越是彻底，历史也就越是成为世界历史。"[③]也就是说，马克思这里所说

---

① 《列宁选集》（1）[M]. 北京：人民出版社，1995年版，第68页。

② 《马克思恩格斯选集》（2）[M]. 北京：人民出版社，1972年版，第112页。

③ 《马克思恩格斯选集》（1）[M]. 北京：人民出版社，1995年版，第99页。

的"世界历史"既不是通常的、历史学意义上的世界历史，即整个人类历史，也不是世界民族历史的抽象或概括，而是特指各民族、国家在生产力高度发展的基础上，通过普遍交往，打破民族封闭状态，进入相互依存状态，是世界整体化以来的一个新的历史阶段。接着，马克思又指出："各民族之间的相互关系取决于每一个民族的生产力、分工和内部交往的发展程度。这个原理是公认的。然而不仅一个民族与其他民族的关系，而且一个民族本身的整个内部结构都取决于自己的生产及自己内部和外部的交往的发展程度。""只有随着生产力的这种普遍发展，人们的普遍交往才能建立起来……地域性的个人为世界历史性的、经验上普遍的个人所代替。"[1]这是马克思从历史唯物主义的立场、角度，揭示了生产力的发展必然会促使国际分工、国际交换的世界市场的形成，客观上使世界连结为一个整体，标志着世界历史的形成和开始。"地域性的个人为世界历史性的、经验上普遍的个人所代替。"这实际上意味着全球化的历史必然性。

（二）资本主义大工业和资本主义生产关系的产生，为全球化的产生提供了客观基础

马克思认为，"商业和工场手工业不可阻挡地集中于一个国家——英国。这种集中逐渐给这个国家创造了相对的世界市场"[2]，而"大工业创造了交通工具和现代的世界市场，控制了商业，把所有的资本都变为工业资本，从而使流通加速（货币制度得到发展）、资本集中"，所以"大工业，由于开拓了世界市场，使一切国家的生产和消费都成为世界性的了"，"它尽可能地消灭意识形态、宗教、道德"[3]甚至国界。总之，资本主义大工业"首次开创了世界历史，因为它使每个文明国家及这些国家中的每一个人的需要的满足都依赖于世界，因为它消灭了各国以往自然形成的闭关

---

① 《马克思恩格斯选集》（1）[M]. 北京：人民出版社，1995年版，第69页。

① 《马克思恩格斯选集》（1）[M]. 北京：人民出版社，1995年版，第69页。

② 《马克思恩格斯选集》（1）[M]. 北京：人民出版社，1995年版，第115页。

③ 《马克思恩格斯选集》（1）[M]. 北京：人民出版社，1995年版，第114页。

自守的状态"①。正是以机器为主要特征的资本主义的工业革命及其成果促进了各国内部和国际分工的发展，使各国经济互相依赖，推动了作为商品经济的重要形式的市场经济的高度发展、市场经济运行机制日益完善并向全球扩散，从而使世界因此连为一个整体，这从客观上为全球化的产生提供了基础。

### （三）全球化是世界历史的应有之义

马克思说："某一个地域创造出来的生产力，特别是发明，在往后的发展中是否会失传，完全取决于交往扩展的情况。当交往只限于毗邻地区的时候，每一种发明在每一个地域都必须单另进行。"②在马克思看来，各民族、国家进行的交往实践是促使世界普遍联系，生产力可以传播、保持、积累和发展的基本条件。"只有当交往具有成为世界交往并且以大工业为基础的时候，只有在一切民族都卷入竞争斗争的时候，保持已创造出来的生产力才有了保障。"③因此，在世界历史中，"单个人随着自己的活动扩大为世界历史性的活动，越来越……受到日益扩大的、归根结底表现为世界市场的力量的支配"，"只有这样，每个人才能摆脱种种民族局限和地域局限而同整个世界的生产（也同精神生产）发生实际联系，才能获得利用全球的这种全面生产（人们的创造）的能力"④。也就是说，个人只有摆脱民族局限和地域局限，充分利用全球的这种全面生产，才能成为全面自由发展的人。全球化是世界历史应有之义由此可见一斑。⑤

如果说100多年前，在资本主义发展初期，对其未来的发展趋势尚未明朗化的情况下，马克思就已经科学地预见到世界发展的全球化趋势，尽

---

① 《马克思恩格斯选集》（1）[M]. 北京：人民出版社，1995年版，第114页。

② 《马克思恩格斯选集》（1）[M]. 北京：人民出版社，1995年版，第107页。

③ 《马克思恩格斯选集》（1）[M]. 北京：人民出版社，1995年版，第108页。

④ 《马克思恩格斯选集》（1）[M]. 北京：人民出版社，1995年版，第89页。

⑤ 蔡桂珍. 马克思的世界历史理论对培养世界公民意识的启示[J]. 福建师大福清分校学报，2010.6，第21—26页。

管他从没使用过"全球化"这一术语。那么，今天全球化的事实不仅印证了马克思的预言，而且在广度、深度上大大超出了马克思当年的设想。全球化不仅仅包括在马克思当时所注意到的经济领域，即使是经济领域在今天也不局限在生产方面，它还包括资金、技术、贸易等生产要素在全球范围内自由流动，而且全球化遍及政治、文化等领域，不仅广泛而深刻地影响和改变着人们的思想观念、生活方式，而且也引起了世界政治、文化的急剧变化，全球化也因此成为当今时代最重要的特征之一。

发端于20世纪80年代的互联网，是一个开放性的全球信息网络系统，它能够把所有通信系统、电脑资料库和电讯设施连接起来，在全球范围内传递文字、声音、图像等信息。它的出现，无疑对全球化的发展起到了推波助澜的作用。从实践来看，"全球化只有到了现代信息技术兴起后，在现代网络技术的推动下，才真正彻底突破了传统交往方式的局限，突破了时空的阻隔，获得交往互通的自由，全球化因此超越了现实经济生活实践的意义，上升为现代人的实践理性与自觉意识。因此，全球化与网络化是不可分割、相辅相成的两个方面，全球化以网络为依托与动力，网络化则是现代意义上全球化的基本表征"①。而网络化作为科学技术革命最大的成就之一，科学技术是第一生产力，生产力的发展又是客观的，所以，网络化作为现代生产力发展的重大成果，同全球化一样，成为人类社会发展不可阻挡的历史潮流。

## 二、全球化、网络化的实质

全球化和网络化不仅深刻地改变着整个世界生产方式生活方式、利益格局、经济秩序，而且深刻地改变着人们的思想观念、生活交往方式和价值体系。它们一方面有助于社会主义国家意识形态的变革，开阔了人们的视野，打破了禁锢着人们的思维方式，促进了不同意识形态之间的交流和

---

① 杨立英、曾盛聪. 全球化、网络化境遇与社会主义意识形态建设研究[M]. 北京: 人民出版社，2006年版，第54页。

借鉴。但另一方面，它们又不可避免地造成不同的文化传统、价值体系、思想观念等意识形态之间的碰撞、渗透和斗争。处于相对强势的资本主义意识形态，正是凭借全球化和网络化这两个载体，对我国实施"西化""分化"，从不放松对社会主义的渗透，企图在政治、经济、文化和军事上进一步遏制和彻底扼杀社会主义，对社会主义国家发起"和平演变"的攻势，这是西方国家在对社会主义进行武装围攻失败后而改变的策略，并在20世纪80年代中期之后成为向社会主义发起进攻的主要手段。居于此，邓小平敏锐地指出："西方国家正在打一场没有硝烟的第三次世界大战。所谓没有硝烟，就是要社会主义国家'和平演变'。"①事实证明，全球化、网络化是西方敌对势力对我国在意识形态领域"和平演变"最隐蔽也是最行之有效的载体。

因此，全球化实质上是西方发达国家主导的、全面推广经济体制市场化和西方意识形态的一个过程。也就是说，西方国家凭借其在一定程度上占据主导地位的西方意识形态，不断向发展中国家推行经济全球化。一方面，他们凭借经济和技术优势，主导着世界经济秩序，从维护本国的利益出发，对发展中国家进行经济干涉，以谋求经济霸权；另一方面，又将资本主义价值观和社会意识形态渗入到发展中国家的政治生活和社会生活中，影响这些国家的意识形态，以达到政治上的全球化，谋取政治上的霸权。中国作为发展中最大的社会主义国家，首当其冲成为西方国家渗透的首要目标。所以，全球化首先是由经济领域引发的，但它一开始就不仅仅停留在经济领域，它作为当今世界各民族文明的宏观生存环境，涵盖了经济、政治和文化等多维向度。②可见，全球化是一个包括经济、政治和文化的全方位的互动过程。特别是西方国家利用其强势文化在文化交流和传播中隐含着意识形态战略，它们以文化全球化为契机，一方面通过提供图书资料、派专家教授执教、进修学习、合作研究、学术交流等，在潜移默

---

① 《邓小平文选》（3）[M].北京：人民出版社，1993年版，第344页。

② 杨立英、曾盛聪.全球化、网络化境遇与社会主义意识形态建设研究[M].北京：人民出版社，2006年版，第66页。

化中渗透其文化主体精神和价值观念；另一方面，它们又凭借其经济和科技优势，将大量科技成果应用于文化产品，强化文化产品的生产和输出，使其产品以耳熟能详的诸如麦当劳、迪士尼、好莱坞电影等的形式，以其较强的娱乐性、观赏性和知识性吸引中国的年轻一代，使其文化价值观念和生活方式迅速在青年人中传播开来，成为青年文化消费的主要内容，使青年主要是大学生在潜意识里产生"亲美""亲西"的感觉。[①]而这样的感觉是根深蒂固的，为享乐主义、消费主义、拜金主义等非主流意识形态的泛滥敞开方便之门，大大威胁了社会主义意识形态的主流地位，给西方国家的"和平演变"提供了可乘之机。

全球化条件下的信息网络化以其信息量大、覆盖面广、超越时空限制等特点，改变了人们之间的联系和交往方式，使个人的自主性、流动性日益加强，个体的自我意识、独立判断、决策、推理能力等得以增强，人们选择空间与选择余地变得更多，利益主体的多元化和多层化日益加剧，等等。由此产生了反映不同主体利益和要求的多元思想观念，给各种非主流意识形态的凸显创造了有利条件；同时，信息网络化的开放性和传播信息的快捷性、隐蔽性等特点，使它成为西方敌对势力对我国进行意识形态渗透的首选的载体。正如美国未来学家阿尔温·托夫勒所指出的："世界已经离开了暴力与金钱控制的时代感，而未来世界政治的魔方将控制在拥有强权人的手中，他们会使用手中掌握的网络控制权、信息发布权，利用英语这种强大的文化语言优势达到暴力和金钱无法征服的目的。"[②]正是看到了这一点，西方发达国家尤其是美国，凭借其先进的网络技术及其对信息资源和相关产业的垄断而在国际互联网上占主导地位的优势，宣传其生活方式、价值观念和政治主张等，经过长期熏陶，使大学生在生活中自然而然地表现出具有西方文化烙印的各种思维方式和行为方式，从而动摇

---

① 王永贵.和谐社会视野中的社会主义意识形态建设[J].辽宁行政学院学报，2007.3，第91—92页。

② [美]阿尔温·托夫勒.权利的转移[M].刘江，等译.北京：中共中央党校出版社，1991年版。

青年学生对马克思主义的信仰和社会主义的信念。西方敌对势力利用网络这种先进而又隐蔽的形式所进行的意识形态渗透，是新时代我国意识形态遭遇到最严峻的挑战之一。因为相对于西方发达国家，我国网络技术不仅落后，而且发展滞后，使得我国意识形态在网络上的宣传和渗透力度、途径、方法等方面都处于劣势。这就意味着作为网络主要使用者的广大青少年，在生活和学习上将不可避免地受到西方国家的"西化"和"分化"，各种非主流意识形态特别是西方意识形态在广大青少年中的滋生和蔓延也就成为可能，长此以往，后果不堪设想。可见，网络既是多元文化和思想观念传播的平台，也是各种意识形态交锋的阵地。在现代信息网络社会，网络阵地是"兵家必争之地"，谁占领了这种阵地，谁就占据了主动权。正因为西方国家在网络上拥有这样相对的主动权，使各种反映其意识形态的非主流意识形态有了大显身手的机会，它们尽其所能来削弱我国社会主义意识形态的主流地位。

## 三、全球化、网络化对新时代高校校园文化建设的消极影响

再也没有什么能比西方国家对我国"西化""分化"的图谋更能体现全球化、网络化的实质了。在中华人民共和国成立以来的对华政策上，西方国家在采用政治孤立、经济封锁、军事包围、颠覆破坏等一系列"硬打击"没有达到目的的情况下，最终转向意识形态这个"软渗透"的"和平演变"手段：从美国前外交家凯南的"非军事遏制"到美国前国务卿艾奇逊的把希望寄托于"民主个人主义者"；从美国前中央情报局局长杜勒斯的"和平解放"到美国前总统肯尼迪的"铁幕的裂缝中培养自由的种子"；从前德国总理勃兰特"以接触促演变"的"新东方政策"到前美国总统里根的"促民主运动"；从前美国总统尼克松的"不战而胜"到美国著名战略理论家前国家安全事务助理布热津斯基的"大失败"；"和平演变"战略虽经几起几落，但从未放弃。①苏东剧变更使它们"信心"倍增，妄言很

---

① 刘廷亚. 警惕没有硝烟的世界大战[M]. 天津：天津社会科学出版社，1991年版，第5—28页。

快就要让社会主义国家在地球上消失，并把中国看成其实现这一"宏伟目标"的最大、也是最后一个堡垒，通过各种途径加紧对我国意识形态领域的渗透。本着"最终的决定因素不是核弹和火箭，而是意识形态和思想的较量"①的观点，西方国家在所能采取的各种途径和手段中，最终选择了全球化和网络化这个最具隐蔽性的途径，对我国进行意识形态渗透，严重困扰着高校校园文化建设。

### （一）西方发达国家利用文化贸易传播其文化价值观

以中美文化贸易为例，2000—2004年中国进口影片4332部，其中美国影片占40%—50%，特别是这五年中以分账方式进口的88部影片中，美国影片为70部，占80%。②与此形成鲜明对比的是，中国在屈指可数的出口影片中，能出口美国的几乎可以忽略不计。仅以2009年美国大片《阿凡达》为例，其票房超过10亿美元，比2009年中国所有电影的票房还要高。③而且，中国文化出口的主要在于低端文化产品，核心文化、高端文化产品所占的比例微乎其微。面对世界上1/3的电脑、1/2数码相机和DVD播放机、2/3的复印机都是中国制造，而"文化软件"却很难出口的事实，英国前首相撒切尔夫人一语中的："今天中国出口的是电视机，而不是电视节目和思想观念。"尽管这几年在核心文化产品的出口上，我国不断加大投入和支持力度，但形势依然严峻。据《中国对外文化贸易年度报告2012》统计，2010年中国货物进出口总额达到29740亿美元，位居世界第一，但是中国核心文化产品进出口总额仅为143.9亿美元，不足贸易总额的1%，且输出引进比仍是高达1∶3的巨大逆差。处于文化强势地位的西方发达国家，正是通过文化贸易，在获得巨额利润的同时，借机向世界传播其文化价值观，

---

① 屈全绳，刘红松.和平演变战略及其对策[M].北京:知识出版社,1990年版,第67页。

② 孙家正.当代中国文化的追求与梦想[N].光明日报,2005.10.28。

③ 张玉玲，李慧.《中国文化产业:走出去赢回来》,光明网,2010-8-18: http://www.gmw.cn/content/2010-08/18/cotent_1218667.htm.

以实现其文化霸权的梦想。难怪巴基斯坦著名文学理论家和批评家萨义德说："在我们这个时代，直接的控制已经基本结束；我们将要看到帝国主义像过去一样，在具体的政治意识形态、经济和社会活动中，也在一般的文化领域中继续存在。"①这是各种文化汇集点的高校校园文化无法绕开的现实。

### （二）西方发达国家利用网络垄断地位加紧意识形态渗透

美国目前在互联网的质和量都处于垄断地位。在数量上，互联网上访问量最大的100个站点中，有94个设在美国境内，全球收入最高的1/5国家拥有因特网用户93%，世界大型数据库70%设在美国。"据统计，在当前的国际信息网络中，90%以上为英文信息，中文信息不足0.4%"；②在技术上，美国凭借其雄厚的技术和经济优势，使网络上充斥着大量经过其意识形态过滤的信息。而互联网上拥有信息量优势及网络技术控制权的国家，更有可能对其他国家进行意识形态渗透和颠覆。因为网络彻底打破了传统大众传媒权威性、单向性和强制性等特点，取而代之的是网络的自由性、互动性、虚拟性、自主性等特点，使我们党和政府很难再像互联网出现之前那样，通过严格的法律法规和新闻出版等严查制度，对信息的传播者、接受者及信息内容进行全面的管理和控制，也很难进行舆论导向的引导和调控。这无疑为在互联网上处于垄断地位的西方意识形态的传播和渗透提供了广阔的空间，从而使资本主义意识形态、生活方式和价值观念及一些腐朽思想在互联网上畅通无阻，渗透到高校校园文化中，影响了网络主要使用者的大学生的价值追求，弱化了他们对主流意识形态的认同，从而削弱了社会主义意识形态的主流地位。

---

① ［美］萨义德. 文化与帝国主义[M]. 李琨，译. 北京：三联书店，2003年版，第127页。

② 刘忠厚. 信息网络时代社会主义意识形态建设新探[J]. 理论学刊，2009.2，第18—21页。

（三）全球化、网络化增强了西方意识形态的渗透力

全球化讲究交流、合作和国家间的互动，网络化正好满足了这一要求，使整个世界成为一个"地球村"。也正是全球化、网络化的这种合力，促进国际上各个领域的联系日益广泛和深入，使人们在潜移默化中接纳了全球化意识而产生错觉，认为全球化是人类社会发展的唯一出路。为此，西方国家正是看到这一点，抓住大学生对各种思想具有很强的吸纳性特点，加紧与我们争夺青年一代。

一方面，他们利用国际教育交流与合作的机会，在高校打着学术交流的幌子，通过进修学习、参观访问、合作交流、派驻人员等多渠道进行宣传和渗透。尽管这在这客观上给我国传统教育以多方面的补充和启迪，促进了我国学术研究水平的提高，但也让学生有了更多的机会全面而大量地接触西方哲学、法律、政治、道德、宗教、艺术等知识，增添了比较、思考马克思主义理论教育教学内容的科学性的另类样本和思想元素，马克思主义理论因此受到多角度的重新审视，无形中对高校马克思主义理论教育形成柔性挤压。结果，相当一部分大学生已不只是简单地厌烦马克思主义理论的说教，而是从根本上否定了学习马克思主义理论的必要性，甚至对马克思主义理论的科学性产生了怀疑。

另一方面，西方发达国家以资助中国留学生、建立各种非政府文化组织等形式，为其增强意识形态渗透力披上慈善的外衣。伴随着全球化、网络化的发展而日益猖獗，如国际恐怖主义、迅猛增长的世界人口、不断变暖的世界气候等全球性问题，使整个国际社会可持续发展陷入了困境，这单靠任何一个国家都无法解决。由于发达国家拥有雄厚的经济和科技实力，所以在解决这些问题上负有更多的责任和义务。他们为此倡导和组织了各种国际非政府文化组织，并发挥了重要作用。但正如一位美国国会议员坦言："这里没有免费的午餐，慈善（指资助中国留学生）固然是一个因素，但绝不是首要因素。我们是怀有明确的外交政策目的。我们的目标是让在美国的外国留学生接受作为美国立国之本的自由、民主原则的熏陶。"因此，从本质上看，美国等西方国家通过基金会或直接赞助的形式，以慈善、宗教、文学、科学与艺术等名目建立的各种各样的非政府文化组织，实际上是他们推行文化帝国主义战略的一个重要手段，目的是为其推

行文化帝国主义、实现世界文化霸权披上美丽的、"没有功利的"保护色外衣，以谋求其存在的合法性依据。

## 第二节　社会转型带来的负面影响

改革开放的过程也是中国社会转型的过程，社会转型急骤而深刻，社会各方面的变革急剧加快，社会矛盾深刻尖锐，各种利益关系错综复杂。社会意识作为社会存在的反映，转型时期的这些变化及其所衍生的各种问题，不可避免地给高校校园文化建设带来了负面影响。

### 一、社会转型期的界定及特征

#### （一）社会转型期的界定

所谓社会转型，通常是指政治、经济、文化、思想等方面整体、全面的发展与变迁，是一种具有战略性的、影响社会全局的社会大变革。从一种社会结构向另一种社会结构的转变，往往有一个过渡时期，这个过渡时期就是社会转型期。[①]当代中国社会转型期特指1978年十一届三中全会以来开创的中国现代化建设的新时代。这一时期，是我国社会变革的开端，由农业社会向工业和信息社会、封闭性社会向开放性社会、计划经济向市场经济的变迁和发展，并由此带来社会结构、社会运行机制及价值观念的深刻转变。具体表现正如江泽民同志所指出的那样，即"社会经济成分、组织形式、物质利益、就业方式日益多样化，人们思想活动的独立性、选择性、多变性、差异性明显增加"[②]。

---

① 廖小平. 社会转型与未成年人道德建设[J]. 科学社会主义,2008.6，第83—86页。

② 江泽民. 论三个代表[M]. 北京：中央文献出版社，2001年版，第59—60页。

（二）中国社会转型的特征

改革开放30多年的社会转型时期，是我国迈向现代化进程中的关键时期，处于整体的转型过程，是全方位的社会转型。其特征主要表现为以下几个方面：

1.全方位立体式的转型

中国社会的转型，横向上是全方位的，几乎涉及各个领域：经济，上由传统计划经济体制向市场经济体制转变；政治上，由僵化的政治体制迈向制度化、规范化和法制化的社会主义民主制度；文化上，不断创新内容形式、体制机制、传播手段、发展文化产业；军事上，坚持科技强军，实现机械化和信息化复合发展；外交上，更加积极主动和务实，灵活机智地处理对外关系。纵向上是立体式的，从农业社会向工业社会直至信息社会转化；从村落社会向城镇社会转化；从农业文明向工业文明，再由工业文明向可持续发展文明的双重社会转化。

2.急剧跳跃式的转型

全球化、网络化促使世界成为一个"地球村"，国与国之间的综合国力的竞争日趋激烈，要在"地球村"中占有一席之地而不至于被开除"村籍"，任何一个国家都必须努力增强自己的实力，对于发展中最大的社会主义国家的中国来说尤为重要，因为这不仅仅关系到我国的自身利益，更是代表社会主义在世界的形象和影响。因此，中国比任何时候都需要实现现代化。然而，由于历史的原因，中国的现代化失去了与西方国家共进的良机，远远落后于西方国家。今天的中国要理直气壮地与西方国家对话，就必须实现现代化，这就意味着中国需要在几十年的时间内完成西方国家一二百年的时间完成的现代化，如果没有一定的速度是难以完成这一任务的，这就决定了中国社会的转型必然是急剧跳跃的高速转型。当然，这种高速发展并不等于急于求成，而应根据中国的实际来进行。

3.深层次复杂式的转型

社会转型期承担的完成工业化、市场化和社会主义制度改革的三大任务，涵盖了经济成分、所有制结构、分配方式、社会生活、就业理念、就业方式等方面，属于全社会范围的转型和改革，具有相当的广度和深度，这些无不触及人们的思想观念的改变。社会转型所涵盖的这些内容的实现，首先应该是人们思想观念的转型。人的思想观念是复杂的，而且是长期积累而成的。中国是一个典型的农业大国，5000多年的历史，在创造灿烂文化的同时，也给我们的社会转型带来了巨大的历史包袱。尤其是2000多年的封建社会，使封建思想根深蒂固，再加上长期以来推行的计划经济体制，使人们的一些传统思想观念在短时期内很难转变，这就决定了社会转型的深层而复杂的样态。

4.特殊性的转型

中国作为一个发展中国家，是在全球化的背景下以超强的速度加速实现社会转型的。当代中国社会转型的特殊性就在于，它是处在当今中国社会中既存在着农业文明的痕迹，也存在着工业文明的现实，还存在着后工业社会这三种社会形态同时聚集在一起的历史阶段，这是人类社会发展到今天很难遇到的特殊现象。而三种社会形态各有不同的社会结构组合方式，以及各有不同的生产力和生产方式对劳动力、劳动工具和劳动对象的需求内容和处理方式，与此相对应的是，各有不同的政治权力的诉求模式、思想观念和精神追求。社会转型所处的这种不同社会形态混杂在一起的特殊境况，决定了当代中国社会转型期必然是矛盾的凸显期。思想混乱，社会失范、规则失灵等现象的出现也就在所难免。①

## 二、当代中国社会转型带来的挑战

### （一）市场经济的挑战

市场经济体制目标的确立和发展，给我国的社会市场经济和社会生活带来了前所未有的活力，增强了人们的竞争意识、效率意识、民主法制意识和开拓创新意识，推进了经济社会的迅速发展，人们的物质生活水平和精神生活水平不断得到地提升。因此，市场经济不仅仅是一种经济形态，而且还是一种价值体系。随着改革开放和社会主义市场经济的深入发展，

---

① 杨桂华．社会转型期精神迷失现象分析[M].天津: 南开大学出版社,2009年版，第15页。

由此带来的社会经济成分、组织形式、就业方式、利益关系和分配方式等日益多元化，导致了人们价值观念也日趋多样化，这些变化客观上是一种巨大的社会进步，但也使新时代的社会主义主流意识形态面临着更复杂的价值观念和思想意识的冲击。"市场经济行为的分散性、利益立体的多元化、经济决策的分散化和利益差距的扩大化，容易导致全局意识形态淡化、分散主义、地方保护主义和自由主义等；生活方式的多样化，使人们艰苦创业精神淡化，追求奢靡、腐烂的生活方式；社会组织的多样化、就业岗位和就业形式的多样化，导致人们政治上的冷漠化、生活上的物欲化，作风上的躁动和虚假。同时，一些人群中还出现了'经济意识强化、政治意识弱化；休闲意识强化、敬业意识弱化'的现象。"[1]再加上社会主义市场经济本身的不成熟，严重挑战着社会主义主流意识形态。

### （二）各种社会问题和党自身建设问题的挑战

改革带来巨大成就的同时，也不可避免地带来了一些社会问题。尤其是作为阶级基础的工人阶级和农民阶级有沦为弱势群体的趋势，以及与老百姓生活密切相关的如贫困、就业、住房、医疗、社会治安等民生问题，这些与广大群众的利益直接息息相关的深层次问题的存在，也是马克思主义在中国面临的实际问题，它使一些人的思想产生困惑，对社会主义制度的优越性产生怀疑，使社会主义意识形态遭遇合法性的危机。与此同时，党在自身建设过程中出现各种问题，不仅有腐败这种与我们党所倡导的全心全意为人民服务的宗旨和立党为公、执政为民的执政基本原则背道而驰的顽疾，还有特别值得警惕的"一些党员和干部忽视理论学习、学用脱离、理想信念动摇，对马克思主义信仰不坚定，对中国特色社会主义缺乏信心"[2]的趋向，它使"共产主义渺茫""马克思主义取消论"在一

---

① 何林. 和谐社会视野中的社会主义意识形态建设[J]. 辽宁行政学院学报，2007.3，第91—92页。

② 中共中央关于加强和改进新形势下党的建设若干重大问题的决定[N]. 人民日报，2009.9.28，第1版。

些党员干部中有了一定的市场，这更使得人们对党的路线、方针、政策信心不足，不仅使党面临着执政危机，而且也消解了社会主义意识形态的说服力。

## 三、社会转型对新时代高校校园文化建设的负面影响

当代中国社会的转型是整体性、根本性，它首先表现在经济领域，这是由经济生活在整个社会生活中的基础性地位所决定的。因此，社会转型引起的社会经济、政治、文化及社会等各领域的剧变，必然会对高校校园文化建设产生负面影响。这种负面影响，主要表现对的大学生的思想产生巨大的冲击。

（一）社会转型带来暂时的社会失范，造成大学生思想困惑、迷茫

在社会转型期产生的各种各样的社会问题中，最大的就是"社会失范"，因为社会转型是社会系统从有序到无序，再从无序到新的有序的转化过程，其间的各个过渡阶段，往往是处于旧的秩序已经打乱，新的秩序尚未形成的真空状态，社会失范就会随之出现。当社会失范出现时，社会既有的行为模式、制度规范与价值观念被普遍怀疑、否定甚至严重破坏，逐渐失去了对社会成员的引导和约束的力量，而新的行为模式、制度规模与价值观念又尚未被人们普遍接受，社会成员的行为因缺乏明确的目标、方向和社会规范约束而陷入相互冲突、无所适从的混乱状态。这种社会失范对于思想尚未真正成熟的大学生来说，更容易使其产生困惑、迷茫，必然会给高校校园文化建设增加难度，从而影响社会主义主流意识形态教育的效果。

（二）社会转型利益结构调整，挑战着大学生的价值观、人生观

社会转型期对整个社会利益结构进行了更深层次的调整，产生了利益分化，利益格局由一元转向多元，反映了不同的利益主体和利益诉求。个人的利益在这个过程中日益得到重视和张扬，价值多元化更加明显，传统的主流意识形态的全局至上的价值观受到触动，导致大学生对过去统一而

权威的马克思主义的价值观、人生观，由认同走向迷惑和质疑，产生了思想观念和评价标准的多元化，从而排斥了所谓的"统一意识形态"和主导价值，使大学生的思想观念和价值取向走向多样化。尤其是在物质利益的驱动下，大学生开始将物质利益视为社会发展的原动力，不断地被异化为金钱及物质的奴隶。一方面社会主义主流意识形态对大学生的控制力退化；另一方面实用主义、拜金主义、享乐主义、利己主义等腐朽思想广为学生所接受，并奉其为自己的人生哲学。这正是高校校园文化建设存在问题的思想根源所在。

（三）社会转型期弱化了党和国家的意识形态，动摇了一些大学生对党和国家的信任

社会转型期由计划经济转向市场经济，市场经济强调市场的调节作用，减少政府干预的规则，使行政权力的范围不断地缩小。这种政治权力的缩小是立体式的、深层次的，它必然影响我们党的意识形态对社会的整合。作为我国执政党的中国共产党，它的意识形态就是国家意识形态的表述。由于社会转型期因利益结构调整带来阶层结构、城乡结构、区域结构、人口结构、就业结构等的重大变化，而与此相适应的价值观念体系、社会规范体系及政治权力、社会利益结构又未最终成型，导致产生一些社会问题，而且现实存在的这些问题，使高校校园文化建设长期苦心经营的、业已形成的一道比较成功的意识形态教育屏障，受到了一定的挑战。

（四）社会转型期触及了大学生的一些切身利益，影响了他们对社会主义制度优越性的评价

社会转型期，高等教育制度也进行了历史性的变革，大学生的培养由原来计划体制下国家统包统配，转变为缴费入学、自主择业；高等教育也由原来的精英教育走向大众教育；等等。这些变革使大学生在失去原来天之骄子的良好感觉的同时，面临着巨大的心理压力，这种压力主要源于大学生切身利益受到触动，一是经济压力。教育收费增加了大学生的经济负担，尤其是贫困家庭的学生，他们可能由此产生了更多的自卑感。由经济体制转型所造成的贫富分化在大学生中同样体现出来；二是就业压力。高

校不断扩招，使高校毕业生人数远远超过市场的需求，大学生不再是稀缺的人力资源。同时，一些高校的专业设置、结构和调整相对滞后，使培养的人才因不能符合社会的需要而无法顺利就业，加剧了就业压力。这样，就业难就成了很多大学生必须面对的一个残酷的现实。此外，就业压力由原来社会承担转嫁给高校、高校又转嫁给学生本人，使大部分抱着上大学主要是为了找好工作的大学生，面对巨大的就业压力，开始对自身的社会地位产生怀疑。而人们奋斗所争取的一切都和他们的利益有关，因此，当大学生的切身利益受到触动或无法实现时，他们必然会对现实产生失望，难免会对其所接受的关于社会主义制度优越性的教育产生怀疑，这也必然会给敌视或破坏社会主义的一些别有用心的人或国家以借口，从而危及大学生对社会主义意识形态的认同，这是高校校园文化建设存在问题的现实原因的突出表现。

## 第三节　高校思想政治教育存在问题

当前高校中有不少人认为，对外：既然全球化成为历史潮流，那么，要实现与国际接轨，就不再计较意识形态的亲疏；对内，既然我们坚持以经济建设为中心，那么，就没必要在发展模式上就姓"资"姓"社"进行争论，所以，高校思想政治教育也要顺应这样的"潮流"，淡化教学中的意识形态色彩。正是在这一理念的支配下，面对实践中遇到的大量的新矛盾、新问题和大学生思想认识的热点和难点问题，高校很多时候无法及时作出有针对性的、令人信服的回答，高校的思想政治工作的效果因此很不理想，直接影响着高校校园文化建设的实效性，是高校校园文化建设存在问题的内在原因。

### 一、高校思想政治教育与高校校园文化建设的关系厘清

"校园文化与思想政治教育是两个完全不同，相对独立的体系，但两

者存在必然的联系并相互渗透、相互包容、相互制约、相互促进。"①目前，学术界在校园文化与思想政治教育的关系上已达成共识，那就是两者之间存在着辩证关系：思想政治教育主导高校校园文化的发展方向；校园文化是高校思想政治教育的重要载体和有效途径。

### （一）思想政治教育主导高校校园文化的发展方向

#### 1.思想政治教育的本质属性是意识形态性

所谓思想政治教育，是"一定阶级、政党、社会群体、遵循人们思想品德形成发展规律，用一定的思想观念、政治观点、道德规范，对其成员施加有目的、有计划、有组织的影响，使他们形成符合一定社会、一定阶级所需要的思想品德的社会实践"。②可见，构成思想政治教育过程的各个环节：教育者、受教育者、教育内容、教育方法、教育目标等，无不体现着阶级性，即意识形态性或政治性。因此，思想政治教育的实质就是解决反映思想政治教育的基本矛盾。思想政治教育基本矛盾就是经思想政治教育者传递的统治阶级的要求与教育对象的现状之间的矛盾。③为了让"现状"达到"要求"，一定政治体系（统治阶级）必然要把符合其所倡导和确认的、有利于维护其统治的原则和规范，作为政治教化的内容，对其社会成员实施普遍的政治教化，使自己的主张为教育对象所接受，并付诸行动中，以更好地维护自己的统治地位。由于"统治阶级的思想在每一个时代都是占统治地位的思想"④，所以，意识形态性（阶级性或政治性）是思想政治教育的最本质的属性。

---

① 李金英，石慧刚.校园文化与思想政治教育[J].宁夏大学学报（人文社会科学版）2000.3，第100—101页。

② 张耀灿，郑永廷，吴潜涛等.现代思想政治教育学[M].北京：人民出版社，2006年，第50页。

③ 邱伟光，张耀灿.思想政治教育学原理[M].北京：高等教育出版社，1998年版，第108页。

④ 《马克思恩格斯选集》1）[M].北京：人民出版社，1995年版，第98页、第100页。

### 2.高校校园文化发展方向必须由思想政治教育来主导

在阶级社会里，高等教育作为教育的一个重要组成部分，同样具有阶级性。教育属于上层建筑，按照经济基础决定上层建筑的原理，社会主义生产资料公有制的经济基础，决定了我国高等教育办学的社会主义性质，即以马克思主义为指导，在中国共产党的领导下，坚持为社会主义现代化建设服务，培养具有马克思主义世界观、价值观，人生观的，有理想、有文化、有纪律的社会主义事业的建设者和接班人。高校校园文化建设作为我国高等教育的一个重要组成部分，理所当然地也要坚持马克思主义指导地位。也就是说，思想政治教育主导着高校校园文化的发展方向，这也从党在不同历史时期实践中提出的教育方针基本内容中得以体现。如1957年毛泽东的"使受教育者在德育、智育、体育几个方面都得到发展，成为社会主义觉悟的有文化的劳动者"；1958年中共中央、国务院的"教育必须为无产阶级政治服务，必须与生产劳动相结合"；1961年的"高校六十条"的"教育为无产阶级政治服务，教育必须同生产劳动相结合，使受教育者在德、智、体诸方面都得到发展，成为有社会主义觉悟的有文化的劳动者"；1985年中共中央的"教育必须为社会主义现代化建设服务，必须与生产劳动相结合，培养德、智、体等全面发展的社会主义事业建设者和接班人"。时至今日，习近平总书记再次强调，我国高等教育肩负培养德智体美全面发展的社会主义建设者和接班人的重大任务，必须坚持正确政治方向。

### （二）高校校园文化是高校思想政治教育的重要载体

高校校园文化是高校思想政治教育的载体，主要是指教育者充分利用校园文化这个中介，将思想政治教育的内容寓于校园文化中，以潜移默化的方式影响着大学生。高校校园文化能成为高校思想政治教育的重要载体，不仅在于它具有相对于其他载体的优势，而且它本身蕴含着丰富的思想政治教育内涵。

### 1.高校校园文化具有相对于其他载体的优势

发挥主观能动性和充分利用情境暗示性，是提高思想政治教育实效性的两种重要方式，校园文化相对于其他载体的优势就在于它正好兼具这两种方式。首先，校园文化能让学生充分发挥主观能动性。学生本位是校园文化的本身含义，而校园文化包含着各种各样、丰富多彩的校园文化活动，如社团活动、"三下乡"等文化活动。实践证明，"丰富多彩的校园文化活动，不仅可以教会学生怎样做人、怎样生活、怎样学习，而且还能激励他们积极主动地努力学习，鼓舞他们养成不断进取的良好学风"[1]，这无疑将有利于提高高校思想政治教育的实效性。其次，校园文化能充分利用情景暗示性，即潜移默化的方式对大学生进行思想政治教育。所谓"桃李不言，下自成蹊"，就是对校园文化"润物细无声"教育方式的最好写照。作为一种意识形态和群体意识，校园文化以其潜在的教育力量，承载着学校的精神，并逐渐形成一种与之相适应的环境与氛围，对在其中的人们起着价值导向作用。校园文化这种充分利用情景暗示性的教育方式，容易使学生对其学习和生活环境产生亲和感、依赖感和认同感，并由此产生自豪感，增强了凝聚力和向心力，思想政治教育的实效性自然也就提高了。

2.高校校园文化蕴含着丰富的思想政治教育内涵

高校校园文化蕴含着丰富的思想政治教育内涵，具有思想政治教育价值，是基于校园文化所蕴含的思想政治教育内涵对人的精神需要的有用性而存在的一种属性，[2]蕴含在校园文化的各个层面中。

从校园物质文化来看，无论是看得见、摸得着的校园文化设施，还是经过"人化"后的自然和人文环境，都蕴含着人们的某些思想、情感等精神内容，渗透着人本主义教育理念，潜移默化地引导着大学生的思想观念和行为模式，体现着对大学生无微不至的关怀，使他们在感受到自然美的同时，也感受到人文的魅力[3]，对置身于其中的大学生起到"环境育人"

---

① 李云先，何志琴. 改善校园文化氛围促进学风建设[J]. 上海工程技术大学教育研究，2006.2，第5—7页。

② 黄宇弦. 论校园文化的思想政治教育价值[J]. 安徽工业大学学报（社会科学版），2008.2，第159—160页。

③ 孙庆珠. 高校校园文化概论[M]. 济南：山东大学出版社，2008年版，第42页。

的作用。

从高校校园制度文化来看，其导向功能不言而喻，它是根据国家有关法律法规、教育方针政策的有关要求，为了校园人主要是大学生的行为更符合社会公德和高素质人才的行为规范而设立的。毫无疑问，"每一制度的具体安排都要受一定的伦理观念支配，制度不过是一定伦理观念的实体化、具体化、程序化、程序化了的伦理精神"[①]。

从高校活动文化来看，校园文化活动是融知识与娱乐为一体的活动，使学生能了解到最新的学术动态、科研成果、信息内容，能开阔视野、启发思想、增长知识、陶冶情操、提高修养、怡养身心，还能够培养新观念、培养实践能力、拓展和深化教学内容。[②]校园文化活动不仅给学生们提供了展示才华的舞台，更促使他们各方面的素质得以发展，达到培育和弘扬校园精神，增强学生凝聚力的作用。

从高校校园精神文化来看，通过学校精神文化的熏陶，使学生形成积极的人生态度、良好的思想品质，有助于大学生培养积极的自我意识，实现对其精神、心灵、性格的塑造，进而形成健康完善的人格。努力实现大学生思想道德水平和科学文化水平得以提高的双重目标，发挥着为思想政治教育提供精神疆域的作用。

从高校校园网络文化来看，尽管校园网络文化的暴力、色情、黑客等负面效应是不容忽视的，但其优势也是无法抗拒的。首先，校园网络文化为学生自主学习提供了各种便利，调动其学习的积极性和主动性。其次，校园网络文化民主、宽松的氛围，不仅有利于调节学生的人际关系，而且有助于缓解其心理压力，促进其形成健全人格；最后，校园网络文化跨越

---

[①] 杨清荣.制度的伦理与伦理的制度——兼论我国当前道德建设的基本途径[J]. 马克思主义与现实，2002.4，第89—92页。

[②] 刘德宇. 学校校园文化发展论[M]. 青岛：中国海洋大学出版社，2004年版，第215页。

时空的限制，开拓了视野、丰富了业余生活，也陶冶了其性情。[1]

3.高校校园文化能够发挥高校思想政治教育重要载体的作用

校园文化之所以能成为高校思想政治教育的重要载体，在于两者具有内在的高度一致性。首先，两者的指导思想具有一致性。如前所述，我国意识形态是以马克思主义为指导思想。校园文化作为社会主义先进文化的一个重要组成部分，社会主义先进文化又是由马克思主义指导的。而思想政治教育的本质属性是意识形态性。显然，马克思主义是两者共同的指导思想。其次，两者的最终目标是一致的。"思想政治教育是一门关于人的科学、主体是人、客体也是人，其出发点和归宿点都是人，目标是为了满足人们需要和利益，实现人的全面发展。"[2]而校园文化既是一种教育文化，又是一种管理文化，也是一种组织文化[3]，所以其对象、教育者、管理者和服务者也都是人，因而一切工作的核心都是调动人的积极性。两者都是做人的工作，其最终目标都是为社会主义现代化建设培养出合格的建设者和可靠的接班人。

## 二、高校思想政治教育存在问题对新时代高校校园文化建设的影响

高校思想政治教育与高校校园文化之间的辩证关系，决定了高校思想政治教育存在的问题必然会影响到高校校园文化建设。

### （一）大学生思想的不成熟性增加了高校校园文化建设的难度

目前，高校大学生主要是20世纪八九十年代出生的，恰逢是我国正在

---

[1]　江玉安. 高校校园网络文化建设探析[J]. 沧桑，2006.5，第118—119页，第140页。

[2]　郭秀丽. 以人为本：现代思想政治教育的根本理念[J]. 思想政治教育研究，2008.4，第28—30页。

[3]　张德，吴剑平. 校园文化与人才培养[M]. 北京: 清华大学出版社,2001年版，第11—12页。

实行影响我国社会主义发展的两项重大政策——改革开放和独生子女政策。改革开放政策的最大亮点之一是建立市场经济体制。在市场经济条件下，大学生的处事态度日趋务实，价值追求和行为选择实用化、功利化、多元化的倾向日益凸显；独生子女政策使大学生形成了与其父辈有着明显差别的个性特点，即前述的独立性、选择性、多变性和差异性。此外，他们社会阅历浅，缺乏社会政治经验和社会实践的锻炼，以及普遍存在身体成熟与思想成熟不同步等特殊状况，使得大学生缺乏全面科学的分析和辨别的能力，往往会表面化、简单化、片面化和情绪化，易把局部问题当成全局问题，并依据情绪和心理感受作出偏激的、不切实际的结论。这种不成熟性导致大学生们思想上的困惑和迷茫，行动上的盲目与摇摆，一些别有用心的人经常就是利用大学生的这一特点，攻其一点，不计其余，诱导大学生作出极端的结论，增加了高校校园文化建设的难度。

（二）高校思想政治教育工作者工作的缺失使高校校园文化建设陷入困境

为人师表的功能，使得教师的任何言行举止都会对学生产生最直接、最强烈的影响。对此，列宁早就指出："学校的真正性质和方向并不由地方组织的良好愿望决定，不由学生'委员会'的决议决定，也不由'教学大纲'等决定，而是由教学人员决定的。"①思想政治教育专任教师除了要具备一般教师素质外，还必须拥有更强的政治敏锐性，因为课堂教学是对学生进行思想政治教育的主渠道，他们又是作为马克思主义理论和国家政策的代言人，其言行直接对大学生起着导向作用。然而，有些高校思想政治教育教师利用大学生猎奇的心理和对社会一些丑恶现象的不满，一方面，通过种种诸如所谓"揭秘""疑案"等，对一些还在争议尚未定论的历史问题大肆渲染，给学生的思想造成很大的混乱；另一方面，违背了坚持正面舆论导向和以正面宣传为主的原则，不断地曝光社会的丑恶现象，使学生长期沉浸在负面环境中而对社会失去信心，进而对社会主义、共产

---

① 《列宁全集》（15）[M]. 北京：人民出版社，1959年版，第317页。

主义信仰发生了动摇。更严重的是，个别教师本身骨子里并不信仰马克思主义，在教学中应有的政治立场缺失、模棱两可等不负责的行为，使思想政治教育走向相反的方向。还有一些教师把思想政治教育课堂当作纯粹的心理教育课，避而不谈政治导向问题，这不仅难以发挥课堂的意识形态教育的主渠道作用，而且它本身的淡化意识形态的信号容易误导学生。

高校思想政治教育专任教师尚且如此，非专任教师的情况更不容乐观。本来学校所有人员和部门都负有对大学生进行思想政治教育的责任，只是形式和手段不同而已。然而在走访中，对于"除了政治课之外，其他教师在课堂上是否进行思想政治教育"，仅有不到10%的学生回答"经常"，却有将近一半的学生回答"很少"或"从不"。而且，一些高校相关领导急功近利，违背了思想政治教育的一条绝对不能动摇的原则：鲜明的政治导向和思想导向，在讲话或制定相关的规章制度上有意无意地撇开社会主义、共产主义理想等相关的内容和要求，其后果正如邓小平同志的忠告："不要认为有一点精神浸染不算什么，不值得大惊小怪。有的现象可能短期内看不出多大坏处，但是如果我们不及时注意和采取坚定的措施加以制止，而任其自由泛滥，就会影响更多的人走上邪路，后果就可能非常严重"①。高校思想政治教育工作者是高校校园文化建设的主导者，他们工作上的这些失误，不仅影响了大学生对主流意识形态的认识和提升，而且也使高校校园文化建设面临着很大的困境。

（三）高校思想政治教育课本身存在缺陷影响了高校校园文化建设的实效性

首先，高校思想政治课以抽象的理论说教为主。社会的急剧变革，必然会在大学生的思想上积累大量的热点、难点问题，如与他们的切身利益密切相关的就业、创业、交友、婚恋等问题，这些也是思想政治教育所要面对和解决的。大学生渴望能在理论和实践中得到满意的解决。但是，当前的思想政治教育忽视了学生所关注的这些问题，热衷于习惯性从理论到

---

① 《邓小平文选》（3）[M]. 北京：人民出版社，1993年版，第45页、第46页。

理论的演绎与推断的空洞说教方式，脱离学生的实际，无法给予及时、令人信服的回答，很难激发学生的学习兴趣，使得思想政治教育的效果大打折扣。此外，高校思想政治理论课教学中的很多内容与中学的重复，学生往往产生抵触心理而影响其效果。美国心理学家米勒说过："当信息的重复出现超过一定限度时，会使人感到这是对我们的智力或决断的侮辱或威胁，继而引起防御性的反抗。"

其次，高校思想政治教育教学机制尚不健全。计划经济体制下长期形成的高校思想政治工作体系，已不能适应市场经济体制的发展需要，而新的工作体系正在建设中，教育机制很不健全，难以跟上新形势。结果出现了如下困扰高校思想政治教育的问题：一是设立的教学目标过高、过广而缺乏具体执行力。思想政治教育课仍旧沿袭着传统那种偏重于强调社会价值取向，忽略了对大学生内心的关注，把教育过程与内化过程分离，无法调动学生积极性和主动性；二是教师的授课方式仍以机械灌输为主，师生之间未能真正进行互动交流，使得教学资源与各种观点不能在师生之间自由流动，不利于学生发挥多元思维与创新精神；三是对学生的评价仍以考试为主要手段，导致学生对课程的真正意义认识不深，思想政治教育课的意识形态功能没能得到发挥，对大学生进行意识形态教育的效果也就无从谈起，自然也就影响了高校校园文化建设的实效性。

第五章

新时代高校校园文化建设的思路

冯友兰先生曾经说过："通观中国历史，每当国家完成任务统一，建立了强大的中央政府，各族人民和睦相处的时候，随后就出现一个新的包括自然、社会、个人生活等方面广泛哲学体系，作为社会结构的理论基础和时代精神的内容，也是国家统一在人的思想中的反映。"①作为兴国之魂的社会主义核心价值体系，就是这样一个应时代和社会发展需要产生的，它是当代中国社会发展和中国特色主义建设思想体系。所以，为了培养合格的社会主义建设者和可靠的接班人，应该而且必须坚持社会主义核心价值体系，并用社会主义核心价值体系引领高校校园文化建设，以培育和践行社会主义核心价值观，不断增强意识形态领域的主导权和话语权。

---

　　① 《三松堂全集》（第13卷）[M]. 郑州：河南人民出版社，1994年版，第427页。

# 第一节　社会主义核心价值体系与社会主义核心价值观的内在关系

中共中央办公厅印发的《关于培育和践行社会主义核心价值观的意见》指出：社会主义核心价值观是社会主义核心价值体系的内核，体现着社会主义核心价值体系的根本性质和基本特征，反映着社会主义核心价值体系的丰富内涵和实践要求，是社会主义核心价值体系的高度凝练和集中表达。这是对社会主义核心价值体系和社会主义核心价值观两者之间关系的一个基本定位，字里行间透露出两者具有不可分割的密切联系，是辩证统一的关系。

## 一、社会主义核心价值体系的内涵及其主要特点

### （一）社会主义核心价值体系的内涵

社会主义核心价值体系作为一个"体系"，包括马克思主义指导思想、中国特色社会主义共同理想、以爱国主义为核心的民族精神和以改革创新为核心的时代精神、以"八荣八耻"为主要内容的社会主义荣辱观这四个方面的基本内容，它们各自在社会主义核心价值体系中的地位和作用各不同。其中，马克思主义指导思想作为社会主义核心价值体系的理论基础和根本立场，决定了社会主义核心价值体系的本质和方向，决定着新时代中国特色社会主义理论、道路制度和文化的性质与方向，对社会意识、社会思潮具有了引领的作用，对整个体系具有统摄的作用，是我们必须长期坚持的行动指南，是社会主义核心价值体系的灵魂。中国特色社会主义共同理想在现阶段是建设中国特色社会主义，是与共产主义社会的发展方向相一致的，且又切合中国实际的社会理想，它明确了新时代坚持和发展中国特色社会主义的奋斗目标，是社会主义核心价值体系的目标体现和内容主题。以爱国主义为核心的民族精神和以改革创新为核心的时代精神是振兴中华的精神支柱和精神动力，已经深深熔铸在中华民族的生命力、创造力和凝聚力之中，体现了社会主义核心价值体系的本质，是社会主义核心价值体系的精髓。社会主义荣辱观从人性的层面上规范人们的行为，倡导普

遍的社会引导社会成员形成良好的道德习惯，规范和约束每个人的言行，使社会成员都能知廉耻，是社会主义核心价值体系的基础。可见，作为构成这一体系，因子社会主义核心价值体系这四个方面之间是一个相互联系、相互贯通的有机整体。①

### （二）社会主义核心价值体系的主要特点

#### 1.唯一性

核心价值体系是一个社会价值体系中最重要的组成部分，处于统摄和支配地位，引领着社会中各种不同的价值取向、价值追求、价值尺度和价值原则沿着一定的方向发展。在目前我国改革进入深水区、社会发展进入转折期的新时代，由社会经济成分、组织形式、就业方式、利益关系等日趋多样化而带来的各种不同思想文化相互激荡，多种价值观并存已成为一个不争的事实，它们在促进人们思想解放、激发人们的创造力和创新性等方面发挥着积极作用的同时，也不可避免地对人们的思想产生了干扰，使之混乱和分散，影响了人们在价值认同和共同的思想基础上对凝聚力和向心力的提升。如何使全社会像石榴籽一样紧紧团结在一起，团结凝聚，共同奋斗，急需有主导性的价值体系的出现，以给予全体公民最主流的价值导向，社会主义核心价值体系首当其冲。因为社会主义核心价值体系集中体现着社会主义的本质要求，内含着坚持和发展中国特色社会主义不可或缺的精神元素和精神条件，是中国特色社会主义能够行稳致远的导航仪、推动力和稳定器。可以说，社会主义核心价值体系是一个国家的灵魂，是社会意识的本质体现，在整个意识形态领域中处于主导地位。它使我们能在迅速发展变化的新形势下和复杂多变的环境中，更清醒、更坚定地把握意识形态的主导权和话语权，使我们更清醒、更坚定地坚持社会主义先进文化的前进方向，更好地构筑中国精神、中国价值、中国力量，为人们提供精神指引。而核心价值体系在一个社会里又是唯一的。所以，唯一性是社会主义核心价值体系的本质属性。

---

① 李长春.准确理解社会主义核心价值体系内涵[N].人民日报网，200-12-27。

### 2.真理性

社会主义核心价值体系是在我国经济体制深刻变革、社会结构深刻变动、利益格局深刻调整、思想观念深刻变化时期确立的，是我们党对自身执政规律、社会主义建设规律、人类社会发展规律的认识从理论层面、制度层面，进一步深化到价值层面，是顺应时代发展的合乎规律的科学理论体系，社会主义核心价值体系的四个基本内容都共同指向了真理性。中国革命、建设和改革开放实践表明，把马克思主义与中国实际相结合形成的毛泽东思想和中国特色社会主义理论体系、习近平新时代中国特色社会主义思想，这些马克思主义中国化成果是建设有中国特色社会主义的理论基础和行动指南，是科学的世界观和方法论，是真理；始终坚持用中国特色社会主义即马克思主义中国化最新成果来武装全党，教育人民，不断巩固和发展社会主义意识形态，坚持中国特色社会主义共同理想，就是在中国共产党的领导下，坚持走中国特色社会主义道路，实现中华民族伟大复兴的中国梦，历史和现实都证明，这一选择是顺应历史发展潮流，符合社会发展规律和人民的意愿，是正确的选择，是真理；作为精髓的以爱国主义为核心的民族精神和以改革创新为核心的时代精神，无论从历史还是现实来看，也都是被证明是中华民族赖以生存和发展的不可或缺的精神支柱，也是今天我们能屹立于世界先进民族之林的根本，是真理；社会主义荣辱观是中华民族的传统美德，优秀革命道德与时代精神的完美结合，是对马克思主义世界观、人生观和价值观基本原则的概括和提炼，丰富和发展了社会主义道德规范，确立了人们行为的价值尺度，是社会主义核心价值体系的具体化，是马克思主义世界观、人生观和价值观的概括和凝练，而马克思主义又是被实践证明的真理。可见，真理性是社会主义核心价值体系的又一本质属性。

### 3.系统性

中华大词典对"系统"的解释有两种：一种是同类事物按一定关系组成的整体，另一种是指有条有理的综合。上述这些解释再结合实践，系统在不同学科具体指向也各不相同。尽管"系统"一词频繁出现在社会生活和学术领域中，但不同的人在不同的场合往往赋予其不同的含义。在此指哲学意义上系统是若干相互联系、相互作用、相互依赖的要素结合而成的具有一定结构和功能，并处在一定环境下的有机整体。

显然，长期以来系统概念的定义及其特征的描述上尚无统一规范的定论。但总体上看，系统是由一些相互联系、相互作用的若干部分组成的、具有特定功能的有机整体。按照这个思路，系统性是社会主义核心价值体系的一个显著特征。因为社会主义核心价值体系的四个层面是社会主义核心价值体系的构成要素，它们层次分明，各具独立的内涵。但它们又并非是简单的要素相加，而是各要素之间相互贯通、相互促进，共同构成了一个内涵丰富、联系紧密、辩证统一的有机整体。其中，马克思主义指导思想作为人类认识世界、改造世界的强大思想武器，居于最高层面，从根本上说是对人类社会发展规律的价值认同。而中国特色社会主义理论作为中国化的马克思主义，因此，坚持中国特色社会主义说到底就是坚持马克思主义，坚持不懈地用马克思主义中国化最新成果武装全党，教育人民，是社会主义核心价值体系的灵魂所在。理想和追求是汇聚人心、凝聚民力的关键所在。坚持走中国特色社会主义道路，实现中华民族的伟大复兴，是千百年来各族人民为之奋斗的共同理想，是对国家、对民族追求的未来发展前景的价值认同，是社会主义核心价值体系的主题。以爱国主义为核心的民族精神和以改革创新开放为核心的时代精神，是中华民族得以生生不息、薪火相传的精神支撑，是当代中国开拓进取走向、辉煌的力量源泉，是对未来发展前景的价值认同，是社会主义核心价值体系的精髓。社会主义荣辱观则是对公民思想行为选择标准的价值认同，是社会主义核心价值体系的基础。四个方面既体现了引领与主导作用，又最大限度地体现了社会的多元诉求，涵盖了多层次的价值取向。[①]

4.包容性

在党的十九大报告中，习近平总书记指出："文化自信是一个国家、一个民族发展更基本、更深沉、更持久的力量。必须坚持马克思主义，牢固树立共产主义远大理想，培育和践行社会主义核心价值观，不断增强意

---

[①] 卢华东."社会主义核心价值体系"的辩证解读[J].平顶山工学院学报,2008（2）：81—83。

识形态领域主导权和话语权，推动中华优秀传统文化创造性转化、创新性发展，继承革命文化，发展社会主义先进文化，不忘本来，吸收外来、面向未来，更好构筑中国精神、中国价值、中国力量，为人民提供精神指引。"[①]在当前不同思想文化猛烈激荡的时代背景下，虽然给包括中国在内的发展中国家提出了如何维护自身文化安全严峻的考验，但也为不同思想文化的交流互鉴提供了千载难逢的机遇，因为机遇与挑战总是并存的。而文化的核心是价值体系，文化安全的关键是核心价值体系的安全。这就要求在各种思想文化交流互鉴的过程中，首先要对自己的核心价值体系有自觉的认同和自信的持守，才能在各种文化竞争和较量中不至于，迷失自我。在这一点上，具有中国传统内核的社会主义核心价值体系始终体现着中国特色和民族气韵，体现着文化自信，而这恰恰是社会主义核心价值体系有包容性的前提。

正因为有中华民族几千年积淀下来的文化底蕴，社会主义核心价值体系强调改革创新的时代精神，强调与时俱进，面向现代化、面向世界、面向未来具有强大的包容性。尤其是在当今世界全球化已经成为不可逆转的态势下，中国作为一带一路的倡议者、践行者，在积极参与融入经济全球化的过程中，带着自信，走出了一条符合世情、国情和党情的发展道路，在开放、包容中不断进取，既给中国人民带来了实实在在的利益，也赢得了世界大多数国家的认可和赞誉。社会主义核心价值体系的不断循环开放的体系在这当中起着举足轻重的作用，它既继承和弘扬了民族的优良传统，又积极汲取和融会世界优秀文化及优秀价值理念，在创新中不断得到丰富和发展，在开放中不断得到磨炼与提升，其包容性适应了全球化和现代化发展的需要。

---

① 习近平.决胜全面建成小康社会，夺取新时代中国特色社会主义的伟大胜利——在中国共产党第十九次全国代表大会上的报告[N].人民日报，2017-10-28（1）。

## 二、社会主义核心价值观的内涵及其主要特点

### （一）社会主义核心价值观的内涵

核心价值观是一个社会中居统领地位、起支配作用的价值理念，是一种社会制度、社会形态长期普遍遵循、相对稳定的根本价值准则，是一个社会的价值观、价值体系和核心价值体系的灵魂。我们党对社会主义核心价值观的认识是不断深化的过程。因此，对于社会主义核心价值观内涵的认识也是一个不断丰富和充实的过程。

十八大召开前，在党的文件中对社会主义核心价值观的权威提法主要是相对于社会主义核心价值体系而言的，认为社会主义核心价值观是社会主义核心价值体系的内核，体现了社会主义核心价值体系的根本性质和基本特征，而社会主义核心价值体系是社会主义意识形态的本质体现，是兴国之魂。党的十八大把社会主义核心价值观概括为"三个倡导"，分别从国家层面、社会层面和个人层面来阐明，即"倡导富强、民主、文明、和谐，倡导自由、平等、公正、法治，倡导爱国、敬业、诚信、友善"①。而"中国精神"则是十八大以来习近平总书记多次论述的，他强调，实现中国梦就必须弘扬中国精神，弘扬中国精神必须坚信共产主义思想和中国特色社会主义共同理想，必须继承和发扬党的优良传统和作风，必须大力弘扬以爱国主义为核心的民族精神和以改革创新为核心的时代精神。习近平总书记正是把社会主义核心价值观与中国精神相联系，并通过对当代中国精神的诠释，极大地丰富和充实社会主义核心价值观的时代内涵。

### （二）社会主义核心价值观的主要特点

#### 1.先进性

如前所述，马克思主义经典作家始终没有对社会主义核心价值观出过具体论述，对未来社会的基本图景也只是做出一些大致的描绘。但他们对未来社会的预见是在资本主义的生产状况和阶级状况成熟的条件下，

---

① 十八大以来重要文献选编（上）[M]. 北京：人民出版社，2017：34。

适应时代发展和无产阶级革命关键需要而产生的，是在直接扬弃16世纪以来人类所创造的优秀文明成果，尤其是空想社会主义价值思想的产物。他们涉及的价值理念是十分丰富的，包括人的自由全面发展、平等正义、友爱互助、富裕和谐等科学社会主义核心价值观最主要的范畴。而这些范畴蕴含着社会主义核心价值观最直接的素材，体现了规律性与目的性、社会发展与人的发展、科学理性与实践理性的辩证统一。特别是其中关于"自由——人的自由全面发展"和"平等正义"的揭示是马克思主义经典作家论述未来共产主义社会最核心的价值范畴，体现了科学社会主义对未来共产主义社会的最根本的价值理想，为社会主义核心价值观的提炼指明了方向。[①]社会主义核心价值观是建立在中国特色社会主义制度之上的。而中国特色社会主义是马克思主义中国化的成果，其科学性和实践性是被实践证明的，它所包含的社会主义核心价值观的24个字的内容既体现了对经典作家关于科学社会主义核心价值观思想的继承，又结合了中国的实际，显示了中国特色且与时俱进，追求的是中国特色社会主义道路发展过程中迫切需要的价值共识。也正是社会主义核心价值观的这种科学性和先进性，决定了它在任何时候都是不会过期的。

2.统领性

任何一个社会的核心价值观，都是兼具现实性的价值要求和理想性的价值诉求，社会主义核心价值观也不例外。核心价值观处于价值观、价值体系和核心价值体系的中心地带，是对时代精华和前进方向的高度概括和集中反映，为社会的发展指明了方向，既立足于现实，又超越现实。立足现实是建立核心价值观的基础，超越现实即理想性是社会主义核心价值观的根本意义所在。正是这种理想性，使得社会主义核心价值观成为社会主义的终极价值追求和理念，是一个社会相对的根本价值准则，是价值谱系中的灵魂，集中反映了一定的社会形态和社会性质，主导着社会的思想观

---

① 戴木才.科学揭示中国特色社会主义核心价值观的四个维度（上）——中国特色社会主义核心价值观探索之二[J].南昌航空大学学报（社会科学版）2011（3）：9—16。

念体系，对社会运行的基本原则起了决定性的作用，进而以"软性约束"制约社会发展的基本方向。[①]

社会主义是一个社会生产力逐步走向发达，逐步消灭剥削、消除两极分化，最终达到共同富裕，从而为实现共产主义创造条件的历史阶段。而马克思主义经典作家把实现"自由人的联合体"作为未来共产主义社会的最高理想、最高纲领和最终目标，这就为社会主义奋斗目标和前进方向提供了指导，并贯穿于社会主义伟大实践中。从社会主义走向共产主义，就是逐步把理想性变成现实性的过程。中国共产党自成立之日起，就把实现共产主义作为自己的最终奋斗目标，并以全心全意为人民服务为宗旨，始终不渝地坚持以马克思主义为指导，展现出极大的感召力、引导力和凝聚力，确保了核心价值观支配和主导地位，在整个社会意识形态中发挥着统领性的作用。

3.层次性

层次性是社会主义核心价值观的鲜明特征。"三个倡导"分别从国家、社会和个人三个不同层面从高到低回答了国家建设、社会发展、公民培育过程中应该弘扬的中国精神、追求的中国价值和凝聚的中国力量。

第一层面提出了国家建设中追求"富强、民主、文明、和谐"，是中国特色社会主义文明建设的最终目标和追求，对其他两个层面起着统率的作用，也是马克思主义经济基础决定上层建筑的基本原理在中国特色社会主义建设过程中的实践和应用。这个层面告诉人们，经济上的高度发展是政治和文化高度发展的基础和前提，也只有在经济上得以高度发展，才能为政治和文化的发展提供必要的物质条件。

第二层面要求在社会发展中实现社会生活的"自由、平等、公正、法治"，是达到良好的社会秩序和社会法则的奋斗目标。它是马克思主义经典作家提出的实现"人的自由全面发展"的最高奋斗目标在中国的具体表现，是促成社会和谐、公平正义的必然要求，更为社会建设提供了丰富的

---

① 王学俭，李东坡. 社会主义核心价值观研究述要[J]. 思想政治教育研究,2013（4）：4—9。

精神食粮。这些既展现了我国政府政治管理与治理上的智慧，又为社会生活的良性发展提供了方向。

第三层面对公民培育提出标准，即"爱国、敬业、诚信、友善"，从公德到私德，对作为一名合格的公民所应具备的精神和行为加以规范。那就是作为中国公民，在道德上要心系祖国、热爱祖国，不做害国之事；在工作岗位上要爱岗敬业，脚踏实地做好本职工作；在为人处事上，要讲诚信，不损人利己，应做到仁爱友善。

这三个层面尽管有高低之分，层次之别，但并非各自孤立存在，而是相互促进，相辅相成的，统一于建设有中国特色的社会主义实践中。

4.共识性

人类社会发展的历史表明，不同国家和民族，由于其所处的地理环境、发展历史、传统习惯等不同，核心价值观的内容、形式、表达等也各不尽相同。即使是同一个国家和民族的不同历史阶段，同一种核心价值观在内容要求和表达形式上也会不尽相同。这就告诉我们，没有一种核心价值观可以适用于所有国家和民族，一种核心价值观也不是在任何时候都适用于同一个国家和民族。西方国家所鼓吹的所谓"普世价值"是根本也不可能存在的，因为核心价值观都是具体的、历史的、发展的。但也并不意味着人类文明发展进程中不存在共同的成果和价值共识。恰恰相反，任何一个社会的核心价值观都是该社会普遍认同的价值理想、价值信念、价值信仰的集中反映，并内化为人们普遍的价值取向、价值追求、价值尺度。事实也表明，只有得到人们普遍认同的核心价值观，才能充分发挥其作用，毕竟核心价值观所具有的统领性，在引导着人们沿着同一价值导向和同一目标团结奋斗方面发挥着主导作用，彰显着共识性的特点。

而符合历史发展潮流的社会主义核心价值观，同样离不开人类社会文明发展的航向，都要沿着人类文明发展的方向前进。事实上，社会主义核心价值观是在吸收、容纳人类文明发展过程中形成的共同成果和价值共识。正如恩格斯所指出的，现代社会主义"就其理论形式来说，它起初表现为18世纪法国伟大的启蒙学者们所提出的各种原则的进一步的、据称是更彻底的发展。同任何新的学说一样，它必须首先从已有的思想材料出发，显然它的根深深扎在物质的经济的事实中"①。恩格斯的论述再次强调社会主义核心价值观离不开人类文明的共同成果和价值共识。中国特色社会主义实践，尤其是改革开放40多年的历史表明，社会主义核心价值观只有同人类文明的共同成果和价值共识不断地进行交流、碰撞，并在融合中不断丰富、创新和发展，才能得以充实、提升和完善。从社会主义核心价值体系的提出，到社会主义核心价值观的凝练过程充分表明，社会主义核心价值观不仅离不开人类共同创造的文明，而且社会主义核心价值观的建设又反过来为人类文明增添了新的内容，做出新的贡献。

## 三、社会主义核心价值体系与社会主义核心价值观的内在联系

从上述社会主义核心价值体系和社会主义核心价值观的内涵及其主要特点中不难看出，尽管两者各有侧重，相互区别，但从物质和意识的根本关系来看，两者都是社会存在的反映和体现，都属于意识形态，都是社会主义制度下的上层建筑。它们都受到社会主义经济生活、政治生活等的影响，由社会主义制度决定，同时又反映了社会主义制度下社会所需的价值导向和本质要求。所以，两者在本质上是一致的、统一的有机整体，都是社会主义思想文化体系不可或缺的重要内容和组成部分，体现了社会主义意识形态的本质要求。可以说，两者紧密联系，相辅相成，践行社会主义核心价值体系的过程，就是孕育社会主义核心价值观的过程。换言之，社会主义核心价值观是一枚硬币的两面，它们之间的这种内在联系突出体现在两者的对应上。

（一）社会主义核心价值观国家层面的"富强、民主、文明、和谐"与社会主义核心价值体系的共同理想相对应

胡锦涛曾在中国共产党建党90周年大会上，对我国在中华人民共和国成立100周年时的发展进行展望时他说，到那时，我国将建设成为"富强、

---

① 《马克思恩格斯选集》（3）[M]. 北京：人民出版社，1995：719.

民主、文明、和谐的社会主义现代化国家。而我国特色社会主义共同理想即为坚持中国共产党的领导，坚定走中国特色社会主义道路，实现中华民族的伟大复兴"。将我国建设成为"富强、民主、文明、和谐的社会主义现代化国家"党的基本路线规定了党的社会主义初级阶段的奋斗目标。而社会主义初级阶段理论是当代马克思主义中国化的理论，也是中国特色社会主义理念体系的重要内容。因此，中国特色社会主义共同理想归根结底就是在中国共产党领导下，走中国特色社会主义道路，最终实现"富强、民主、文明、和谐"这一根本目标。可见，把"富强、民主、文明、和谐"作为国家层面的核心价值观，就抓住了社会主义核心价值体系共同理想的基本思想。

## （二）社会主义核心价值观社会层面的"自由、平等、公正、法治"是对社会主义核心价值体系的深层次概括表达

党的十七大报告在关于"扩大人民民主，保证人民当家做主"的论述中指出，要"加强公民意识教育，树立社会主义民主法治、自由平等、公平正义理念"[①]。在马克思看来，人是生活在社会中的人，社会性是其根本属性。那么，如何把人从抽象的概念变为现实中活生生的人实现真正自由全面的人呢？马克思认为是在"生产者只有占有生产资料之后"。[②]而社会作为国家与个人之间的纽带，其价值取向不仅对个人价值追求产生影响，更是影响了国家的价值取向。面对当今我国经济高度发展不可避免带来的秩序混乱、主导价值观扭曲、物欲横流、金钱至上等影响社会发展的各种不利因素，亟须一个能保证人民群众享有充分的自由、平等、公正的社会主义法治社会，以保证社会经济和社会生活能得以健康、稳定的发展。显然，在全社会倡导自由、平等、公正、法治就显得尤为重要和迫切。因此，"自由、平等、公正、法治"的社会主义核心价值观深刻透彻地抓住了马克思主义及其最新理论成果的立场和观点，是中国特色社会主

---

① 十七大以来重要文献选编（上）[M]. 北京：人民出版社，2009：23。

② 马克思恩格斯文集[M]. 北京：人民出版社，2009：515。

义理想的题中之意，是社会主义核心价值体系的深层次概括表达。

（三）社会主义核心价值观的个人层面"爱国、敬业、诚信、友善"与社会主义核心价值体系的荣辱观相对应

社会主义核心价值观的个人层面"爱国、敬业、诚信、友善"源自2001年中央颁布的《公民道德实施纲要》提出的公民基本道德规范二十个字，即"爱国守法、明礼诚信、团结友善、敬业奉献"。①具体说来，"爱国"对应的是社会主义核心价值体系精髓"以爱国主义为核心的民族精神"，这既是对中华民族优良传统的继承和发扬，又是继往开来、汇聚人心的需要。"敬业"对应的是"以改革创新为核心的时代精神"，它不仅仅指传统意义上的兢兢业业的工作态度，而且已经成为"改革创新"的一种标志。"诚信、友善"对应的是社会主义核心价值体系基础的社会主义荣辱观，是对社会主义荣辱观的概括和提炼，反映的是对职业道德和个人道德规范等方面的要求，也是社会主义核心价值体系荣辱观的题中之意。

至于作为社会主义核心价值体系灵魂的马克思主义指导思想，毋庸置疑，无论是社会主义核心价值体系还是社会主义核心价值观，都是以马克思主义为指导思想，因为两者都姓"社会主义"，共同具有社会主义意识形态的本质属性。

综上所述，社会主义核心价值体系与社会主义核心价值观之间具有密切的内在联系，相辅相成，缺一不可，都是中国特色社会主义道路发展过程中价值追求的集中表现。其中，社会主义核心价值体系是内容载体，社会主义核心价值观是表现形式，统一于建设有中国特色社会主义伟大事业实践中。正如有学者指出，如果把社会主义核心价值体系视为一个多层次的、开放的价值体系，那么，科学凝练、概括社会主义核心价值观，"实际上就是建设和丰富社会主义核心价值体系"。从这个意义上来说，"坚持社会主义核心价值观就是坚持社会主义核心价值体系"②。同样，用社

---

① 十五大以来重要文献选编（下）[M]. 北京：人民出版社，2003。

② 熊艳，杨越，郭平. 论新时代社会主义核心价值观的科学提炼——兼论社会主义核心价值观的提炼原则[J]. 前沿，2011（2）：5。

会主义核心价值体系引领高校校园文化建设的过程实质上就是培育和践行社会主义核心价值观。

## 第二节　社会主义核心价值体系引领新时代高校校园文化建设的必然性

社会主义核心价值体系是兴国之魂，决定着中国特色社会主义的发展方向。它包括马克思主义指导思想、中国特色社会主义共同理想、以爱国主义为核心的民族精神和以改革创新为核心的时代精神、社会主义荣辱观等四项相互联系、相互贯通的基本内容，分别从指导思想、共同理想、精神动力和人格素养四个维度，反映了中国特色社会主义事业的价值需要，是社会主义主流意识形态的本质体现，是我国文化软实力的根本。党的十八大强调要加强社会主义核心价值体系建设，深入开展社会主义核心价值体系学习教育，用社会主义核心价值体系引领社会思潮，凝聚社会共识。为此，党的十八大在形成广泛共识的基础上，提出并概括了社会主义核心价值观：从国家层面看，是富强、民主、文明、和谐；从社会层面看，是自由、平等、公正、法治；从公民个人层面看，是爱国、敬业、诚信、友善。多元思潮并存的现实要求社会主义核心价值体系要善于运用马克思主义基本原理，令人信服的回答和解决历史遗留和现实提出的重大问题，并在这一过程中不断丰富和充实自己。可以说，在引领社会思潮上，社会主义核心价值之间体系是"肩负重任"。而从上述社会主义核心价值体系与社会主义价值观的关系不难看出，建设社会主义核心价值体系与培育和践行社会主义核心价值观是同一过程，是一枚硬币的两面。因此，为了培育社会主义核心价值观，作为各种思潮交会点的高校校园文化建设，必须以社会主义核心价值体系为指导思想。也就是说，社会主义核心价值体系具有引领高校校园文化建设的能力和必然性。

## 一、社会主义核心价值体系具有先进性

先进性是社会主义核心价值体系具有引领能力的前提。社会主义核心价值体系作为社会主义意识形态的本质体现，除了具有一般意识形态的基本特征外，还有自己特有的特征，而这正是社会主义核心价值体系先进性的集中体现。

### （一）主导性与多样性的辩证统一

马克思主义是在汲取人类一切优秀文化成果的基础上产生和发展起来的，其科学的本质和开放的特征，使它总能在同时代所包含和共存的各种思潮中发挥主导作用。历史和现实证明，社会主义核心价值体系是尊重、保护和发扬一切有利于建设中国特色社会主义共同理想的思想和精神，集中反映了我国社会各阶层的利益、愿望和要求。尊重差异，包容多样，这不仅是坚持社会主义核心价值体系引领社会思潮的题中之意，更是坚持以社会主义核心价值体系引领社会思潮的重要前提条件。因为从根本上说，"尊重"和"包容"是引领的前提条件[①]。

### （二）先进性与层次性的辩证统一

社会主义核心价值体系的四个基本内容，是我们党领导人民经过长期实践锻造而成的思想文化成果的精华，也是我们党在当代中国经济体制深刻变革、社会结构深刻变动、思想观念深刻变化的客观背景下的重大理论创新与变革。它是我国社会主义特有的、最具有权威的、占主导地位的价值观，"具有抵御西方意识形态的功能"[②]，是人类历史上最科学、最先进、最富有生命力的价值体系。同时，社会主义核心价值体系在内容上涵盖了

---

[①]　杨仁忠.论"以社会主义核心价值体系引领多样化社会思潮"的哲学意蕴[J].河南师范大学学报（哲学社会科学版），2008.6，第18—20页。

[②]　胡锦涛.高举中国特色社会主义伟大旗帜，为夺取全面建设小康社会新胜利而奋斗[N].人民日报，2007.10.25，第1版。

不同社会群体和社会阶层的不同诉求，体现了思想道德建设上的广泛性和层次性，有效调动了社会各阶层的积极性，合理地整合了社会资源，使社会各阶层在意识形态中都能找到归属感，实现了先进性和层次性的辩证统一，显示出社会主义核心价值体系的强大整合能力和引领能力。

### （三）理想性与现实性的辩证统一

建立在科学认识基础上的中国特色社会主义共同理想，既坚持了科学社会主义的基本原则，又根据中国特色，根据我国已经形成的经济成分、组织形式、就业方式、利益关系和分配方式多样化的格局，确立一个能够代表广大人民的根本利益、为社会各个阶层、各族人民所认可和接受的共同理想，从而使社会主义核心价值体系拥有最广泛的群众基础和社会基础。而在社会主义市场经济条件下，面对经济结构的多元性、市场主体的独立性与多变性而导致多样价值并存，使得新情况不断出现，新问题不断产生，新矛盾不断凸显。社会主义荣辱观旗帜鲜明地为全体社会成员应当坚持和提倡什么、反对和抵制什么，提供基本的价值准则，具有明显的现实针对性。社会主义核心价值体系这种融理想性和现实性为一体的鲜明特征，使它具有内在引领的强大能力。

### （四）民族性与时代性的辩证统一

社会主义核心价值体系的基石和土壤是中华民族的传统文化。也正是深深根植于本民族的文化精神中，才使社会主义核心价值体系焕发出强大的生命力、创造力和感召力。因为"执政党的意识形态转型，如果能结合本民族的传统人文价值，汲取其中的精华，并使之在新时代发扬光大，就可以从中建构凝聚全民族的精神资源，并形成新的信仰基础。一个激活了民族文化人文资源的新意识形态，将是具有中国特色社会主义意识形态发展的新境界。"[1]同时，与时俱进是马克思主义固有的理论品质。历史证明，马克思主义的生命力和时代性在于它始终以社会物质生活发展的需要为依

---

[1] 萧功秦. 中国大转型[M]. 北京：新星出版社，2008年版，第174页。

据，任何时候都不能脱离现实生活。推进理论创新，与本国国情相结合，与时代发展同步，与人民群众共命运，这是以改革创新为核心的时代精神的意蕴，它使社会主义核心价值体系能够不断结合社会实际发展和完善自己。民族精神和时代精神统一于社会主义核心价值体系，实际上是根植于民族和时代的全局、现代精神，使得它具有面向社会的发展动力和竞争力。

## 二、社会主义核心价值体系是构建社会主义和谐社会的根本

改革开放四十多年来，在取得成绩的同时，也遇到和积累了不少问题。这些问题归纳起来主要集中在两点，即不够重视发展的不科学性和社会的和谐。因此，树立和落实科学发展观、构建社会主义和谐社会，就成了新时代的两大战略思想和战略任务。其中，"和谐"是共同的主线，显示了构建社会主义和谐社会，是贯穿中国特色社会主义事业全过程的长期历史任务，而社会主义核心价值体系是构建和谐社会的根本。

### （一）构建和谐社会需要核心价值体系提供精神力量

首先，在社会主义核心价值体系、构建社会主义和谐社会和建设和谐文化三者的逻辑关系中，构建社会主义和谐社会的源头是社会主义核心价值体系。这是因为，在目前我国社会主义文化体系中多种文化现象共存的情况下，社会主义核心价值体系体现了社会主义主流意识形态和价值追求，体现了构建和谐社会中被人们广泛接受的思想理念和行为准则。这使得社会主义核心价值体系把建设中国特色社会主义文化和社会主义精神文明认识提升到了一个新的高度，为构建社会主义和谐文化和和谐社会提供了思想上的指导。其次，富强、民主、文明、和谐这些反映全体人民利益的价值诉求，成为核心价值体系的价值目标，而建设富强、民主、文明、和谐的社会主义现代化国家又是民心所向，是我们党领导全国各族人民奋斗的目标。中华民族自古以来崇尚"和谐"的思想。所以，社会主义核心价值体系能成为一种广泛而持久的文化形态，贯穿于社会主义和谐文化建设全程。

社会主义核心价值体系与社会主义和谐文化之间的这种内在联系，有

助于塑造全社会的和谐心态，形成全社会良好的精神道德风貌，构建和谐社会创造良好的人文环境和文化生态。社会主义核心价值体系也因此成为促进社会和谐的重要的精神力量。

（二）作为和谐社会本质的利益，和谐需要核心价值体系来调适

和谐社会本质上是一个利益和谐的社会，因为人的本性是追求私利的。既然人的全部活动都与利益有关，那么，人们之间的全部社会关系也就都是建立在利益关系的基础上的。我国当前正处在公认的利益博弈时代：原有的社会利益格局正在发生深刻的变化，新的、日益多样化的利益诉求又不断涌现，由此产生了一系列影响社会和谐的矛盾和隐患。它们具体表现为马克思主义的意识形态与反马克思主义的意识形态之间、马克思主义意识形态与非马克思主义意识形态之间、不同非马克思主义意识形态之间的矛盾，其实质是新形势下人与人之间的利益矛盾，是各种利益诉求的表现。同时，和谐社会并非就是追求完美无缺的社会状态，因为矛盾是普遍存在的。可见，构建社会主义和谐社会的过程，实质上是不断整合和调节各种利益的过程。中国的改革其实就是以此为出发点，本着"让一部分人先富起来""发展是硬道理"等新理念，鼓励人们追求自己的合法利益。但在一个利益分化和利益博弈的时代，任何一个具体的经济事务都可以改善人民生活，成为一种利益，从中滋生出一群分享各种利益的人，并围绕这种利益进行博弈。[①]这种利益博弈就涉及公平与正义的问题。

公平与正义既是社会和谐的基本特征，又是社会主义核心价值体系的基础性价值，是应对利益分化、防止利益冲突中必须坚持的底线。作为一种与社会主义市场经济相适应的指导思想、理想信念、精神世界和道德标准的综合体系，社会主义核心价值体系的内在诉求是维护和实现人民的根本利益。同时，作为联络各民族、各阶层的精神纽带，它能够有效地调节人们的情感和心理，塑造自尊自信、理性平和、积极向上的社会心态，用

---

① 孙立平.悖弈：断裂社会的利益冲突与和谐[M].北京：社会科学文献出版社，2006年版，第20页。

理性合法的方式表达利益诉求。所以，社会主义核心价值体系既是社会利益和谐的公平尺度，又是实现不同群体、不同个人利益认同的平衡器，还是促进利益和谐，确保国家稳定和社会发展、实现社会和谐的关键因素。

## （三）增强社会活力，促进社会良性运行，需要社会主义核心价值体系的有力保障

社会活力和社会良性运行是社会进步、和谐、稳定的基础和条件。人类社会总是在矛盾运动中发展的，构建社会主义和谐社会的过程，实际上是一个不断化解矛盾的过程。也只有化解社会各群体、各阶层间的矛盾和冲突，才能增强社会活力，促进社会的良好运行。由于当前我国正处于社会转型期，"通过求助于传统的世界观和常规的国家伦理，使传统秩序得到维护的方式方法已经失效"[①]，所以也就无法激发社会活力和促进社会良性运行，这就需要寻求新的价值支撑和价值引领。社会主义核心价值体系能担当起这个重任，第一，社会主义核心价值体系通过思想引领，能使不同的利益群体增强认同度，有效避免因认识差异而产生的矛盾冲突；第二，社会主义核心价值体系能从不同的角度和层次取得全社会的认同，增强整个社会的向心力及社会成员的归属感，从而缩小分歧，消除隔阂；第三，社会主义核心价值体系具有强大的引领和整合功能，能最大限度地消解社会不和谐因素，化解各种社会矛盾，促进社会和谐；第四，社会主义核心价值体系是一个国家、社会得以存在和发展的灵魂，在所有价值目标中处于主导、支配地位，可以通过调整和创新各项具体制度来确保国家兴旺发达和社会的和谐进步；第五，社会主义核心价值体系能通过人与人之间的思想相交流和沟通，从社会矛盾的思想根源出发解决人们的思想问题，把事关人民群众切身利益关系的矛盾和问题化解在基层、解决在萌芽状态，从而维护和谐稳定的社会环境[②]。

---

① ［德］尤尔根·哈贝马斯.合法性危机[M].上海：上海人民出版社，2000年版，第97页。

② 伊彦.试论以社会主义核心价值体系化解社会矛盾[J].创新，2011.3，第34—37页。

## 三、社会主义核心价值体系是高校思想政治教育工作的指南

高校思想教育的本质是对大学生进行社会主义主流意识形态教育，以加强马克思主义的指导地位。社会主义主流意识形态教育实质上同时包含两方面的内容：整合和利用有益和无害的非马克思主义意识形态，坚决抵御和反对反马克思主义意识形态。无论哪一方面都需要社会主义主流意识形态的内核，即社会主义核心价值体系。

### （一）这是由改革开放和社会转型的大背景决定的

作为改革开放和社会转型的必然产物的利益调整和分化，不可避免地会产生一系列社会矛盾和问题。同时，这些矛盾和问题也为各种反马克思主义，尤其是西方意识形态的渗透提供口实。大学是思想教育、文化传播的阵地，也是各种意识形态交锋和碰撞的重要场所，现实中大学教育的内容体系中是不能避开渗透着包括西方意识形态在内的各种文化和知识的，而且现在的大学生是在电脑、手机、互联网等新兴技术影响下成长起来的，他们很容易接触到各种意识形态，特别是处于强势地位的西方意识形态，使得利己主义、功利主义、享乐主义、消费主义等不良风气在大学生群体里滋生蔓延。如果任由这种状况发展下去，大学生就会在现实中迷失自我、涣散斗志，影响对社会主义制度的认同，从而严重影响我国社会主义和谐社会的建设。而历史和现实证明，马克思主义政党只有赢得青年，才能赢得未来，所以高校思想政治教育需要在学生中加强社会主义核心价值体系教育，始终不渝地以马克思主义教育为灵魂，引导大学生以马克思主义立场、观点方法来思考和解决现实问题；以中国特色社会主义共同理想为核心内容，引领大学生牢固树立世界观、人生观和价值观；以弘扬民族精神和时代精神为主旋律，激发大学生强烈的爱国热情和民族自尊心，引导大学生积极投身到中国特色社会主义事业的伟大实践中；以社会主义荣辱观为价值标尺，帮助大学生树立正确的荣辱观，营造良好的社会风气和校园风气。

（二）这是成功引领整个社会意识形态的社会主义方向的需要

大学生是公认的社会中最活跃的人群，也是代表影响未来的人群。大学既是社会主义主流意识形态教育的主阵地，又是培养人才的重要基地，所以，"培养什么人，如何培养人，是我国社会主义事业发展中必须要解决好的问题。正确认识和切实解决好这个问题，事关党和国家的长治久安、事关中华民族的前途和命运"。因此，大学"教育已成为最重要的意识形态国家机器，意识形态教育离不开知识和知识分子。"①大学的根本任务是把大学生培养成中国特色社会主义合格的建设者和可靠的接班人，这"不仅要大力提高他们的科学文化素质，更要大力提高他们的思想政治素质"。"这就需要下功夫提高大学生思想政治素质，引导大学生树立正确的理想信念，增强政治鉴别力，有效防范和抵御敌对思想渗透。"②根据这些精神，对大学生进行社会主义核心价值体系来教育，就要从指导思想、共同理想、民族精神、时代精神和基本道德规范等方面，系统地规定社会主义公民应具备的世界观、价值观、人生观、奋斗方向和行为模式，对培养中国特色社会主义事业的合格建设者和可靠接班人提出了明确的要求③。发挥社会主义核心价值体系的引领作用，既为高校思想政治教育工作提供重要指南，也为当代大学生健康成长明确方向，使大学生能够更加清楚地认识到自己肩负的历史使命，主动地接受马克思主义思想和社会主义核心价值体系，真正成为合格的社会主义建设者和可靠的接班人，确保社会主义事业兴旺发达。大学生是民族的希望、祖国的未来，当下社会发展的中坚力量。实现了对大学生社会主义核心价值体系的教育，在很大程度上就成功引领了整个社会意识形态的走向。

---

① 王永贵.影响我国主流意识形态建设的西方主要意识形态透视[J].社会科学研究，2007.1，第60—64页。

② 中共中央文献研究室.十六大以来重要文献选编》（中）[J].北京：中央文献出版社，2006年版，第633页、第634页。

③ 明国辉.社会主义核心价值体系与大学生思想政治教育工作[J].四川教育学院学报，2007.12），第15—17页，第24页。

## 第三节　新时代高校校园文化建设的基本原则

高校校园文化建设作为一种科学、理性的文化实践活动，在建设过程中必然涉及各种关系，并受到诸多因素的影响。为了遵循高校校园文化的建设规律，保证社会主义核心价值体系的成功引领，实现高校校园文化建设目标，根据新时代高校校园文化建设的新特点及其在建设中存在的一些重大问题，积极探索一系列符合我国新时代高校校园文化建设实际的基本原则，为新时代高校校园文化建设顺利进行提供正确的指南，以不断提高高校校园文化建设的实效性。

### 一、先进性与多元性统一原则

在多元性成为新时代高校校园文化发展趋势的今天，坚持先进性与多元性统一的原则，既保证了高校校园文化的社会主义发展方向，又拓宽了高校校园文化建设的文化视野，为高校校园文化建设储备了丰富的文化资源。

### （一）先进文化的理论内涵

先进文化是相对于落后文化而言的，但又不仅仅局限于指称与落后文化相对应的具体文化。当代中国的先进文化"就是以马克思主义为指导，以培育有理想、有道德、有文化、有纪律的公民为目标，发展面向现代化、面向世界、面向未来的，民族的科学的大众的社会主义文化"。这包含了文化的发展性、文化发展的方向性、文化的先进性问题。[①]发展的观点是马克思主义的基本观点，马克思主义从文化与人类社会实践活动之间的内在关系，科学地揭示了文化的发展性。坚持马克思主义，也就是明确地承认了文化的发展性。由于文化发展的根源在于实现共产主义的人类物质生产实践活动，而共产主义的最终目标是实现人的全面发展，所以，"有

---

① 沈壮海. 思想政治教育的文化视野[M]. 北京: 人民出版社,2005年版，第15页。

理想、有道德、有文化、有纪律"的人的全面发展培养目标，显然代表着文化发展的先进方向。也正因为文化的发展性和方向性，才有了区分先进文化与落后文化的依据，使得人们能够根据具体的、现实的物质生活过程来对文化的先进性与否做出明确的、直观的判断。"面向世界、面向现代化、面向未来"，以及"民族的科学的大众的社会主义文化"这种具体的标准，就成了现阶段文化先进性与否的直接考量依据。

与此同时，文化的先进性主要从历史、科学和价值三个层面来衡量：从历史层面来看，先进文化既是历史传统延续的同时，又都蕴含着时代的精神、时代的活力、时代的内容、时代的审美情趣。所以，凡是先进的文化都是站在特定历史阶段的时代前列，反映这个历史阶段的先进的经济、政治状况，顺应历史发展的潮流。从科学层面来看，先进的文化都能够科学地反映自然界和人类社会的发展规律及发展趋势，是人类对自然界本质和社会发展规律的真理性的认识，因而都能经得起历史和现实的检验。从价值层面来看，先进文化都是能反映先进阶级利益并为其服务的文化，有利于促进生产力的发展。中国特色社会主义文化正是符合这三个衡量标准，因此，它作为我国的先进文化是当之无愧的。

总之，无论从先进的理论内涵来看，还是从先进文化的判断角度来看，中国特色社会主义文化是我国最先进的文化，高校校园文化的先进性也就是大势所趋。

### （二）文化多元性的客观现实

纵观人类文化的历史进程，文化的发展从来都不是单一的，文化的多元性是人类社会的基本特征，也是人类文明进步的重要动力。现代文化学研究表明，"文化演进与生物进化极其相似，也要求多样性的基因作为物质基础，如果失去这一基础，则必然出现文化上的近亲繁殖，导致文化矮弱化和畸形化，甚至导致文化传统的丧失与荒芜，沦落为文化沙漠"[1]。

---

① 刘晨晔. 以社义核心价值体系引领多元先进文化的积极价值走向[J]. 新乡学院学报（社科版），2008.6，第25—27页。

生存在自然环境中的不同民族，形成了不同的生产方式和生活方式，作为实践产物的文化，自然也呈现出多元化的特性。正如联合国教科文组织在《世界文化多样性宣言》中指出："人类的共同遗产文化在不同的时代和不同的地方是有各种不同的表现方式。这种多样性和具体表现是构成人类的各群体和各社会的特性所具有的独特性和多样性。"文化多元性不仅是客观的，而且是必要的，因为"文化形态间的平等交流与对话，对于消除文化偏见，认识每一个文化主体独创的价值和魅力，促进文化在互补中发展，是极为有利的和十分必要的"①。

高校作为一个纯粹的文化组织，校园文化自然也具有多元性，而当代多元化的大学教育，又进一步加剧了其多元性的趋势。这种多元化的大学教育体现在办学形式的多元性、教育主体的多元性、教育对象的多元性、教育目的的多元性、教育内容的多元性、培养模式的多元性和教育方式的多元性等，将极大地促进多元文化的教育价值观的形成②。从而进一步促使高校校园文化呈现多元性。

## （三）辩证处理先进性与多元性的关系

高校校园文化集先进性与多元性于一身的特殊性，客观上要求新时代高校校园文化建设必须正确处理先进性与多元性的关系。

### 1.坚持新时代高校校园文化建设的先进性

坚持高校校园文化建设的先进性，说到底就是坚持指导思想的一元化，"必须坚定不移地巩固和加强马克思主义的指导地位，绝不允许搞指导思想的多元化"③，否则，性质会发生改变。马克思主义是我国立党之国的根本指导思想，坚持以马克思主义为指导是高校校园文化建设唯一正确

---

① 邹广文.人类文化的交流与整合[M].长春：吉林人民出版社，1998年版，第107页。

② 蔡红生.中美大学校园文化比较研究[M].北京：中国社会科学出版社，2010年版，第262页。

③ 江泽民.论"三个代表"[M].北京：中央文献出版社，2001年版。

的选择。也只有这样，才能确保新时代高校校园文化建设能够"代表人们的最高精神需求，表达了时代的最新价值走向，融汇了世界的多种文化精髓，凸显了独具的民族文化特色，"①使高校校园文化建设能够成功地对高校校园内的多种文化进行有效整合、凝聚和疏导，充分发挥各种文化的积极因素，支持健康向上的文化活动，改造消极落后的价值观念，抵制和消除各种落后腐烂文化的负面影响。

### 2.尊重和承认高校校园文化建设的多元性

坚持高校校园文化的先进性，坚持以马克思主义为指导思想的一元化，并不是否定文化的多元性，相反，它是在坚持马克思主义一元化前提下承认各类文化之间的交融性和共生性的，确保高校校园文化"多元并存"的格局。这不仅是多元文化和合共生、交融与升华的必然途径和方式，而且是高校校园文化现代化、全球化和时代化的应有之义，同时也是发展"面向现代化、面向世界、面向未来的，民族的科学的大众的"校园文化的必然要求。因为"世界是丰富多彩的。如同宇宙间不能只有一种色彩一样，世界上也不能只有一种文明、一种社会制度、一种发展模、一种价值观念。……应充分尊重文化的多样性，世界发展的活力恰恰在于这种多样性的共存。要推动各种文明的相互交流与借鉴，以求共同进步"②。

### 3.反对两种错误倾向

要实现新时代高校校园文化建设先进性与多元性的辩证统一，必须在实践中反对两种错误倾向：既不能以先进性为借口，去压制、挤占、代替其他文化的存在和发展，这不仅行不通，而且也会使文化失去其丰富性和多样性而走向没落；也不能以文化形态的多元性来代替指导思想的一元化，搞指导思想的多元化，这必然会引起思想的混乱，使高校校园文化建设陷入无序的混乱状态，甚至引起社会动荡不安而有可能走向混乱。因此，新时代高校校园文化建设既要弘扬主旋律，又要提倡多样性，实现先进性与多元性的有机统一。

---

① 朱希祥. 当代文化的哲学阐释[M]. 上海: 华东师大出版社,2000年版，第224页。

② 《江泽民文选》（3）[M]. 北京：人民出版社，2006年版，第106页。

既然任何意识形态都具有一定的继承性和批判性，那么以马克思主义为指导思想的高校校园文化，自然也是集继承性和批判性于一体的。

## 二、继承性与批判性统一原则

### （一）继承性是高校校园文化先进性的基本品质

　　文化作为人类精神的载体，其独特品质在于某种精神不会随着社会的变迁而消失，而是成为某一共同体共同遵循的生活方式、思维方式和价值取向，并逐渐形成一定的观念定势，这就是"文化的传统"。历史继承性是文化的固有属性，因为"在每一个科学领域中都有一定的材料。这些材料是从以前的各代人的思维中独立形成的，并且在这些世代相继的人们的头脑中经过自己的独立的发展道路"[①]。当然，这种历史继承性是有条件的，是对以往文化的"扬弃"，"人们自己创造自己的历史，但是他们并不是随心所欲地创造，并不是在自己选定的条件下创造的，而是在直接碰到的、既定的、从过去继承下来的条件下创造的"[②]。

　　传承文化是大学的基本功能，高校校园文化是文化传承的主要载体，继承性是高校校园文化作为先进文化的基本品质。而一切先进文化都不可能也不允许摒弃民族优秀的传统文化，否则，就会成为无源之水。因此，丰富而全面的中华民族传统文化是高校校园文化建设的传统根基和文化土壤，高校校园文化建设要深深根植于其中，充分利用、挖掘其优秀的价值资源，并给予大力继承和发扬。同时，因为高校校园文化是经过长期的历史积淀、凝聚、发展而形成的，并随着时代的变迁、社会的进步和学校的发展而不断得到地拓展、深化和丰富。所以，高校校园文化建设还应加强对自身历史底蕴和传统特色的继承和发扬。其中，重点在于加强校风、校训、学风、教风等校园精神文化建设。此外，高校校园文化的继承性还包含对国与国之间、校与校之间的成果、经验等的横向借鉴。

---

① 《马克思恩格斯选集》（4）[M]. 北京：人民出版社，1995年版，第727页。

② 《马克思恩格斯选集》（1）[M]. 北京：人民出版社，1995年版，第585页。

（二）批判性是高校校园文化的内在特质

批判是一种理性的行为，"并不意味着谴责抱怨某种现象和方法，也不意味着单纯的否定和驳斥，更不等于一套关于国民经济的教程或社会生活的实际纲领。相反，批判的含义远比'抱怨、否定或教程'深刻，它指导某种理智的最终注重实效的努力，即不满足于不假思索地、只凭习惯而接受社会状况的努力。这样的批判既是那种旨在协调社会生活中个体间的关系、协调个体与普通的观念和时代的目的之间的关系的努力，又是某种追根溯源以考察事物的基础，区分现象和本质从而真正理解事物的努力"[①]。在多元文化并存的今天，应该坚持什么、反对什么、歌颂什么、抵制什么，等等，这不仅需要有批判的勇气，更需要有批判的能力。

大学自其诞生之日起，就崇尚自由、批判的精神。大学教育活动的过程，实质上就是在不断批判的基础上传播和继承人类文明的过程，充满理性和批判精神是大学的内在特质。美国著名高等教育学者弗莱克斯纳说过："大学不是一个风向标，对社会每一科流行风尚都做出反应。大学必须经常给予社会一些东西，这些东西并不是社会所想要的（wants）而是社会所需要的（needs）。"我国著名科学家竺可桢也指出："大学是社会之光，不应随波逐流。"这深刻表明了大学不仅传递文化，更是选择、批判、创新和超越文化。由于"校园文化作为一种文化含量最高的高层次文化，是在文化的继承和创新的过程中形成的融合校园精神和个性表达的特殊的文化结构。它更多地或几乎全部表现为精神性的生产活动，是社会文化中极富创造性和批判精神、极具探索气质和导向作用的部分，因而在一定程度上代表着社会文化超越，即校园文化以其特有的敏锐对社会发展作出超前反映，在社会文化运动中常以进步的个性独树一帜，对社会文化中的消极文化现象进行坚决的批判和否定"[②]。所以，高校校园文化具有天然的批判性精神特质。

---

① 潘艺林. 批判: 教育改革的必要条件[M]. 教育理论与实践, 1999.11, 第2—6页。

② 关成华主编. 北京大学校园文化[M]. 北京：北京大学出版社，2001年版，第215页。

（三）创新是实现继承性与批判性的辩证统一的关键

无论是继承还是批判，都是以创新为最终目的的，因此，创新是新时代高校校园文化建设遵循继承性与批判性相统一原则的关键。

1.新时代高校校园文化建设的创新是势在必行

创新是一切先进文化的生命之源，是高校校园文化发展的灵魂和不竭动力，全球化、网络化的背景更需要高校校园文化建设的不断创新。高校校园文化建设能担当起创新这个重任并成为创新之源，因为"高校是创新的发源地，始终保持敏锐的洞察力和独立的判断力，激励创新、鼓励实践、不断成为创新文化的开拓者，学习型社会的倡导者，不断辐射、影响、引领着社会生活的再创造，为社会文化发展注入了源源不断的动力"[①]。可见，高校校园文化建设的创新势在必行。

2.新时代高校校园文化建设的创新离不开继承和批判

高校校园文化建设是一个继承和创新相统一的过程。没有创新的继承，高校校园文化只能是政治的"传声筒"和社会的"应声虫"，无法与时俱进。而没有继承的创新，高校校园文化建设就只能是看似好看或轰轰烈烈，却因为没有厚重的历史积淀和基础而成为墙上芦苇，在创新的道路上不会走远。而就创新与批判的关系来看，由于高校校园文化既源于社会文化又不同于社会文化，而大学强烈的批判性精神决定了它对自己所吸取的文化要进行理智的批判和选择，"高校教育的文化选择功能与创造功能是密切联系在一起的。选择是创造的基础，创造是选择的目的，没有选择就没有创造，只有通过精心而广泛的选择，才能创造更好的文化"[②]。可见，高校校园文化建设的创新离不开批判。

3.建设高品位的高校校园文化需要创新

高校要锻造出高品位的高校校园文化，需要不断创新。高校校园文化

---

① 贺才琼，邹树军，李照. 论改革开放以来高校校园文化建设的发展轨迹与成就[J]. 南华大学学报（社科版），2010.1，第75—78页。

② 潘懋元. 高等教育的基本功能：文化选择与创造[J]. 高等教育研究，1995.1，第1—9页。

的创新包括学术创新、科技创新、学习方法和思维能力的创新等，而这些创新最终都是依靠大学人来实现的。因此，要大幅度提高大学生的创新能力和创新欲望，使他们能够独立地、负责任地发表意见，并灵活地将其他文化改造、转化为新的高校校园文化。所以，高校校园文化建设必须"进行教育创新，根本的目的是要推进素质教育，全面提高教育质量，要改革教学内容、方法和手段完善人才培养模式，充分吸纳当代自然科学和人文社会科学的最新成果，建立符合受教育全面发展规律、激发受教育者创造性的新型教育教学模式，形成相互激励、教学相长的师生要求，努力创造有利于创新人才成长的良好的教育环境和社会环境，使每一个受教育者都能充分发挥自身潜能，激发学习成长的主动性，实现全面发展"①。

### 三、知识性与思想性统一原则

知识性是高校校园文化的基本内核，没有知识性的校园文化也就不能称之为校园文化。思想性是高校校园文化的灵魂，没有思想性就会使高校校园文化失去其教育导向的功能。高校校园文化建设的终极目标是要实现人的自由全面发展，即兼具知识性和思想性的人才。因此，大学教育要避免因科学教育和人文教育分离而培养出所谓的"半个人"：要么是只懂科学技术（知识性）而缺乏人文素质（思想性）的灵魂苍白的"空心人"，要么是不懂科学技术而缺乏科学素养只能奢谈人文的"边缘人"②。正是从这个意义上说，新时代高校校园文化建设遵循的知识性和思想性的相统一的原则，就是要实现科学精神和人文精神的辩证统一。

（一）高校校园文化建设包含着科学精神和人文精神的培养

科学研究是大学承担的一个重要历史使命，所以，科学教育是高校

---

① 江泽民. 在庆祝北京师范大学建校一百周年大会上的讲话[J]. 人民教育，2002.10，第4—5页。

② 陈淼欲. 大学人文教育与人文课程[J]. 高等教育研究，2005.7，第67—72页。

校园文化建设的一个重要内容。向学生传授科学知识和技能，培养学生的科学意识和科学创造力，并鼓励大学生追求真理、勇于为真理献身是科学教育的意蕴。科学教育归根结底就是追求真理，培养科学精神？正如竺可桢所说的："提倡科学，不但要晓得科学的方法，而尤贵在乎认清科学的目标。近代科学的目标是什么？就是探求真理。科学方法可以随时随地而改变，这科学目标，追求真理也就是科学的精神，是永远不改变的。"也只有通过对大学生的科学教育，培养其科学精神，才能增强其认识和改造自然的能力，使其成为合格的社会主义建设者，进而促进社会生产力的发展。

人才培养是大学承担的另一个重要的历史使命。毋庸置疑，人才培养离不开科学教育，这也是人们习惯上对人才培养的理解，即把科学教育看作是唯一的。这种理解忽略了人才另一个重要的、灵魂的组成部分——人文精神。所以，高校校园文化建设更要重视对大学生的人文精神的教育和培养。高等教育的终极目标所要培养的是全面发展的人，应该是有独立思考能力与独立人格的、对社会有责任感的人，因此，"我们要把广大青年培养成有理想、有道德、有高尚情操、有热爱祖国献身"四化"的革命精神的新一代，如果不使他们掌握必然的语言文化知识、历史地理知识、道德知识和其他方面的社会知识，没有一定的文化素养做基础，光靠进行思想教育，是很困难的"[1]。

（二）现实需要高校校园文化建设必须包括科学精神和人文精神培养

在全球化、网络化的背景下，当代大学生的视野得到开阔，知识面得到拓展，拥有丰富的科学知识，但科学精神最需要的如试验验证、探索求知、理性怀疑、批判创新、挑战权威等品质却非常欠缺，创新精神和创新意识严重不足，科学研究所需要的诸如团队合作的精神也日趋淡化，等等。而在人文精神方面，更是令人担忧。相对于科学技术，人文精神的培育不是一朝一夕就能完成的，其作用也不是短时间内就能见效的，而且更

---

① 姚启和. 高等教育管理学[M]. 武汉：华中科技出版社，2000年版，第274页。

多的是以潜移默化的方式而常常被人们忽略掉，所以，在功利主义的驱动下，片面强调科学技术的作用，使人文精神备受轻视和冷落。这种认识的偏颇在教育上表现为重科技教育、轻人文教育，而"这种缺乏人文内涵的科技教育，往往使教育者知识结构片面狭窄，对本专业以外需要的社会、伦理、环境、生态、文化等问题缺乏应有的认知和重视，结果是社会理想缺失和人文关怀的淡漠。同时，也使改造自然、控制社会的过程给人类自身的持续发展造成了威胁[①]。药家鑫案就是一个很好的说明。正是现实的这种严峻状况，急需高校校园文化建设加强对大学生的科学精神和人文精神的培养。

### （三）必须坚持科学精神与人文精神的辩证统一

无论是科学精神还是人文精神，作为人类思想的两个维度，是现代社会对人才培养的必然内涵。现代教育的基本理念是以人为本。高校校园文化建设中的"以人为本"的人就是指高校范围内的广大师生员工，主要是指学生，其根本目的在于对人性的唤醒和尊重，把关心人、理解人、尊重人、发展人放在首位。广泛调动他们参与校园文化建设的积极性、主动性和创造性，充分激发其创造活力，最大限度地发挥其主观能动性。正确处理好学校发展与学生发展的关系、教师与学生的关系，把大学生培养成爱因斯坦所期望的那样："青年人在离开学校时，是作为一个和谐的人，而不是作为一个专家。"所以，高校校园文化建设要坚持以人为本，实现科学精神和人文精神的辩证统一。

从现代西方国家来看，由于大学与生俱来的学术责任和社会责任，使得西方国家的大学都有着非常好的人文教育传统。最典型的是世界著名学府耶鲁大学，它以法律的形式规定了该大学的人文传统。1701年10月9日，耶鲁大学所在的康涅狄格议会通过"自由建立一所学院"的规定，在学院中，"可以教授年轻人文理科目，从而使他们在万能上帝的庇佑下可以从

---

① 顾秉林. 促进人文、艺术、科学教育的融合追求真、善、美的统一[J]. 清华大学教育研究，2002.4，第1—4页。

事教会和政府工作"。耶鲁大学正是以这个法律依据建立起来的，至今300多年保持人文传统而从未改变。从管理者到教师再到学生，对人文精神的重视不亚于对专业知识的重视，把人文精神看成是一个个体所必需的基本素质，是一个人尤其是一个优秀的人实现自我价值的基础，这是美国一流大学经久不衰的重要原因之一。纵观世界其他一流大学，无不是如此。如我国的清华大学至今宝刀不老的关键就是从未放弃对学生的人文精神教育，香港科技大学能用十多年跻身于世界一流大学的行列，在很大程度上也是归功于它成功地借鉴欧美大学重视人文精神教育的办学经验。可见，一个重视培育学生人文精神、注重学生人格健全、教会学生如何做人的大学，才是有着长久生命力的大学。在当今社会，尤其需要各个层次、类型的大学把学生人文精神的培育放在首位。[①]所以，高校校园文化建设要坚持科学精神和人文精神的有机统一，以人为本，通过人文精神的培育，充分发挥其导向、凝聚、激励等隐性功能，以形成对科学创造的正确引导，保证科技进步造福人类，推动人类文明的进步与发展。

## 四、高雅性与大众性统一原则

新时代各种大众文化以无法抗拒的力量涌入高校校园里，使得高校校园文化呈现"高雅文化"与"大众文化"杂糅。为此，正确处理高雅文化与大众文化的关系，实现两者相统一，就成了新时代高校校园文化建设的又一个重要原则。

### （一）高雅文化与大众文化的内涵及其影响

1.高雅文化的内涵及其影响

高雅文化也称经典文化、纯文化，它代表占人口少数的知识界的理性沉思、批判和探索旨趣，旨在表达他们的审美情趣、价值判断和历史使命

---

① 刘新生主编. 大学文化建设. （上）[M]. 济南：泰山出版社，2010年版，第148页。

感。从这个意义上说，高雅文化也称为"精英文化"，更多反映的是深层次的哲理性反思，体现了一种自觉的价值追求，担负着启蒙和教化民众的责任，起着提升民族精神的作用，具有高雅的格调。由于高雅文化是由少数知识分子创造并在其中盛行的文化，高雅性既给它带来了无尽的荣耀，也使它高处不胜寒。一方面，高雅文化的形成要经过长期的文化积累，因此发展高雅文化往往收益不明显，却需要付出巨大的投资，高雅文化不太为人们所重视；另一方面，由于高雅文化的高雅格调及其有距离感的审美特点，要求欣赏它的人必须有较高的文化素养，使得它"曲高和寡"，难以接近广大民众，影响范围狭窄，因此常常被束之高阁的"死"文化。

2.大众文化的内涵及其影响

大众文化是由大众直接创造并直接为其所接受的一种普及文化，是以大众趣味为标准，以民众喜闻乐见的形式，通过电影、电视、广播、报纸、杂志、网络等大众媒介来传播旨在最大限度地满足大众的愉悦、快感等各种文化消费需求的商业性文化，也称"通俗文化"或"流行文化"。大众文化以其通俗性、随意性、趣味性的价值取向特点，幽默轻松、休闲愉悦的文化主调，为因社会转型带来巨大心理压力和精神压力的人们所欢迎。作为一种商业性文化，大众文化必然会按市场规律加以运作，使得其生产和消费容易陷入盲目性、自发性。再加上现实性和功利性的催化，使大众文化缺乏真正的个性和独创性，其消费多为追求时尚、表面性的，这些与人的原始情感、欲望等非理性因素纠缠在一起，很难对人们的信念、价值观或行为产生深刻的影响，这也为西方国家对我们进行意识形态渗透提供了便利。

（二）高雅文化与大众文化的关系

1.高雅文化与大众文化的区别

高雅文化往往担负起提高一个民族和国家文化素质的重任，具有保持本民族文化价值系统的完整性、维护民族和国家的利益及社会的稳定等功能。而大众文化是以娱乐和消费、满足大众休闲和愉悦为目的，反映的内容主要是大众的日常生活，具有很强的实用性和功利性，商业性味道浓厚，大众化、世俗化的特点让它的品位和层次相对高雅文化显得较低。总之，高雅文化偏向艺术性和社会效益，大众文化偏向娱乐性和经济效益。

2.高雅文化和大众文化的联系

高雅文化与大众文化两者之间有密切关系。其中，大众文化是高雅文化的基础，高雅文化是大众文化的升华。从文化发展的历史来看，许多高雅的文化经常是在民间通俗基础上形成的，如《诗经》就是在民间诗歌搜集整理的基础上形成的，后来却成了历代文人雅士必读的文化经典[①]。而一些高雅文化在群众中得到普及发展后，也会变成大众文化，如《红楼梦》《三国演义》等古典文学，通过电视连续剧这种大众文化产品的形式，使它们家喻户晓，为广大群众所接受。可见，大众文化是高雅文化发展的土壤，为高雅文化提供了丰富的营养和充足的原材料。大众文化也需要高雅文化的指导，通过不断提炼和升华，促使它与社会进步的方向保持一致，避免其陷入庸俗、低俗的文化沼泽。

（三）坚持高雅文化与大众文化辩证统一

1.新时代高校校园文化建设要坚持高雅性

处在社会文化发展最前沿的高校校园文化，在促使文化继承、传播和创造的同时，总是着眼于人类命运的终极关怀，力求引领人类文化的未来发展。因此，高品位、高雅性成为高校校园文化品质的象征，健康、高雅的文化取向也就成为大学生必备的素质之一。为此，新时代高校校园文化建设必须坚持高雅性。一方面，要坚持以先进文化为导向，坚持以社会主义核心价值体系为指导思想，用中国特色社会主义理想的"高势位"的精神引导和"高品位"的精神动力，来引领高校校园文化建设的价值取向，铸就高校校园文化的高雅性；另一方面，要继续大力推进"高雅艺术进校园"活动。借助艺术的形式，把立意高远、内容深刻、品位雅致的、最具代表性的艺术精品送给大学生，让他们近距离感受到艺术的滋养。促使"高雅艺术进校园"在营造良好的校园文化环境、引领高校学生弘扬优秀民族文化、吸纳人类先进文化成果、提高艺术修养和文化素质等过程中，

---

① 刘良海.高雅文化和通俗文化应共同繁荣[J].发展论坛，1997.9，第46—47页。

发挥积极的推动作用。①

2.新时代高校校园文化建设要积极适应大众文化

首先，发挥高校校园文化本身就含有大众的性质。先进的文化总是代表着人民的利益，并不断满足人民群众日益增长的文化需求，高校校园文化无疑是这样的。

其次，大众文化是顺应历史发展的潮流和方向的文化，是客观存在的文化现实。因为"文化上的每一个进步，都是迈向自由的一步"②，大众文化在当代中国的出现也是一种文化进步。所以，高校校园文化必须面对而且要适应大众文化。

再次，正像美国女批评家苏姗·桑塔格所说的："如果一个人只对高级文化有敬意，那么这就是自欺欺人。"既然任何人都难以免"俗"，大学生同样也需要愉悦和享受，高校校园文化必然要包含着大众文化。

最次，大众文化并不都意味着粗野简陋。大学的大众文化大部分是学生自娱自乐的产物，尽管它不如高雅文化那么精粹，但它也并不总是庸俗、低俗的，它也在不同程度地表现着真善美。所以，高校校园文化建设必须积极、主动适应大众文化。

总之，高校校园文化建设既要建设高雅文化，又要积极适应大众文化；既需要提升高雅文化，也需要大众文化的参与，也只有这样，才能实现雅俗共赏和良性互动，从而构建一个健康的"文化生态"，实现高雅性与大众性的有机统一。


五、民族性与世界性统一原则


鲁迅曾经讲过，"越是民族的就越是世界的"，道出了文化具有民族性和世界性的双重属性。由于"中国的教育虽然有很长的历史传统，但我国现代意义上的大学，是在向西方学习的过程中产生的，然而她是沉淀植

---

① 查珂. 呼唤"养心工程"[J]. 教育旬刊，2008.7月，第35页。

② 《马克思恩格斯选集》（3）[M]. 北京：人民出版社1972年版，第54页。

根于中国民族文化、教育传统的土壤中发展起来的"①。所以，高校校园文化建设必须处理好文化的民族性与世界性的关系，坚持民族性与世界性相统一的原则。

（一）新时代高校校园文化建设首先应当强调民族性

文化首先是民族的，民族性是文化的基本特性。世界上每一个民族都有植根于本民族肥沃土壤中富有民族特色的传统文化，它也是区分各民族的重要标志之一，反映在高校校园文化中，就形成了高校校园文化的民族性。这从客观上要求在高校校园文化建设中，必须注重民族精神的培育。

中华民族精神对真善美的追求，具体表现为以爱国主义为核心的团结统一、热爱和平、勤劳勇敢、独立自主、自强不息的伟大民族精神。在新时代，以爱国主义为核心的民族精神和以改革创新为核心的时代精神相互交融，构成了社会主义核心价值体系的精髓，深深地熔铸在中华民族的生命力、创造力和凝聚力之中，合理地内化为社会主义核心价值体系的价值资源。这样，以社会主义核心价值体系为指导的高校校园文化建设，就有了民族精神这个丰富的价值资源。又由于大学建立的初衷之一就是培养本民族文化和民族精神的传承者，而且校园文化的形成和发展离不开民族传统这个根基和文化土壤。因此，"'大学是民族灵魂的反映'。大学校园文化应以凝结民族精神、传承民族文明、发扬民族文化为己任。大学校园文化要大力挖掘、利用优秀传统文化资源，通过潜移默化、耳濡目染的作用，弘扬和培育以爱国主义为核心的民族精神"②。

弘扬民族精神要正确处理好民族精神的继承和创新的关系。首先，在思想上要正确看待，要认识到"传统不仅仅是一个管家婆，只是把它所接受过来的忠实地保持着，然后毫不改变地保持着并传给后代；它也不像自

———————

① 李岚清. 北京大学百年校庆（开幕词）. 21世纪的大学：北京大学百年校庆召开的高等教育论坛论文[C]. 北京大学出版社，1999年版，第1页。

② 王革，马建华. 校园文化建设——大学发展的战略使命[J]. 西北农林科技大学学报（社科版），2007.4，第1—8页。

然的过程那样，在它的形态和形式的无限变化和活动里，永远保持其原始的规律，没有进步"[①]。其次，在行动上要正确对待，不能"简单地抛弃"，而要"批判它"，要从"暂时的形式"中对前人的"成果"进行"剥取"[②]，也就是"扬弃"。这在现实中就是要正确处理民族精神与时代精神的关系。要立足于时代坐标，突出时代精神，以时代精神丰富民族精神，不断赋予民族精神新的时代内涵，坚持并统一于社会主义核心价值体系。

### （二）新时代高校校园文化建设要凸显鲜明的世界性

在全球化的背景下，任何一个国家都面临着如何面对世界、走向世界、与国际接轨的问题。开放和交流成为一个国家和民族获得生命活力的重要渠道，高校作为前沿阵地，开放性是高校校园文化的一个基本特征。尤其是在改革开放的今天，高校校园文化已处于全方位开放的环境中，必须以开放的胸襟和广阔的视野，主动与世界接轨，大胆吸纳其他民族、国家的优秀文化，特别是西方文化中所强调的个人独立精神、科学理性、民主法制、人的价值等传统和理念。要毫不动摇地融入全球一体化的历史进程中，做到观念目标、组织管理、内容模式国际化。世界文明史的发展也表明，"一种文化只有向别的文化坦荡的敞开，积极汲取其他文化的精华，它自身才能得到不断的补充和滋养，才有生命力"[③]。所以，新时代高校校园文化建设还必须凸显鲜明的世界性。

改革开放以来，我国高校与国外交流由最初的文化科学知识学习、科研合作逐渐发展到今天的形式多样、涵盖各种交流，不仅扩大了人们的视野，而且使人们对高校校园文化的内涵有了更深层次的理解，使我国高校校园文化建设在创新制度、科研意识、人才培养和办学理念等方面都有了质的飞跃。这些成就进一步证明了新时代高校校园文化建设坚持世界性的

---

① [德]黑格尔.《哲学史演讲录》（1）[M]. 北京：商务印书馆，1978年版，第8页。

② 《马克思恩格斯选集》（3）[M]. 北京：人民出版社，1995年版，第307页。

③ 庞中英.全球化、反全球化与中国[M]. 上海：上海人民出版社，2000年版，第228页。

正确性和必要性。当然我们也要清醒地认识到，这并不意味着对中华民族几千年积淀下来的传统文化的抛弃和否定，需要正确处理民族性与世界性的关系。

### （三）辩证处理民族性与世界性的关系

新时代高校校园文化建设要辩证处理民族性与世界性的关系，说到底就是处理好传统文化与外来文化的关系。我们的老祖宗早就提出了"以和为贵"与"和而不同"的思路。因此，在新时代高校校园文化建设中，一方面，要坚持"以和为贵"来处理民族性与世界性的关系，要充分认识作为人类文明发展结果的每个民族文化都有各自特定的价值。而且"不同文化的接触是人类进步的路标。希腊曾经向埃及学习，罗马曾经向希腊学习，阿拉伯曾经向罗马帝国学习，中世纪的欧洲曾经向阿拉伯学习，文艺复兴时期的欧洲曾经向拜占庭学习。在那些情形下，常常是青出于蓝而胜于蓝"[1]。新时代高校校园文化建设应该尊重差异、包容多样，善于吸收传统文化和外来文化的精华。另一方面，要坚持"和而不同"来处理民族性与世界性的关系，要分清传统文化与外来文化不可等同的那一部分。全球化是不可逆转的世界潮流，但它并没有也不可能超越民族、国家的界限。尤其是新时代高校校园文化建设不能以全球化为幌子，淡化甚至取消民族性，否则它就失去了根基，也就谈不上世界性。所以，新时代高校校园文化建设"面对世界范围内各种思想文化的相互激荡，必须把弘扬和培育民族精神作为文化建设极为重要的任务，纳入国民教育的全过程，使全体人民始终保持昂扬向上的精神状态"[2]。也只有这样，高校校园文化建设才能沿着正确的方向健康发展。

总之，高校校园文化建设中正确处理民族性与世界性的关系，"需要以广泛吸纳世界优秀文化成果的广阔胸襟，思考高校和谐校园文化在东方

---

① [英]罗素. 中西文化之比较[M]. 北京：时代文艺出版社，1988年版，第8页。

② 江泽民. 全面建设小康社会，开创中国特色社会主义事业新局面[R]. 新华社北京，2002.11.8。

文化和西方文化、本土文化与外来文化、传统文化与现代文化交会点的位置，继承传统而不保守；与时俱进而不猎奇，视野开阔而不媚外"①，真正做到"古为今用，洋为中用"和"百花齐放，百家争鸣"。

## 六、普遍性与特殊性统一原则

唯物辩证法告诉我们，任何事物都是矛盾的统一体，矛盾是普遍存在的，矛盾的普遍性是通过矛盾的特殊性表现出来的，事物的发展过程就是不断解决矛盾的普遍性和特殊性关系的过程。矛盾的普遍性就是共性，矛盾的特殊性就是个性，共性和个性是对立统一的，共性寓于个性又贯穿于个性之中，共性统摄个性。②据此，新时代高校校园文化建设既要从学校的实际出发，展现和塑造学校的个性和特色，又要遵循文化发展的规律，坚持普遍性和特殊性相统一的原则。

### （一）新时代高校校园文化建设要坚持普遍性的原则

共同的社会背景，共同的社会主流文化的影响，以及高校校园文化之间的相互渗透，使各高校校园文化有很多共性（即普遍性），不仅表现在它们都要遵循着高等教育和文化发展的一般规律，而且还表现为与经济社会发展相适应。高校校园文化建设坚持普遍性的原则，就是要站在人类文化发展的高度，认识到自己不仅仅归属于某种文化，而且是人类社会的一分子，在特定的阶段总是受社会发展阶段、政治经济发展水平、教育政策、社会思潮等种种因素的影响和制约。因此，教育部、共青团中央在《关于进一步加强高等学校校园文化建设的意见》中提出了新时代高校校园文化建设的普遍性原则：以邓小平理论和"三个代表"重要思想为指导，坚持社会主义先进文化的发展成果，以实施科学文化素质教育为基础，以

---

① 田建国. 现代大学新理念[M]. 济南：泰山出版社，2005年版，第11页。

② 李秀林，王于，李淮春. 辩证唯物主义和历史唯物主义原理[M]. 北京：中国人民大学出版社，2004年第5版，第185页。

建设优良的校风、教风、学风为核心，以优化校园文化环境为重点，以树立正确的世界观、人生观、价值观为导向，弘扬主旋律，突出高品位，加强管理，注重积累，努力建设体现社会主义特点、时代特征和学校特色的校园文化。这也是高校在先进文化建设中所承担的基本任务。

### （二）高校校园文化建设要坚持特殊性原则

德国历史哲学家斯宾格勒曾说过，每一种文化都根植于自己的土壤，各有自己的家乡和故土的观念，有自己的"风景"和"图像"，"每个文化的存在都是为了把自己的特性表现在她自己的生命发展的每个细节之中"。在竞争激烈的今天，对一所高校来说，特色就是个性，特色就是生命，特色就是优势，是高校之间区别的重要标志。因此，新时代高校校园文化建设在保持与社会主义文化方向基本一致的前提下，首先，要认清自己的优势。而一所高校的优势最集中体现在其一脉相承的校风、学风，历史上形成的优势学科，代代相传的社会声誉，丰富的名师资源和校友资源等优良的文化传统上。也只有具有各自悠久的历史传统和深厚的文化底蕴，才有诸如"北大人""清华人""哈佛人""剑桥人"之类具有典型特质的称谓。其次，要找准定位，发挥自己的优势，保持自己的个性和特色。为此，需要高校对自己的实际情况要有个准确的认知，扬长避短，避免模仿过度而缺乏自己的特色。正如哈佛大学前校长鲁登斯坦曾说过："社会变化很快，大学这块变化相对较少，思想观念相对独立的领地就越有价值。"如果把这句话放在新时代高校校园文化建设上，就是既要与时俱进，又要避免跟风、从众，保持自己的个性和特色。

### （三）坚持普遍性和特殊性相统一的原则

共性与个性的关系诚如张岱年先生从价值的层面来谈自己对共性和个性的认识那样："价值可以说有两重含义，亦即具有两个不同的层次，价值的基本含义是能够满足一定的需要，这是功能价值，价值的更深一层的含义是其本身具有优异的特性，这是内在的价值。"[①]可见，优异的特性

---

① 张岱年. 论价值与价值观[J]. 中国社会科学院研究生报，1992.6，第24—29页。

即特色，是一个事物发展的生命力所在。而"每一个优质事物中，也必然包含有共性优质规定性和个性优质规定性"，也"只有同步优化共性与个性的规定性，特色才能形成，优质事物才能产生"①。这就是说，高校校园文化的特色在于共性与个性的同步优化，是共性与个性优化规定的统一体。事实也的确如此。名牌大学之所以具有经久不衰的魅力，其中一个重要原因就在于它们在长期的办学实践中形成了既体现共性又突出个性的校园文化，如北大的创新、清华的严谨、哈佛的"与真理为友"、耶鲁的"争取个体独立，捍卫学术自由"，等等。所以，新时代高校校园文化建设既要遵循大学的本质和办学的普遍规律，又要立足于大学自身的实际，发挥优势，凝练特色，彰显个性，实现普遍性与特殊性的辩证统一。

高校校园文化作为一个矛盾统一体的系统，是由各个要素构成的，但不是各个要素的简单叠加，系统的整体功能大于各要素功能的总和。由于组成系统的各个要素之间既相互作用、相互联系，又相对独立，它们所处的地位和作用有主次之别。所以，在高校校园文化建设中，必须坚持"全面建设"与"重点推进"相结合的方法论。全面建设就是要求高校校园文化建设要包括校园物质文化建设、校园精神文化建设、校园制度文化建设等各层面的建设，促进高校校园文化又好又快地和谐发展。重点推进就是要抓住高校校园文化建设的核心要素和本质内容，提高整个高校校园文化建设的质量和水平。相比较而言，重点推进是目前高校校园文化建设的侧重点。因为校园文化建设各组成部分本身十分复杂、琐碎，想要在短时间内一下子全部达到理想的状态，是不可能的也不现实的，而且在一定的现实条件下，校园文化建设的资金投入、人力投入也都是有限的。尤其是在目前我国尚处于社会主义初级阶段的基本国情下，要使有限的资源尽可能发挥最大的效益，需要进行合理规划和科学选择，关键之处在于突出重点，抓住中心。从实践来看，由于校园精神文化是高校校园文化建设的核心和灵魂，所以，在高校校园文化建设中，一般都是把校园精神文化建设作为重中之重来抓，以此带动其他方面建设，提高高校校园文化建设的实效性。

---

① 苏昌培.特色论[M].北京：社会科学文献出版社，1993年版，第16页。

总之，高校校园文化建设的全面推进是目标，重点建设是策略，两者的结合是一个动态的过程。不同的高校要根据自身的实际和客观现实的发展变化，在坚持全面建设的前提下，统筹兼顾，抓住重点，实现普遍性与特殊性相统一的原则性和灵活性。

## 第四节　新时代高校校园文化建设的路径选择

"一种特有的思想先导作用，尤其是在社会转型或社会危机时期，意识形态常常成为社会动员人们向既定的方向和目标前进的一面思想旗帜。"[①]面对新形势党的十七大提出要切实把社会主义核心价值体系融入国民教育和精神文明建设全过程，积极探索用社会主义核心价值体系引领社会思潮的有效途径的基础上，党的十八大进一步强调要深入开展社会主义核心价值体系学习教育，用社会主义核心价值体系引领社会思潮、凝聚社会共识，推动中国特色社会主义理论体系进教材、进课堂、进头脑，以最终牢牢掌握意识形态工作的领导权和主导权，坚持正确导向，提高引导能力，扩大主流思想舆论。高校校园文化建设既是文化建设的重要内容，也是高等教育的重要组成部分，其本质是意识形态教育，保证马克思主义在高校的指导地位，增强马克思主义的吸引力，引领各种社会思潮。所以，根据党中央的精神和要求，以及新时代高校校园文化建设存在的主要问题，来探讨新时代高校校园文化建设的有效路径。

### 一、夯实新时代高校校园文化建设的物质基础

根据马克思主义唯物辩证法的"同类作用"，即思想问题要用思想的力量和方法解决的原理，要实现社会主义核心价值体系对高校校园文化建

---

① [美]安东尼·唐斯. 民主的经济理论[M]. 姚洋. 译. 北京: 中共中央学校出版社，1991年版，第183页。

设中出现的各种社会思潮的引领，就必须从根本上增强社会主义核心价值体系自身的引领能力。也就是说，意识形态的问题不能像军事征服和政治控制那样，主要依靠强力排斥和权力强制，如果这样，一方面往往会造成对其他思想观念的排斥和否定，使社会主义核心价值体系失去活力；另一方面，往往带来人们心理上的逆反，造成结果与形式虚假统一而大大降低了社会主义核心价值体系的权威性。所以，社会主义核心价值体系引领高校校园文化建设的关键，就在于增强自身的引领实力和引领能力。

社会主义核心价值体系属于思想上层建筑，决定于经济基础并为经济基础服务，只有社会主义经济基础强大了，社会主义意识形态才有说服力和影响力，正如马克思所说："意识形态的一切形式和产物，不是可以通过精神的批判来消灭的，不是可以通过它们消融在'自然意识'中或化为'幽灵''怪形''怪思'等来消灭的，而是只有通过实际推翻这一切的唯心主义争论所产生的现实的社会关系，才能把它们消灭。"①邓小平也指出，"按照历史唯物主义的观点来讲，正确的政治领导的成果，归根到底表现在社会生产力的发展上，人民物质文化生活的改善上"②。因此，社会主义核心价值体系引领高校校园文化建设，也要从"现实的社会关系"切入，从夯实经济基础切入，才能标本兼治。实践表明，推动各种意识形态发展的根本动力既不存在于虚无缥缈的宗教神学，也不存在于经院哲学家的思辨领域，而是存在于推动社会前进的物质生活中。一个在经济、科技等方面成功或强大的国家，在文化道德和意识形态方面自然也会表现出强大的诱惑和吸引力。因此，只有不断发展生产力，改善人民的物质生活，才能做到"仓廪实而知礼节，衣食足而知荣辱"③，才能使社会主义核心价值体系找到坚实的物质基础，得到人民的支持和拥护，因为"最终说服不相信社会主义的人要靠我们的发展"④。这就必须夯实高校校园文化

---

① 《马克思恩格斯选集》（1）[M]. 北京：人民出版社，1995年版，第92页。

② 《邓小平文选》（2）[M]. 北京：人民出版社，1994年版，第128页。

③ 管仲.《管子·牧民》（2）[M]. 上海：上海古籍出版社，1985年版。

④ 《邓小平文集》（3）[M]. 北京：人民出版社，1993年版，第204页。

建设的物质基础。

（一）领导要高度重视，树立科学务实的办学理念

前苏联著名的教育思想家苏霍姆林斯基说："学校领导首先是教育思想的领导，其次才是行政领导。"思想是行动的先导，有什么样的思想支配，就会有什么样的行动和结果。因此，新时代高校校园文化建设，首先要解决的就是思想认识问题，而其中最关键的是学校领导对校园文化建设的思想认识问题。因为领导是学校的决策管理层，影响着学校的政策制度，领导着全校师生员工，引领着校园文化的正确方向，需要高校领导对校园文化的功能有个充分的认识。越来越多的高校领导意识到，在知识经济时代，高校校园文化建设在提升学校核心竞争力、促进学校成长与发展中起着举足轻重的作用。正是有了这种深刻的认识，很多高校领导对校园文化建设给予了高度重视。在坚持正确导向的基础上，把校园文化建设同学校的办学条件目标、发展规划相结合起来，将其纳入学校发展的总体规划，并提到学校发展的重要内容的高度来考虑。依据教育部、共青团中央《关于加强和改进高等学校校园文化建设意见》精神，为了加强对校园文化建设的领导与管理，很多高校不断夯实校园文化建设的组织基础。首先，成立了校园文化建设领导小组，由学校主要领导任组长，院（系）主要负责人为副组长、成员，统一领导，统一指挥，形成科学的领导体系。其次，摒弃了校园文化建设是学生管理部门责任的狭隘认识，充分发挥党团组织、各院系学生会、学生社团组织、教师团体等重要作用，以调动全体师生员工参与校园文化建设的积极性，形成面向全局、相互协调、齐抓共管的建设局面。也只有学校领导的高度重视，才能促使高校校园文化建设的良性运行和发展。

而作为校园文化建设的灵魂的办学理念，是学校追求的终极价值，它源于这所学校的"传统"，又不拘泥于它的"传统"，是在宏观把握教育

发展方向的基础上的微观思考，具有特定的感召力和生命力。①科学务实的办学理念，既要体现学校的个性，又要具备社会发展的时代性，它往往是学校领导教育思想的体现。如蔡元培先生所倡导的北大"思想自由、兼容并包"的理念、张伯苓的"允公允能、日新月异"的南开精神等，影响着一代代的"北大人""南开人"，百年不衰，与时俱进，成为北京大学、南开大学的灵魂。

正是学校领导的高度重视，秉承着科学务实的办学理念，福建省很多高校根据自身的实际，致力于这一方面的工作。以福建师范大学为例，在思想政治教育和人才培养建设，作为校园文化建设的重要内容，得到了福建师范大学领导的高度重视。2003年6月，在时任校长李建平教授的高度重视和推动下，福建师范大学向菲律宾派遣了首批汉语教学志愿者，并从此拉开了我国"国际汉语教师中国志愿者计划"的序幕。李建平校长的"不辱使命、做文化的使者、友谊的桥梁"的谆谆嘱咐，在援菲汉语志愿者中薪火相传，历练了一批又一批的志愿者，他们的工作得到了菲律宾华文教育界的充分肯定。在人才培养和建设上，福建师范大学的领导深刻认识到高校之间的竞争归根到底是人才的竞争，实施了"一把手"工程。在引进人才工作上，校长是学校人才引进的第一责任人，各学院的院长是学院人才引进工作的第一责任人。学院结合实际制定了与学校规定相配套的人才引进政策，人事处和各学院、各部门各司其职、通力合作。同时，学校还设立人才建设专项基金，并在学校财力有限的情况下，从2005年起由2000年的150万元提高到1000万元。对部分学科建设急需的高层次人才，按照特事特办的原则，在科研资助经费、配备学术助手，以及住房和家属安排等方面给予特别优惠的待遇。此外，每逢过年，学校党政领导都会向引进人才、留学人员及家属拜年，甚至与留在学校的教师一起联欢、吃年夜饭，如今，这已成为福建师范大学的一个优良传统。这足见学校领导的重视程度。在人才培养上，福建师范大学着眼于全面建设小康社会和繁荣海峡西

---

① 吴磊，消池平. 关于和谐校园文化建设的思考[J]. 江西社会科学，2006.2，第213—216页。

岸经济区，以及全面发展的需要，紧密联系学校实际，以"知明行笃、立诚致广"的校训精神为指针，与时俱进地对人才培养目标、培养模式、培养过程和培养方式进行总体设计，以培养和造就更多高素质的创新型人才，为国家经济发展、社会进步和福建省加快海峡西岸经济区建设作出新的贡献。

### （二）突出特色，提升高校校园物质文化建设的文化内涵

如前所述，校园物质文化是一所高校赖以存在的物质和发展前提，对于强化大学精神、陶冶师生情操、锻炼师生意志、美化师生心灵等方面，发挥着无可替代的作用，能潜移默化地感染人、熏陶人和教育人。正如人民教育家陶行知曾经说过："学校生活的外部环境和学校生活的内部环境，都是影响人的巨大力量。"作为校园文化的"硬实力"，高校校园物质文化建设不仅要能体现学校现实的办学能力，表现学校的办学状况，展示学校的形象，而且也要表现广大师生员工对工作、学习，对人生、生活的态度，彰显学校的精神底蕴和思想追求。面对新时代一些高校校园物质文化建设一味求大、求量的粗放式发展，使校园物质文化建设失去了应有的特色和文化底蕴的现实，要求高校校园物质文化建设要富有个性，突出特色。

首先，在硬件建设上，要摆脱盲目扩建和跟风，要从以"盖大楼"之类的"外延式"扩张向注重提升文化品位、彰显特色的"内涵式"发展。杨福家院士在《大学的使命与大学生的责任》一文中借用耶鲁大学校长的讲话深刻地指出大学想完成自己的使命，"第一要有有形资产，第二要有人力资源，第三要有文化内涵"，"最关键的是大学的文化内涵"，"大学不仅仅是客观的物质存在，更是一种文化存在和精神存在"。[①]杨福家院士这一精辟论述告诉我们，内涵式发展并不意味着规模增长的停滞，而是以提高文化内涵为前提的扩张。也就是说，诸如搞建筑、购设备、扩道路、集图书、种花草、竖雕塑之类的显性校园物质文化建设，尤其是其中一些直接用于教育教学和为教育教学服务的建筑、设施设备，是高校完

---

① 杨福家. 大学的使命与大学生的责任[N]. 文汇报，2006.06.18。

成其历史使命不可或缺的，但绝不是"航空母舰"式的盲目求大、求量的粗放式发展，而是以提升文化内涵为主要目标。这就要求各高校要根据自己的实际，结合师生的需要精心策划，赋予校园内的楼、桥、路、馆等生活、学习、工作和娱乐场所以及植物、山水等自然景观这些物质性的物体以特定的文化内涵，这也是苏联的苏霍姆林斯基特别强调之处。他非常看重校园布局景观的文化色彩，指出校园应该像伊甸园一样引人入胜，要让第一面墙壁都会说话。这从福州大学的一院一景、一楼一景的景观构建理念中就可以深刻感受到。如应用与继续教育学院将文化理念融入景观建设中，在楼、水、山的命名上突出理工特色；人文学院将校园文化建设融入教学计划中，改革和建设学院的文化长廊，拍摄学院宣传片，增加文化气息。增设传统艺术研究所，并围绕展馆建设，做一系列的文化活动；至诚学院为了让每一面墙都能"说话"，利用怡山校区是福大"三种精神"[①]发源地的优势，从2008年开始，大力推行温馨校园建设，对校园办公楼、教学楼、实验室、学生活动场所及校园道路等进行全方位的改造，因地制宜，利用楼宇内外的固定场所，建设充分体现福大精神的主题宣传区、雕塑小品等，使"三种精神"成为每一个至诚人外化成行动、内化成思想的精神内核；等等。总之，在校园物质文化建设上要坚守"寓美于物""寓育于物"的原则，彰显个性，提升文化内涵，以达到见物有感、见物生情、见物明理的综合效果。

其次，在软件建设方面，加强师资力量和学科建设。大学既要有大楼，更要有大师。那些具有独立思想，学术成就斐然的大学教授、学者，是大学精神的体现，其高深的学识成就和良好的人格魅力，会直接影响大学生的成长与成才。同时，还必须加强学科建设，避免学科设置"趋同化"的倾向。学科设置作为彰显办学特色的一个重要指标，各学校都应该从自身和办学风格和办学理念的实际出发，按照社会和学习者多样化的需求来及时调整和变更学科设置，在"特色"二字上下功夫。理工科类的要突出理工科的特点，文科类的要突出人文的特点，艺术类的要突出艺术特

---

① 此"三种精神"即前述的"创新精神、治学精神和奉献精神"。

点，等等。仍以福州大学为例，无论是在师资力量建设上，还是在学科建设上，都坚持"以工为主，理工结合"的办学特色。在师资建设方面，为了建立"教师—工程师"有机结合的"工程型"教师培育体制，福州大学已经或即将从以下几个方面着手：一是明确实施"卓越计划"的师资队伍建设计划，推行"企业导师制"；二是对新上岗教师不仅要求第一年过好教学关，取得上岗证才能上课，而且还要其在一年的岗前培训中，过好工程实践关，在导师的指导下，下到相应的企业参加实践锻炼，提高其实践能力；三是学校每年拨出专项经费，做好教师到企业顶岗实训和企业选派工程师到学校接受教学达标的培训工作；四是把工程和项目设计等成果都纳入教师的职称考核范围。通过这些办法，以达到福州大学提高其高等工程教育质量的目的。在学科建设方面，早在2003年初，福州大学在原有化学与化工学院的基础上，组建了数学与计算机学院、物理与信息工程学院、生物科学与技术学院等，从机制上保证理工的结合，从而为全面提升办学水平发挥更大的作用。

（三）加大投入，提供雄厚的物质支撑

无论是教学设备、人文景观等硬件设施建设，还是师资力量、学科建设等软件建设，都需要花费大量的人力、财力、物力，需要学校在这些方面给予足够的物质支撑。所以，高校领导除了在思想上高度重视外，还必须从学校发展的战略高度，充分认识加大校园文化建设投入的重要性，树立对学校未来投资的理念，将所有项目进行总体规划，设立专项经费并纳入预算管理，以保证必要的投入，这也是保证高校在当今激烈的竞争中立于不败之地的基础。为此，不少高校纷纷设立专项基金制度，如前所述的福建师范大学实行的人才建设专项资金制度、新校区实验室建设专项经费、本科生科研创新专项基金等。特别是对新建的高校来说，资金的投入更是紧迫，更需要得到保证。以湄洲湾职业技术学院为例，尽管它是一所高职院校，但它能在一定程度上反映新建高校的资金投入状况。面对起步晚、文化底蕴薄、地理位置差等不利因素，为了尽可能地给学生创造一个优美、舒适、文化氛围浓厚的学习、生活环境，该学院领导在资金非常紧张的情况下，精打细算，在校园硬件设施和软件设施上投入了很大的人力、财力、物力。计划并已经开始实施了三年内投资2亿元，进行包括新增"教、学、做、研"一体化工程实训中心、校园文化广场、校园景观等在内的38项重点建设项目，力争建设全省一流的高职校园。加强以专业梯队建设为核心的教师队伍建设，以国内重点大学、教育科研院所和知名企业为依托，通过研修、访学、科研合作和学术交流等方式加强对教师的针对性培养。并以政策倾斜、资金补助等方式完善教学名师培养和选拔机制，着力打造一支"高优化"的师资队伍。

## 二、培育和弘扬大学精神

"精者神之气，神者人之守也"，精神即所谓灵魂。因此，大学精神是校园文化的灵魂和核心，是一所大学的个性，也是一所大学赖以生存和发展的精神支柱。在大学的发展过程中，培育和弘扬大学精神也就理所当然地成为高校校园文化建设的一个重要内容。而培育和弘扬大学精神，重点在于提升教育思想和办学理念、提高办学质量和管理水平，关键在于提高师生的思想道德素质，核心在于加强师生的理想信念和道德规范的价值体系建设。可见，大学精神的构建过程实质上是一个教育价值观的构建过程。[①]为此，培育和弘扬大学精神就要坚持正确的指导思想，唱响主旋律；营造良好的校风、教风、学风；继承和发扬优良的传统文化。

### （一）坚持正确的指导思想，唱响主旋律

既然大学精神的构建过程实质上是一个教育价值观的构建过程，那么，就必须用正确的价值观来指导校园文化建设。也就是说，高校校园文化建设必须坚持正确的指导思想，唱响主旋律。毕竟任何校园文化建设都无法脱离社会主流文化，否则就没有生命力，在实践中也会是被淘汰，这在多元文化并存的今天尤其如此。而我国高校的社会主义办学性质，大学

---

① 白波．大学和谐文化建设与高校文化使命[J]．国家行政学院学报，2007.10，第13—17页。

生是公认的祖国的未来和民族的希望。优秀的校园文化，是一种民主、科学、人文、开放的育人环境，关系到民族文化的现在和未来，始终朝着中国先进文化前进的方向发展。因此，必须用主流价值观来指导校园文化建设。由于高校校园文化建设是由社会主义核心价值体系来引领的，马克思主义指导思想又是其中最重要的组成部分，是社会主义核心价值体系的灵魂。用社会主义核心价值体系来引领高校校园文化建设就要紧紧抓住这个灵魂，用马克思主义中国化最新的理论成果科学武装学生的头脑，把马克思主义指导思想自觉地统一于建设有中国特色社会主义实践中，在坚持中发展，在发展中坚持，确保高校校园文化建设能够站在社会主义文化建设的前沿，"代表了人们的最高精神需求，表达了时代的最新价值走向，融汇了世界多种文化的精髓；凸显了独具的民族文化特色"[①]。

作为高校精神文化建设核心的大学核心价值体系，是社会主义核心价值体系在大学中的运用和发展，体现了大学发展的根本价值取向和大学精神，是根本的思想道德基础。所以，在具体实践中，培育和弘扬大学精神，要求高校坚持主旋律，唱响主旋律，加强大学生的爱国主义、集体主义、社会主义教育，增强学生的爱国之心、报国之志；要始终以思想教育为主线，突出思想性和教育性。为此，要充分发挥思想政治理论课教育主渠道的作用，利用思想政治理论课的宣传导向功能，巩固马克思主义在意识形态领域的指导地位，让社会主义核心价值体系真正进课堂、进教材、进头脑，使学生学会坚持用马克思主义理论去指导自己的学习实践活动；帮助大学生明辨是非，深刻理解马克思主义和中国特色社会主义理论精髓，从而构筑起大学生坚定而牢固的马克思主义信仰。在这一点上，时任福建师范大学校长的李建平教授很有先见之明，他当时所创立的马克思主义理论与现实大讲坛，定期举行理论学习辅导报告，帮助广大师生准确把握、深刻领会中央的最新精神和马克思主义中国化的最新成果。在今天看来，这些做法与今天所倡导的用社会主义核心价值体系引领校园文化，扎

---

[①]　朱希祥. 当代文化的哲学阐释[M]. 上海：华东师范大学出版社，2006年版，第224页。

实推进马克思主义进课堂、进教材、进头脑的精神不谋而合，这也是福建师范大学能在推进大学生思想政治工作方面走在前列的关键所在。

（二）营造良好的校风、教风和学风，突出人文精神的培育

俄罗斯思想家别尔嘉耶夫认为，"精神的标志是自由。在自由之外，精神的东西没有任何意义"[①]。这就是说，自由是大学精神存在的前提，只有远离功利主义、庸俗主义等，大学精神才能真正实现。所以，高校校园精神文化建设理应蕴含丰富的人文精神。大学精神外显集中体现在校训、校歌等大学独具特色的形象标识体系上，这些标识体系具有权威性，是激励全校师生团结奋进的教导和诫训，是全校师生必须遵守的法典。而大学精神的核心内容则具体表现在校风、教风和学风上，它也是社会考察评价一所高校最主要的着眼点。其中，校风是高校的校魂，是大学精神的真实写照，是学校总体的精神风貌和行为趋向，是学校办学状态和发展趋势的直接反映，它就表现在校训、校歌等这些形象标识体系上。优良的校风是提高育人质量、促进学校发展的长久之计和基础性工作。因此，建设良好的校风，不仅是社会主义精神文明建设的需要，更是高校的立校之本；教风是教师在长期教育实践中形成的教育教学特点和风格，是教师的道德品质、知识水平、工作作风等素质的综合表现。教师作为学生成长成才的领路人和先进文化的创造者、体现者和宣传者，是学风的起因，是校风形成的关键。优良的教风对于良好学风的形成、教育教学质量的提高起着至关重要的作用。学风广义上是指学习风气、治学风气和学术风气；狭义上是指学生学习的风气，它是高校生存发展的基础，是校风建设的核心，是高校创品牌、树形象、谋发展的关键。[②]反过来，教风和学风又是校风赖以形成的保证。

---

① ［俄］尼古拉·别尔嘉耶夫. 精神与实在[M]. 北京：中国城市出版社，2002年版，第33页。

② 潘道兰. 建设校园文化　增强高校文化软实力[J]. 中国高等教育，2009.5：第59—60页。

总之，"三风"建设既是校园文化建设的精华部分，又对校园文化的形成和发展具有铺垫和推动作用。所以，培育大学精神，必须努力内练素质，外塑形象，凝练出体现大学精神的校训，营造良好的校风、教风和学风，从而引领广大师生去寻求生命的意义、实现人生的价值。为此，在大学精神培育中，要注重人文性，突出人文精神的培育，要努力追求"定要精于科学，更要精于人学；定要精于电脑，更要精于人脑；定要精于网情，更要精于人情；定要精于商品，更要精于人品；定要精于灵性，更要精于人性"①。按照人文精神的要求，开展文化素质教育，坚持科学教育与人文教育相结合，努力实现高等教育培养有理想、有道德、有文化，具有独立思考能力和独立人格的，对社会负责任的人的终极目标。福州大学作为一所工科类高校，清醒地意识到人文精神对其人才培养的重要意义。在长期的办学过程中，福州大学致力于人文精神的培育，学校建设"文化素质教育基地"、实施大学生"文化精品培育工程""艺术素养提升工程""周末文化工程""节庆文化工程""假期文化工程"等，将文化素质教育渗透到教育教学的全过程，营造浓厚的人文氛围，发挥着文化育人的作用，以实现科学精神与人文精神的比翼双飞，熔铸大学精神，促进高素质人才培养。

（三）继承和发扬优良的传统文化，塑造独特的大学精神

大学精神不是人为设定的，也不是人们头脑中的理念产物，其生成和培育也不是一朝一夕能够完成的，而是一个历史过程，是学校在长期办学过程中，不断吸纳社会文化，并将之归整成为自身文化的重要组成部分而产生的大学的精神自觉。它既是历史积淀的结果，又是在历史发展中不断生成的。所以，在大学精神的培育和弘扬的过程中，要继承和发扬优良的传统文化，既要继承和弘扬中华文化，注重民族精神的培育，又要重视学校的历史底蕴，充分挖掘本校积淀的、特有的文化历史和元素，塑造具有鲜明个性和特色的大学精神。

---

① 杨叔子. 校园文化与时代精神[J]. 中国高等教育研究，2007.3，第3—7页。

首先，要继承和弘扬中华文化，注重民族精神的培育。党的十七大报告指出："中华文化是中华民族生生不息、团结奋进的不竭动力。要全面认识祖国传统文化，取其精华，去其糟粕，使之与当代社会相适应、与现代文明相协调，保持民族性，体现时代性。"①民族传统文化是一个国家和民族得以生存和发展的土壤，既传承历史文化，又承接时代特色的大学精神。中华民族五千多年的历史源远流长，民族精神是民族文化的核心，民族文化承载着传承、培育和发展民族精神的庄严使命。而借鉴传统文化的合理成分，培养大学生的民族精神，高等教育责无旁贷。对此，潘懋元教授精辟地指出："它（指文化，笔者注）之所以能连续不断地流传下来，在很大程度上是因为有教育特别是高等教育这一特殊而重要的载体。高等教育对文化的传承，集中表现为对学生进行民族传统文化教育，用优秀的民族传统来培养人、塑造人。因而高等教育的培养目标、教学内容、教学方式方法都带有民族传统文化的特色。……每一个民族国家的高等教育莫不担负着弘扬民族传统文化的职责，以传承民族传统文化为己任。"②作为高等教育之魂的大学精神，在继承和弘扬中华文化、培育民族精神上，更是首当其冲。尤其是面对调查中有相当一部分大学生盲目崇拜西方文化，淡忘民族历史和民族传统文化的不争事实，更是迫切需要将民族精神融入大学精神之中，在高校校园中营造浓郁的中华民族优秀传统文化氛围，使大学成为民族精神的堡垒。因此，中共中央《关于进一步加强和改进学校德育工作的若干意见》中强调："建设以社会主义文化和优秀的民族文化为主体的健康生动的校园文化。"

正如《国务院关于扶持和促进中医药事业发展的若干意见》中提出的那样，"中医药作为中华民族的瑰宝，蕴含着丰富的哲学思想和人文精神，是我国文化软实力的重要体现"，要求大力推进中医药文化建设。因此，在传承和弘扬中华文化、培育民族精神上，福建中医药大学应该发挥重要

① 十七大报告辅导读本[M]. 北京：人民出版社，2007年版，第34页。

② 潘懋元，张应强. 传统文化与中国高等教育现代化[J]. 清华大学教育研究，1997.1，第15—21页。

的推动作用。分别由东汉建安时期与同时期的华佗、张仲景并称为"建安三神医"，不求名利、乐善好施的长乐人董奉，宋代开创"法医鉴定学"而被誉为"法医学之父"的建阳人宋慈和闽台民间医神，一生救人无数被奉为"保生大帝"的吴夲，以及清代长乐著名的医学理论家、临床家和医学教育家陈修园等众多著名医家组成，而形成了独特的福建中医药文化体系，为福建中医药大学提供深厚的中医药文化底蕴。"大医精诚、止于至善"的校训和"拓展基础、博学人文、强化经典、提升技能"的办学理念，蕴含着学校的传统文化传承与富有时代气息相结合的办学特色。也正是秉持这种理念，福建中医药大学自1958年成立伊始，便汇聚了省内众多名医名家，涌现出以胡友梅、朱梅南、赵棻、陈雨苍、黄宗勖、俞慎初、盛国荣、俞长荣、林如高等为代表，蜚声海内外的老一辈中医药学家，他们继承、弘扬了福建历代名医的精湛医术与精神风范，中医药厚重的理论底蕴在这里获得了长足发展，许多领域居于全国领先地位。校园中的大医亭、苏颂桥、宋慈湖、思邈岭、董奉广场、杏林大道、时珍园、中医药文化博物馆和泉流中的河图洛书，孔子、董奉、宋慈、陈修园等名师名医塑像……让人很自然地感受到现代医学殿堂与传统中医药文化点点滴滴的无缝对接，能够极好地让学生体会到中医药文化的内涵与魅力，在潜移默化中传承中华文化，培育民族精神。

其次，重视学校历史底蕴，充分挖掘本校积淀的特有的文化历史和元素。对于具有一定办学历史的各大学而言，都有一个传统。传统可以是有形的、量化的，如有多少院士、在历史书中记载着多少名人等；它有时候又是无形的，时常隐藏在一两个人中。一所大学虽然不会因为一两位学者的离开受到太大的影响，但先辈学人走过的足迹，却无形地留在它的传统中。[①] 而一所大学的历史传统、精神氛围、理想追求、人文气氛是最具凝聚力、向心力和生命力的，是该校最具特色的标志，是形成不同风格和特色校园文化的关键所在。因此，弘扬和培育大学精神还要和高校的自身特

---

① 祖嘉合. 校园文化环境在大学生道德教育中的作用[J]. 北京大学学报（哲社科版），2002.5，第146—151页。

点、办学传统、历史渊源相结合，要高度重视具有本校特色的精神文化教育，重视学校的历史底蕴，充分挖掘本校积淀的文化历史和元素，增强师生对学校的荣誉感，进而对社会的历史使命感，推动社会和高校的自身发展，并在此基础上，融入现代文化的元素。大学精神正是在这种充分挖掘学校人文资源和独特潜力中一脉相承，不断提升，在客观上推进学校历史文化的研究和宣传的同时，充分调动学校历史文化资源的人文教育功能，让学校的人文底蕴转化成学校发展的精神动力。福建农林大学在70多年的办学历程中，几经风雨洗礼，锻造出以"五种品格"为代表的独特的意志品质：以吃苦耐劳、埋头苦干、艰苦创业、奋力开拓为内涵的耕牛的拓荒品格；以竭尽全力、争当先锋、争创一流、勇往直前为内涵的骏马的争先品格；以脚踏实地、博采众长、团结协作、众志成城为内涵的蜜蜂的勤勉品格；以坚忍不拔、顽强不屈、自信乐观、奋发图强为内涵的青松的顽强品格；以甘于清贫、耐得寂寞、谦虚谨慎、扎根基层为内涵的小草的奉献品格。这"五种品格"构成了福建农林大学特有的文化历史和精神动力，成为一代代"福农人"传承并发扬光大的宝贵的精神财富。今天，蜚声中外"四大金刚"教授李来荣、卢浩然、周可涌、赵修复，以爱国兴教、献身农业的奉献精神，勇于开拓、顽强拼搏的奋斗精神，守得住寂寞、耐得住清贫的敬业精神，赋予了"五种品格"新时代的丰富内涵，并在年轻一代中得以不断地践行和续写。

## 三、加快现代大学制度建设

我国高等教育研究专家杨东平指出："我国教育与世界先进水平相比，最大的差距不是技术，不是金钱，也不是人才，而是落后的制度。"[①]在他看来，制度是第一生产力，只要建立了一个好的制度，其他问题就会水到渠成的得到解决。因此，面对新时代高校校园制度文化存在的种种问题，最根本、最基础和最具长远实效的做法是加快现代大学的制度建设。而

---

① 杨东平.教育随笔[M].上海：上海人民出版社，2007年版，第156页。

现代大学制度则是19世纪德国著名教育家洪堡提出的，他的"教学和科研统一"的"洪堡理念"形成的价值和传统，成为现代大学制度的开端。经过至今200多年的不断发展变化，学术界对"现代大学制度"的概念的理解各有不同，但其核心内涵归结起来就是现在公认的"大学自治、学术自由、教授治学、校长治校、科学管理"。

从总体上看，现代大学制度是围绕着两个基本问题展开的：一是大学组织社会化后，如何平衡大学与社会的关系问题；二是面对大学与社会之间日益复杂的关系，大学如何解决好自身持续、有效、健康发展的问题。[①]这两个基本问题分别涉及现代大学制度的外在制度和内在制度，前者致力于协调大学与社会各方面的关系，它关乎"大学自治"。后者则致力于协调大学内部各组织成员之间的关系，关乎"学术自由、教授治学"。建立现代大学制度，从宏观角度来看，就是要明确大学对社会的责任；从微观角度来看，就是建立和完善大学管理办法，调整内部相互关系的约束条件。[②]这里要说明的是，由于本书的重点不在于大学制度的建设，同时涉及问题主要是大学内部的，所以，在此提到现代大学制度建设特指内部制度的建设。依据本书所揭示的校园制度存在的问题，主要从以下几方面来进行探讨：

## （一）构建教授参与制度

清华大学老校长梅贻琦先生的"大学者，非大楼之谓也，乃大师之谓也"，形象地道出了教师在大学里的作用和地位。而学术性作为大学区别于其他社会组织的最显著特征和重要标志，又进一步昭示了大学制度设计中必然是"以教师为本"的，它意味着大学中的行政职能部门的管理人员应自觉、高质量、高水平地为教师服务，为教学、科研服务。香港科技大

① 宋旭红. 我国现代大学制度建构的三个层次[J]. 辽宁教育研究，2004.10，第41—43页。

② 孙雷. 现代大学制度下的大学文化透视[M]. 北京：光明日报出版社，2010年版，第22—23页。

学原副校长孔宪铎在吸引教师时的有这样一句名言："招募最顶尖的人才，然后好好伺候他们，使其乐此不疲"。这表达了一种不言"官本位"的管理理念。所以，面对现实高校中存在严重的行政化现象，在现代大学制度建设中，去行政化已成为众望所归，如何处理好行政权力与学术权力的关系，也就自然成为现代大学制度建设中所要解决的核心问题。显然，平衡行政权力与学术权力，建立服务型行政应成为去行政化的突破口。作为研究高深学问重要场所的大学，教授治学是其内在的需求，在现代大学制度建设中也就必然表现为教授参与管理，并构成现代大学的基本组织制度。这种制度既彰显了大学教师在大学发展中的核心地位和学术地位的提高，也突出了学术权力在阻止行政权力强势扩张的制度堡垒作用，从而实现建立现代大学制度的"本真原则"，"就是要让大学像大学，而不是目前人们诟病的像市场、商场、官场"[①]。

为此，必须彻底摒弃长期以来在我国大学中存在的论资排辈、平均主义等现象。通过对原有制度进行优化整合、吸收和借鉴大学制度文明遗产的基础上，真正建立合理的教师制度。其中，最关键的是建立公正的教师评价体系和激励机制。福建师范大学就采用两种奖惩办法，即制定了本科教学奖励与处罚条例，加强对教师教学工作的考核，完善激励和约束机制，实行"教学考核一票否决制"，对教学考核不合格的教师不予聘任；试行"教学考核一票肯定制"，对教学中表现突出的，在职称评聘、校内津贴、职务晋升、优秀教师评选等方面予以优先考虑。福建师范大学还牢固树立教学质量生命线的意识，从2005年开始在全校本科各专业范围内实行学生网上评价教师课堂教学活动，并以此为突破口，进一步建立健全质量监控体系，大力推行"一二三四五课堂监控机制"："一"是完善一系列规章制度，严格、规范教学秩序，对日常教学工作进行宏观调控；"二"是依靠离退休教授组成的"教学督导团"和"教学信息员"两支队伍，分别通过课堂听课和反映学生的意见及要求，对课堂教学进行微观调控；

---

① 王长乐. 现代大学制度建设的基本原则[J]. 清华大学教育研究，2007.3，第1—7页。

"三"是组织领导、教师、学生三个层面的教学主客体开展课堂教学评价活动；"四"是完善领导、专家、教师同行、学生四级听课制度；"五"是畅通五种教学信息反馈渠道，即公布办公电话、公开电子信箱、组织问卷调查、召开学生代表座谈会、编印《学生教学信息报》等。正是通过诸如此类的评价和激励机制，并将其纳入学校从事管理体系，精心组织实施，提高了用人质量和效益，在潜移默化中培养教师坚忍不拔、严谨自律的治学态度和科学精神，以此影响学生治学态度和科研意识。

## （二）加强对学生社团的指导与管理，建立促进大学生全面发展的参与机制

英国著名思想家怀特海曾说："大学存在的理由是，它使青年和老年融为一体，对学术进行充满想象力的探索，从而在知识和追求生命探索的热情之间架起桥梁。"这就告诉我们，作为以学术活动为主要内容的大学，探索知识的过程是学者与学生交互活动的共生物。没有学生的参与，大学的发展就可能脱离学生发展的需求而与大学人才培养的初衷相背离。众所周知，学生是校园中数量众多的群体，是教育的主要承受者和对象，在教育中处于主体地位。离开了学生这个教育对象，教师的主导作用就如同无米之炊，教育过程也就无从谈起。而且，促进大学生全面发展的根本动力也离不开其主动和积极的参与。同样，就校园文化而言，没有学生参与的文化就不能成为学校文化。因此，在校园制度文化建设中，必须搭建各种平台，建立促进大学生全面发展的参与机制，其中最重要的是加强对学生社团的指导与管理。因为学生社团是由大学生自己根据共同的爱好、兴趣、志向、追求等因素而自发组成的特殊团体。根据自己的兴趣爱好参加形式多样的社团组织的大学生，既是校园文化建设的直接实施者和校园文化创新的积极推动者，也是校园文化建设的最大受益者。在实践中，学生社团涉及学校教育和学生生活的各个领域、各个方面，是校园文化建设的生力军，是校园文化建设不可或缺的重要内容，也是熏陶大学生情感、激发大学生求知欲的重要渠道之一。很多大学生正是通过社团参与服务社会的实践活动，把课堂上学到的知识应用于现实生活，提高了解决实际问题的能力。正如有学者指出："学生社团活动不仅为学生提高实践能力、

促进个性培养提供了广阔的舞台，而且对大学生健康成长具有特殊的作用。"[1]这也是学生社团颇受大学生欢迎的重要原因。

面对学生社团在高校建设和发展中的作用日益凸显的态势，同时也为了解决社团发展中出现的形式主义、一味迎合学生"口味"、为了获得经费而成为商家在校内进行营利性活动工具、背离社团宗旨等问题，保证学生社团的健康发展，高校应顺应教育发展趋势，对学生社团建设给予真正的关心和重视，积极探索学生社团的管理体制，加强对学生社团的指导和管理，建立健全促进学生全面发展的参与机制，充分发挥大学生的自我教育、自我管理、自我发展的主观能动性和主体作用。所以，一方面按照共青团中央、教育部联合发布的《关于加强和改进高等学校校园文化建设的意见》中提出的要充分发挥大学生社团在校园文化建设中的重要作用，大力扶持理论学习型社团，热情鼓励学术科技型社团，正确引导兴趣爱好型社团，积极倡导社会公益型社团的精神，以学生社团为载体，结合大学生的特点和时代发展的要求，精心设计和组织开展各种积极向上、品位高雅的校园文化活动，着力营造浓郁的文化氛围和良好的人文环境。定期举办全校性的文艺、科技和体育活动，丰富学生的课余生活，净化校园精神环境，提高学生的综合素质。如福建师范大学每年一届的文化艺术节、一年一度的社团文化巡礼月（也称"百团大战"），福州大学的集讲座、文体活动、心理健康教育等具有鲜明主题特色的活动为一体的"五月弦歌"等，这些各具特色的社团活动，吸引大学生积极主动参与到高校校园文化建设中来，以促进其全面发展。

（三）规范校园网络文化的管理

随着高校信息化进程的加快和校园内互联网接入条件的改善，上网成为大学生学习、交往、娱乐等最重要、最普遍的手段。对此，早在2000年，胡锦涛就高瞻远瞩地强调："特别要认真研究互联网对青年带来的影

---

① 朱军，谢芳. 学生社团活动是大学生成才的重要途径[J]. 西安航空技术高等专科学校学报，2003.21，第61—64页。

响，努力建设思想政治工作的新阵地，打好网上宣传教育的主动仗。"2010年1月23日，他又就互联网建设和管理提出了"五项要求"，提出"以积极的态度、创新的精神，大力发展和传播健康向上的网络文化，切实把互联网建设好、利用好、管理好"。针对新时代高校校园网络文化建设中存在的问题，规范网络管理，借助网络积极推进校园文化建设，就成为现代大学制度建设中必须解决的一个紧迫任务。

首先，提升高校决策者的网络管理理念。决策者必须充分认识到高校校园网络文化建设的重要性和紧迫性，也只有这样，才能自觉地把校园网络文化建设作为学校工作的重要议程之一，纳入校园文化的总体布局中，建立健全工作体制、机制和责任体系，强化对信息的监控、分析、过滤和控制，从源头上减少和杜绝有害信息、净化网络环境。在此基础上，改变传统的"堵、拦、卡、截"的做法，抓住大学生关注的热点事件，充分利用互联网信息丰富、功能强大、生动活泼等优势，在网上创造一种自由、民主、平等的教育平台和环境，使教师和学生能够在一种形式新颖而又卓有成效的教育方式下互动，引导学生从正面认识、理解党和国家的各种方针政策，以及学校实施的各种规章制度，从而调动学生学习的积极性和主动性，增强大学生的主体意识，这也是管理理念提升的标志。因为联合国教科文组织指出，"未来的学校必须把教育对象变成自己教育自己的主体"。这在网络时代尤为重要，它能帮助大学生获得对网络文化信息的管理能力，学会正确地辨识与筛选网络文化信息。在这点上，福建师范大学的"五微五阵地"[①]的实践就是一个很好的例证。

其次，提高网络文化的品质，开发校园网络文化资源。网络文化品质的提高，首要之处在于过硬的网络基础设施，因为它直接影响到校园网络文化应用的广度和深度。所以，要加大对网络基础设施的投入，在人、财、物上予以支持。有了雄厚的物质基础，就可以开发形式多样的校园网

---

[①] "五微五阵地"就是前述的"五微"即微协会、微活动、微服务、微论坛、微文化，"五阵地"即努力将团不组织微博建设成为思想引领的新阵地、成长服务的新阵地、组织动员的新阵地、答疑解惑的阵地、工作创新的新阵地。

络资源，以满足大学生多样化、个性化的文化信息需求和精神文化需要。这就要积极开展高科技含量、高品位艺术、高格调文化的网络活动；建设好融思想性、知识性、趣味性、服务性于一体的校园网站；等等。以此为依据，福州大学实施了"红网工程"，建设了"树人网""金色阳光""红色图片展播"等红色网站，开展网络长征、网络红色旅游、网络党史竞赛等主题教育活动，通过教师思想政治博客、学生网络社区等形式，提高网络思想政治教育的实效性。

最后，加强网络文化队伍建设，确保对网络进行及时监控和管理。实践表明，要牢牢把握网络文化建设的主动权，使网络成为校园文化建设的主阵地，就必须保证能对网络进行及时的监控和管理。而校园网络建设作为网络时代育人工作的一种特殊方式，关键在于人、在于网络文化建设队伍的素质。所以，高校必须建立一支专门的网络文化工作队伍，这支队伍可以是领导、教师，也可以是学生干部、普通学生，只要他们政治素质过硬、专业知识（网络技术和思想政治教育）扎实、网络资源利用能力高，都可以吸收到网络文化队伍中来，以实现对网络进行监控和管理的目的。

## 第五节　新时代高校校园文化建设的着力点

高校作为知识、人才密集的地方，不仅担负着传承人类文明、创造知识的历史使命，而且是各种新思想、新理论、新信息的交融集汇和集散地。因此，高校校园文化不仅是一个国家意识形态的前沿阵地和敏感中心，而且对社会群体有着风向标的作用。所以，《中共中央关于加强和改进思想政治工作的若干意见》强调："思想领域的阵地马克思主义不去占领，非马克思主义、反马克思主义的东西必然去占领。"面对新情况、新问题，高校校园文化建设必须及时做出调整和应对，增强阵地意识，加紧对大学生进行社会主义核心价值体系教育，这不仅关系到大学生自身的健康成长，也关系到中国特色社会主义事业的兴衰成败。它要求高校校园文化建设者们必须深刻认识和理解自己所担负的历史使命，积极探索符合大学生自身特点的高校校园文化建设的对策，增强社会主义核心价值体系的吸引力、感召力和凝聚力，保证中国特色社会主义事业的顺利进行。

## 一、加强校园网络文化建设，占领网络思想政治教育阵地

由于全球化以网络化为依托和动力的，所以，西方敌对势力在全球化过程中，充分利用网络优势对我国进行前所未有的思想文化渗透。他们充分发挥其在网络世界的"话语霸权"的有利条件，大力向我国输出西方意识形态。面对来自各方面主要是西方意识形态的挑战，我们不能也无法拒世界以门外，因为"20世纪交通和通讯的改善以及全球范围先后依赖，极大地提高了排斥的代价。除了一些想要维持基本生计的小而孤立的农村社区外，在一个现代性开始占压倒优势和高度相互依赖的世界里，完全拒绝现代化和西方化几乎是不可能的"①。对此，中国别无选择，唯有修好"内功"，加强高校校园网络文化建设，对大学生进行网络思想政治教育，以强化阵地意识，占领网络意识形态的制高点。

### （一）网络思想政治教育的主要特征

网络思想政治教育是指根据传播学原理和思想宣传的理论，利用计算机网络所进行的思想政治教育。也就是说，它是以认清网络本质和影响为前提，利用网络促使网民形成符合一定社会发展需要的思想政治品德和信息素养的虚拟实践活动。对大学生进行网络思想政治教育，实质上是在网络上加强对大学生的社会主义主流意识形态教育，以抵御西方敌对势力利用网络进行西方意识形态的渗透。网络作为一种新兴的传媒，以其不可阻挡的发展态势和独特的优势，极大地改变了人们的思维方式、行为模式、生活态度、价值取向等，使得网络思想政治教育呈现出与传统思想政治教育极为不同的特征②：

---

① [美]亨廷顿. 全球化的悖论[M]. 北京：中央编译出版社，1998年版，第85页。

② 张小琏. 网络环境下的青少年思想政治教育探究[J]. 辽宁行政学院学报，2010.7，第65—66页，第71页。

1.教育主客体界限的模糊性

在传统思想政治教育中,教育者由于拥有高深的理论知识而成为教育权威,并且拥有教育特权。而网络的自由性特点,使它没有中心、没有层次、没有上下级的关系,任何人只要获得所需要的信息都可以成为教育者。因此,在网络思想政治教育中,不仅教育者不再拥有原来的优势,而且没有绝对意义上的教育者与教育对象,特别是大学生由于接受新事物比较快,往往能比长辈和教师更容易且更快捷地获得相关的信息而反倒成为教育者。这样,教育主客体界限的模糊性使传统思想政治教育的一些"常规"已无法适用于网络思想教育。

2.大学生拥有充分的自主选择权

在传统思想政治教育中,大学生因获取信息的途径受到限制,信息闭塞、见识面窄而处于被动接受的地位。网络信息的即时性、无国界性、开放性等特点,使大学生拥有充分的自主选择权,他们既能在最短的时间内自主地选择感兴趣的信息,又能利用网络的交互性随时随地发表看法和观点,同时还很容易地接触到其他的观点和看法而形成自己独立的见解,从而对传统思想政治教育单向灌输的教育模式发起挑战。

3.网络思想政治教育内容丰富而繁杂

与传统思想政治教育相对平面化、单一性不同,网络的开放性、隐匿性、信息海量性等特点,使网络信息能跨越时空进行全球的交流和共享,呈现出不同思想观念、价值取向、风俗习惯和生活方式等同时并存的局面。网络中既有积极的思想,也有大量消极的思想。网络思想政治教育利用集声、色、光、画等多种功能于一体的网络多媒体技术,突出了交流性、平等性和民主性的特点,在改变传统思想政治教育的"你听我说""你打我通"的居高临下的教育方式的同时,也使各种意识形态获得了与主流意识形态同等的机会为大学生所认识和接受,这无疑增加了社会主义主流意识形态的压力。

（二）网络思想政治教育应遵循的原则

网络思想政治教育所显现的特征表明,为了真正达到抢占网络意识形态的制高点,提高网络思想政治教育的实效性,新时代高校校园网络文化建设在对大学生进行网络思想政治教育时，应遵循以下原则：

## 1.主动性原则

面对良莠不齐的各种网络信息，网络思想政治教育必须积极主动出击，以攻为守。这就要求网络思想政治教育者首先在思想上要有危机感和紧迫感，要以高度的政治敏锐感和鉴别力，关注网络思想与网络信息发展的特点和趋势，树立全局意识，做到心中有数，未雨绸缪，坚定社会主义信念。善于以普通网民的身份走进网络，充分利用网络媒介，了解各种思想信息的动向。以民主的方式，向大学生提供全面的、客观的、多元化的信息，并给予积极的引导。其次，在行动上要主动、有针对性地介绍、评价和批判一些在大学生中很有影响的社会思潮。当代大学生是网络的主要使用者，而各种社会思潮正是借助网络，对大学生进行潜移默化地渗透。由于缺乏全面理解分析事物的能力，大学生往往因对社会思潮知之不会、悟之不透，将其当成剖析人生真谛的哲理而盲目崇拜。与其让大学生这样仿效、盲从，不如利用网络，积极主动并有针对性的向大学生介绍各种思潮产生的社会背景、理论根源、理论体系和精神实质，并给予正确的评价。经常邀请一些专家在线与大学生交流并解疑释惑，使大学生在比较中认清当代各种社会思潮的本质。这样，有利于及时掌握各种社会思潮发展的动态，让社会主义意识形态教育占据先机，提高网络思想政治教育的实效性，抢占网络意识形态的制高点。

## 2.包容性原则

包容性原则是指对人们的思想活动及价值理念多样性的认可。网络传播的开放性、无中心性和多元化使人们形成多样的思想观念和价值取向，必然会以各种各样社会思潮的形式反映在互联网上，这是社会进步和开放的必然结果，也意味着浸染在互联网中的当代大学生，不可避免地要受其影响而表现出一些非传统的行为方式。所以，网络思想政治教育若仍以一副"唯我独尊"的面孔，采取传统那样简单的、教条化的方法，就会对思想政治教育产生抵触心理，从而影响网络思想政治教育的实效性。而且"网络空间具有无限性，任何一种社会思潮不会因为主流意识形态的排斥就不能发展，任何个人也不会因为自己的价值理想与主流价值观不符就放弃自己的追求"①。

坚持包容性的原则，一方面，要以包容性的态度对待各种社会思潮的出现。社会思潮的出现并非都是对主流意识形态的威胁，其中有一些是对主流意识形态的补充，是促使其健康发展的催化剂。随着我国改革开放和社会主义市场经济的逐步确立而出现了新的各个社会阶层，虽然他们也是社会财富的创造者和中国特色社会主义的建设者，但由于各自有不同的利益诉求，必然会以各种形式的社会思潮反映出来。因此，应以包容性的态度对待各种社会思潮，把社会主义意识形态所倡导的和支持的世界观、价值观推广于广大社会成员中，并为其所接受。另一方面，应在包容性对待各种社会思潮的基础上，自觉树立平等、包容的意识，尊重学生的主体意识，包容学生的一些非传统行为方式，保障学生的知情权、表达权和参与权，保持师生之间平等的身份权和话语权。平等交流，和谐相处的氛围往往能够更好的达到教育的目的，使网络思想政治教育达到事半功倍的效果。

3.方向性原则

方向性原则就是指在网络思想政治教育过程中，要始终坚持并不断地巩固马克思主义的指导地位。高校网络思想政治教育坚持以马克思主义为指导的原则，一方面是由高校思想政治教育自身的性质和肩负的历史使命所决定的。高等教育是社会主义事业的重要组成部分，肩负着为社会主义事业输送合格的建设者和可靠的接班人的历史使命；另一方面，是由网络传播的特点所决定的。在全球化、网络化的影响和利益的驱动下，一些网站为了提高点击率和人气，经常通过商业性和娱乐性等感官刺激强烈的内容来吸引网民，使得网络空间成为一个先进与落后同在、高尚与腐烂并存的世界。其中还有对大学生精神世界产生严重腐蚀的颓废、淫秽、腐烂、反动的文化，容易使大学生因缺乏足够的辨别能力而迷失自我。

坚持方向性的原则，就要加强舆论导向，牢牢占领网络舆论宣传阵

---

① 吴玉荣. 在虚拟空间唱响社会主义意识形态的主旋律[J]. 科学社会主义，2004.4，第66—69页。

地。通过控制信息传播，用单一的声音统一舆论，是世界上任何国家对意识形态掌控的基本手段。因此，胡锦涛强调："新闻舆论处在意识形态领域的前沿，对社会精神生活和人们思想意识有着重大影响。""必须坚持党性原则，牢牢把握正确舆论导向。舆论引导正确，利党利国利民；舆论引导错误、误党误国误民。"[①]互联网的发展必须坚持党管媒体的原则，加大官方或半官方网站的投入，保证文化建设的社会主义性质，以正确的舆论引导人，以高尚的精神塑造人。坚持马克思主义理论的导向作用，帮助大学生了解世情、国情、民情，增强其民族自豪感和自信心，自觉抵御各种腐朽、反动文化的侵蚀。

### （三）高校网络思想政治教育的基本途径

高校网络思想政治教育是一个复杂的系统性工程，需要各方的配合和支持。高校网络思想政治教育的途径有很多，除了加强大学生的思想政治教育外，这里主要根据高校的实际和网络自身的特点，从行政、法律和技术三个层面来探讨。

1.通过行政手段，加强网络阵地的马克思主义意识形态的建设和管理

第一，发挥行政管理部门的综合协调机制，加强指导、监督和管理。根据中央有关精神和一些高校的成功实践，通过高校内外、微观和宏观协调配合，对高校网络思想政治教育形成全方位、立体式的监督和管理，保证马克思主义在网络阵地上的指导地位。首先，高校内部要加强各部门的分工协作，致力于网络思想政治教育技术的研发，充分利用网络进行思想政治教育工作队伍的建设与管理等。其次，国家相关部门要对各高校之间的合作进行协调，从宏观上统筹规划全国高校系统的网络思想政治教育工作，包括各项政策和制度的制定、网站的建设、技术的研发利用、人才的培养调配等工作。[②]

---

① 胡锦涛. 在人民日报社考察工作时的讲话[N]. 人民日报, 2008.06.21, 第1版。

② 谭建平, 李琳. 高校网络思想政治教育长效机制的构建[J]. 湖南第一师范学院学报, 2009.5, 第59—62页, 第76页。

第二，采取有力措施，确保网络阵地的马克思主义意识形态的建设和管理落到实处。一要加大网站的建设力度。调查显示，"对于网络媒体而言，网民最信任的仍是中国大陆新闻网站和传统媒体办的网站"①。因此，要积极建设传播政府声音和马克思主义意识形态的权威网站，宣传科学理论，传播先进文化，保证马克思主义占领网络阵地；二是丰富网络上的马克思主义信息源。针对互联网上的中文信息资源极其匮乏、具有鲜明的马克思主义特色的信息更少的事实，加强中文信息源建设，既不断满足大学生多样化、多层面的精神文化需求，引导他们用马克思主义立场、观点和方法来对待外来文化。加强中华民族优秀传统文化教育，增进大学生的民族自豪感，坚定大学生的爱国主义信念，丰富和充实网络马克思主义阵地。

2.利用技术手段，提高网络技术水平，以有效维护我国意识形态安全

互联网在我国起步晚，技术落后，发展缓慢，而且这种状况在短期内又很难改变。而"信息技术和网络优势是西方国家对我国进行意识形态参透的物质基础，也是维护我国意识形态安全的基础"②。这就需要政府从资金到技术再到相关政策上加以倾斜：

一要加快思想政治教育软件的研发。组织各方专家，紧紧抓住新形势下大学生关心的热点、难点和焦点问题，专门为大学生量身定做一批集知识性、思想性、趣味性和实用性于一体的，包括为大学生欢迎的游戏软件在内的思想政治教育软件，寓教于乐，让大学生在反复使用这些软件的过程中，潜移默化地接受软件中潜在的社会主义主流意识形态。

二要加强网络监控技术。网络信息的控制有赖于先进的技术手段。加强对网络监控技术的研发和应用，构建网络意识形态传播的监控体系，对网络信息的产生、制作和传递进行严格的审查和监督，杜绝潜在的信息污染，最大限度地阻止各种不良信息对大学生的侵蚀，净化高校网络空间，

---

① 中国社会主义科学院，社会发展研究中心.2003年中国12城市互联网在中国使用了影响调查研究[DB/OL]。

② 袁其波.互联网时代我国意识形态面临的挑战与对策[J].社会科学论坛（学术研究卷），2008.10，第56—61页。

保证高校拥有一个良好的网络文化环境，确保符合我国主导价值观念的信息传播的优势地位。

三是加大网络技术的扶持力度。鉴于我国网络技术落后，发展缓慢的事实，政府在加大资金、技术投入的同时，应大力鼓励网络技术自主创新，并出台相关的政策给予扶持。努力研制一大批具有自主知识产权的防火墙、电脑密码、硬件、软件等，努力改变依赖进口而受制于人的被动局面，尽可能从源头上维护网络意识形态的安全。

3.加快网络立法，提高以法治网的教育力度

著名学者尼葛庞洛蒂[①]指出："大多数法律都是为了原子世界，而不是比特的世界而制定的。我猜对我们而言，法律是一个警示信号。电脑空间的法律中，没有国家、法律的容身之地。"尼葛庞洛蒂道出了网络立法的艰难性和紧迫性。随着网络中一些已远远超出道德、行政、技术等所能控制的新问题的不断涌现，加快网络立法成了包括中国在内世界各国面临的重要而迫切的任务。

相对于滞后的网络建设，我国这几年网络立法并不落后。我国政府把建设信息公路过程中遇到的法律、法规问题放在战略高度来对待，首先集中精力解决基本的法制建设问题。目前，我国与互联网相关的法律法规达到10多部，其中既有人大常委会通过的法律法规，也有国务院颁布的部门规章制度。这些法律法规为我国网络管理提供了法律依据，不仅有效促进了大学生网络道德的自我培养，而且对大学生的网络行为和道德行为也具有制约作用，在一定程度上减少了网络不道德行为乃至犯罪行为的发生。但由于立法主体多、层次低等弊端，致使许多有关网络立法缺乏权威性、系统性、协调性，可操作性较差，有的甚至自相矛盾。因此，必须从大局出发，理顺网络各部门之间的关系，加强网络立法，尽快制定出一部切实

---

① 尼葛庞洛蒂：出生于1943年，美国计算机科学家，麻省理工学院教授，麻省理工学院媒体实验室的创办人兼执行总监，因为长期以来一起在倡导利用数字化技术促进社会生活转型，被西方媒体推崇为电脑和传播科技领域最具影响力的大师之一。他的信念是"由原子的世界蜕变至位元世界"。

可行的、统一的网络法。也只有这样，才能对网络进行有效管理，提高以法治网的教育力度，从法律上维护网络意识形态的安全，在大学生中树立社会主义主流意识形态的权威。当然，网络的广域性、自由性、无国界性等特点，在很多情况下，单靠一个国家的网络立法是很难奏效的，它还需要国际合作，建立世界范围的、共同遵守的、联合管制的法律，这有待于进一步努力。

## 二、提高大学生对社会主义核心价值体系的认同度

社会转型期本来就是各种矛盾的多发期，而当今中国社会同时聚集着农业文明、工业文明和后现代工业三种社会形态的现状，又决定了我国的社会转型期必然是各种矛盾的尖锐期，它归根结底指向于社会主义主流意识形态的认同。而社会主义核心价值体系是社会主义主流意识形态的本质体现，因此，解决社会转型给高校校园文化建设带来的各种问题，关键在于提高大学生对社会主义核心价值体系的认同度。

### （一）厘清主流意识形态认同及相关概念的内涵

认同问题是伴随着人类的出现而产生的。它最初是古希腊人认识活动的一个重要任务，经过许多学者的不懈研究和不断拓宽，逐渐深入到包括心理学、社会学、政治学各个领域。特别是由于认同是揭示人类心理发展和社会行为的核心概念，认同研究有助于对文化冲突和文化适应的理解，有助于调解群体的冲突和矛盾。所以，认同的研究不仅吸引了众多学科的关注，而且使其具有政治和意识形态的色彩。

所谓认同，是指"个人与他人有共同的想法，在人们交往活动过程中，为他人的感情和经验所同化，或者自己的感情和经验足以同化他人，彼此产生内心的默契"[①]。在不同的学科领域，认同的指向各有侧重：在社

---

① 夏征农.辞 海（缩印体）[M].上海：上海辞书出版社，1999年版，第466页。

会心理学中，认同是指"一种情感、态度乃至认识的移入过程"①；在社会学中，"社会认同"主要是社会成员共同拥有信仰价值和行动取向的集中体现；在政治学中，"政治认同"是"人在一定社会中生活，总要在一定的社会联系中确定自己的身份，如把自己看作某一政党的党员，某一阶级的成员，某一政治过程的参与者或者某一政治信念的追求者等，并自觉地以组织及过程的规范来规范自己的政治行为"②；在学术研究中，认同则多侧重"表达社会成员对身份、主要制度安排、社会转型过程的认知和评判，社会认同的过程，实际上是社会自我调适系统的生成过程"③；等等。

尽管在不同领域认同指向的侧重点不同，但它们之间还是有共同之处的，即认同不是一种简单的同意或接受，而是主体对他者（包括个人、社会、思想价值观念等）在心灵深处的相通、相融合和情感上的归属感，是一种自觉自愿的认可、接受、赞同乃至尊崇。它隐含着内在和外在两种过程，前者表示一种内在的稳定状态，即主体对他者处于认可、同意和接纳的心理倾向；后者表示一种外在的动态过程，即他者为得到主体的认可、同意和接纳而进行的种种努力。认同的核心是价值认同，而价值认同一般要经历三个阶段：一是认知阶段，即对价值的感知、了解和认识，这是价值认同的逻辑起点；二是认知基础上的内化阶段，是个体对自己已有的价值观念的重构，即将价值转化为自己的价值准则和行为规范，形成新的价值观念；三是外化阶段，这也是认同的最终目的，它是个体在形成新的价值观念的基础上，自觉地以此作为指导自己的实践，将价值准则和行为规范转化为自己良好的行为，形成良好的习惯，最终实现知行统一。这三个阶段是有机统一的整体，其中认知是前提，外化是目的，内化是知行统一的桥梁。因此，认同应该是由"知道"到"悟到"再到"体到"的过程，

---

① 费穗宇.社会心理学词典[M].石家庄：河北人民出版社，1988年版，第45页。

② 中国大百科全书.政治学[M].北京：中国大百科全书出版社，1992年版，第501页。

③ [英]F.A.哈邪克.自由秩序原理[M].邓正来，译.北京：三联书店，1997年版，第210—211页。

这一过程实质上是个体自身的心理建构过程。①

可见，对主流意识形态的认同，就是将主流意识形态内化为个体世界观的一部分。通过学习及个人与社会的互动，将情感、态度、认识不断进行内化，从而加强了社会群体的归属感与凝聚力。正是这个意义上，斯洛文尼亚学者齐泽克认为："认同是一个过程，意识形态领域正是通过这个过程构成的。"②因此，对主流意识形态的认同包含两个向度：一是从意识形态接受主体的向度来看，它是社会成员对主流意识形态自觉自愿的认可、接受和遵从；二是从意识形态推行主体的向度来看，它是一定阶级、政党和社会集团尤其是统治阶级和执政党，通过自身的实践及意识形态的传播、教育等，使社会成员选择、接受自己的意识形态。这样，大学生对社会主义主流意识形态的认同就是大学生对社会主义核心价值体系的认可、赞同、接受和遵从，并在实践中能够运用马克思主义立场观点和方法观察问题、分析问题、解决问题，其实质是大学生对国家政治家体制、经济体制的信任和赞同，是他们坚定自己理想和信念的前提。这既关系到国家的政治安全、社会稳定和未来走向，也是他们进入社会、融入社会并很好地生活在于社会中的通行证。所以，提高大学生对社会主义核心价值体系的认同度，是应对社会转型面临各种挑战的必然选择。

（二）提高大学生对社会主义核心价值体系认同度的路径选择

1.引导大学生理性看待社会转型中的各种问题

我国著名学者王守仁先生说过："知者行之始，行者知之成。"意思是说，人的行动总是在一定的"知"的指导下进行的，只有以正确的"知"为指导，"行"才能取得成效，这就是常说的思想是行动的指南。因此，面对社会转型带来的各种问题，尤其是暂时的"社会失范"给大学

---

① 聂立清. 我国青少年主流意识形态认同状况调查[J]. 河南社会科学,2009.2，第134—136页。

② [斯洛文尼亚]斯拉沃热·齐泽克. 意识形态的崇高客体[M]. 中央编译出版社,2001年版，第3页。

生的思想造成的困惑、迷茫，最基本的途径就是引导大学生理性对待这些问题，准确认知社会主义核心价值体系。应该说，理性对待社会转型的各种问题与准确认知主流意识形态是同一个问题的两个方面，必须联系起来加以考虑。

马克思曾明确指出，经济基础的变化最终都会反映到思想意识中，都会被反映在社会意识形态中，而经济利益的矛盾是一切社会矛盾和冲突的根源。随着改革开放和社会主义市场经济建设不断深入，社会转型必然导致的社会矛盾和冲突，最终反映和表现为社会意识形态内在的斗争和冲突异常的激烈，各种思想流派、学说观点纷纷浮现出来，主流意识形态不可避免地要受到冲击和消解。对此，要引导大学生认识到这是正常现象，是社会转型的必然结果，并给以正面和积极的评价。用雄辩的事实来告诉学生，这是社会和思想进步的表现，让学生明白，正是邓小平首先发起的"实践是检验真理唯一的标准"在意识形态领域引发的大冲突、大讨论的"思想运动"，解放了人们的思想，为改革开放的道路扫清了思想障碍，促进了改革开放的推行。而从此开始形成的邓小平理论和之后的"三个代表"重要思想、科学发展观乃至今天的习近平新时代中国特色社会主义思想，都是意识形态领域"思想运动"和冲突的产物，它们共同构成了的中国特色社会主义理论体系，是在不同的社会转型时期，面对出现的一系列新问题、新挑战，经过不断的探索和实践，冲破了各种怀疑、冲突的樊篱，实现了马克思主义中国化，与时俱进地发展马克思主义，指导着中国特色社会主义事业沿着正确的方向前进。通过诸如此类的正确和积极的评价，让大学生能够更理性地看待社会转型出现的各种问题，更冷静地对待社会主义主流意识形态的理论与现实的反差，从而提高他们对社会主义核心价值体系的认同度。

此外，提高大学生对社会主义核心价值体系的认同度，还要引导他们正确认识在社会转型期过程中，社会主义主流意识形态的理论与现实出现各种反差，因为这些反差是影响大学生对社会主义核心价值体系认同的关键。其中，社会新结构的反差最具有代表性。社会新结构是相对过去简单的二元结构而言的，即在原来由工人阶层和农民阶层构成的基础上，逐渐出现了知识阶层、私有阶层、管理阶层等新兴阶层，其中，除了农民阶层的规模在不断缩小，新兴的阶层和工人阶层都呈扩张的趋势。新社会结构发展的总体趋势是：新兴社会群体阶层化、基本阶层（即工人阶层和农民阶层）局部弱势化、中等收入群体扩大化。工人阶层和农民阶层原来的领导阶层逐渐被弱化，这是社会主义主流意识形态理论与现实反差的最突出的表现，难免引起大学生的困惑。因此，要引导学生用历史和发展的眼光来看待这种反差，不仅要认识到这种变化的历史必然性，而且要认识到它是社会进步的表现，因为它有利于社会竞争机制的形成，有利于激励社会整体进取向上的意识，有利于推动民族创新能力的提高，为中国社会的发展增添了活力。[①]有了这样正确的认识，才能提高他们对社会主义核心价值体系的认同。

2.引导大学生正确认识利益分化带来的现实问题

由于人们奋斗所争取的一切都和他们的利益有关，所以，在所有影响主流意识形态认同的因素中，利益因素是最重要的因素，它被视为主流意识形态的现实基础和灵魂。伴随着社会转型而来的利益关系分配格局的深刻变化，往往使人们更关注自身的利益，并以此作为自己选择和判断某种意识形态的标准。因而，个人利益地位的变化会对其原有的价值观产生极其强烈的刺激，往往导致人们对过去统一的价值观念和价值取向由认同走向迷惑和质疑。由于"当人们在社会阶层格局发生上升或下降的迅速变动时，人们对于自己思维方式的普遍的、永恒的有效性的信念就会动摇"[②]，因此，在现实中就表现为那些利益受到触动的群体，会对现实想不通、看不惯，表现在大学生身上，就是直接危及他们对社会主义核心价值体系的认同感。因而，引导大学生正确认识利益分化带来的现实问题迫在眉睫。

首先，要及时传递党和政府对利益分化调整与控制的相关政策和精神。面对着利益分化衍生出的利益分配与社会公平问题的困扰，党和政府

---

① 肖浩.阶层分化背景下大学生意识形态教育面临的问题及对策[J].探索，2007.3，第135—137页。

② [德]卡尔·曼海姆著.意识形态与乌托邦[M].黎鸣，李书崇，译.北京：商务印书馆，2005年版，第7页。

给予高度的关注并着手进行解决。在党的十六大报告提出"社会更加和谐"的奋斗目标后，党的十七大提出了"要更加注重"公平的重要方针，强调让全体人民共享改革发展的成果、全面落实科学发展观及"五个统筹"；十七届五中全会在"十二五"规划建议中又明确提出，要"顺应各民族人民过上更好的生活的新期待"，强调"更加注重保障和改善民生"，坚持把"保障和改善民生"作为加快转变经济发展方式的根本出发点和落脚点[①]；党的十八大再次强调"要把保障和改善民生放在更加突出的位置"。这些无不体现着党和政府长期不懈地努力解决利益分化及其带来的问题，把群众（大学生）的利益提到了前所未有的高度。通过这些政策和精神，让大学生在感动之余领略到社会主义主流意识形态的生机与活力，从而增强认同感。

其次，通过各种政策帮助大学生解决实际问题。社会主义主流意识形态在现实中主要是通过各种政策体现出来的，如就业政策关注大学生的就业问题，为他们的就业提供政策、资金、服务等支持，解决大学生广泛、充分就业；助学扶贫政策加强对困难学生的资助工作，不断完善的资助措施，形成以政府投入为主，包括助学奖学金、勤工助学基金、特殊困难补助和学费减免在内的助学体系，帮助经济困难的大学生完成学业，实现教育公平的等。通过诸如此类的政策，帮助大学生解决生活中存在的实际问题，让大学生切身体会到社会主义主流意识形态能给他们带来实实在在的好处，不再是理论说教和政治口号，这样才能最终被大学生所接受和认同。当然，这一切有赖于生产力的发展，只有生产力发展了，才能打牢意识形态认同的基础。邓小平强调的"发展是硬道理"的观点，对于今天增强大学生对社会主义核心价值体系的认同感，仍有重大的启迪作用。毕竟，良好的意识形态形象首先需要以经济和社会发展的业绩为前提。

3.加强理论创新应增强社会主义主流意识形态的吸引力和凝聚力

多元化社会意识和多元文化并存的客观现实，由此衍生的各种思想流派、学术观点，直接影响了社会主义意识形态的吸引力和凝聚力。因此，

---

① 中共十七届五中全会在京举行[N]. 人民日报，2010.10.19，第1版。

党的十七大报告明确提出"增强社会主义意识形态的吸引力和凝聚力"，使之在纷繁复杂的境遇中保持旺盛的生命力和强大的竞争力。而这既依赖于社会主义主流意识形态自身的科学性和开放性，更依赖于其本身的创新性。创新不仅是社会主义意识形态发展的不竭动力，也是提高大学生认同度的基本前提和途径，因为"中国的市场化改革之所以取得相对成功，在很大程度上应由中国采取的坚持马克思主义的指导地位的前提下，对马克思主义不断进行理论创新的意识形态转型路径来得到说明"①。理论创新的重要性不仅为中国成功的实践所证明，有的专家也曾强调"我们的理论是发展着的理论，而不是必须背得烂熟并机械地加以重复的教务"②。

首先，内容创新。要与时俱进，赋予社会主义主流意识形态以鲜活的时代内容，吸引大学生对主流意识形态的认同。党的十七大报告提出："大力推进理论创新，不断赋予当代中国马克思主义鲜明的实践特色、民族特色、时代特色。"当前应着重强化以社会主义核心价值体系理论为基础的价值导向，突出时代主题，从理论上回答与当下正在进行的社会主义核心价值体系建设密切相关的重大问题，对为什么必须坚持马克思主义在意识形态的指导地位、为什么只有社会主义才能救中国、为什么必须坚持改革开放不动摇等诸如此类大学生耳熟能详而又充满时代困惑的重大问题，进行有理有据的回答，增强社会主义主流意识形态对大学生的说服力；在实践中紧密联系大学生的思想实际，集中回答好如就业难、看病难、教育公平等这些大学生关注的社会热点与焦点问题，把党和政府的政策措施讲清讲透，增强大学生战胜困难的信心。也只有这样，社会主义核心价值体系才能赢得大学生的认同。

其次，形式创新。众所周知，即使是真理，倘若被拙劣的表达包裹着，也会失去应有的锋芒。社会主义核心价值体系要得到大学生的认同，首先必须为大学生所了解、熟悉。在现实中大学生主要是通过学校、媒体

① 柳新元. 从意识形态转型的角度看中国市场化改革的相对成功[J]. 科学社会主义，2005.6，第43—46页。

② 《马克思恩格斯选集》（1）[M]. 北京：人民出版社，1995年版，第681页。

等的宣传教育来了解与熟悉马克思主义的，自己主动去了解的微乎其微。也就是说，宣传教育对大学生认同社会主义主流意识形态起到了至关重要的作用。而宣传教育的实效性如何，除了内容因素之外，宣传的形象和表达的方式也是不可忽视的，这在大众媒体相当发达的今天，对于注重求新求异的大学生来说，有时候甚至超过内容本身。实践告诉我们，目前一些新闻报道、理论文章、文艺作品之所以不为大学生所接受和欢迎，其中一个重要的原因就在于那种公式化、概念化、粗糙化、说教式等宣传弊病倒了他们的胃口。因此，主流意识形态理论创新在形式上要适当改变一下自己的文化形象，用富有时代气息的鲜活语言、用适合当今社会的表达方式、以大学生喜闻乐见的形式，来增强自己的亲和力，从而提高大学生对其的认知度和认同感。中央电视台新闻联播这个老牌栏目，近年来主持人、主持风格、内容安排等悄然的变化就是一个信号。

综上所述，提高大学生对社会主义核心价值体系的认同感，实质上就是用马克思主义中国化的成果来教育广大青年学生，使其始终保持对马克思主义的坚定信念，并内化为自身的行为准则，外化于实践行动[①]，促使大学生对社会主义主流意识形态从思想上到行动上自觉的认同，达到知行统一。

## 三、坚持以人为本，提高新时代高校校园文化建设的实效性

新时代高校校园文化建设中存在的思想政治教育问题，说到底是高校校园文化建设实效性不高的表现。由于思想政治教育主导着高校校园文化建设的发展方向，所以，要提高新时代高校校园文化建设的实效性，就要抓住高校思想政治教育这个根本，提高高校思想政治教育的实效性。思想政治教育是做人的工作，离开人这个主体，就无所谓思想政治教育。因此，坚持以人为本，提高高校思想政治教育实效性，是解决高校校园文化

---

① 鄢姿. 加强大学生马克思主义认同教育的实效性探索[J]. 辽宁行政学院学报，2010.11，第126—127页。

建设中存在思想政治教育问题的关键所在，也是最终提高高校校园文化建设实效性的根本。

（一）"以人为本"是马克思主义基本价值理念

1.实践是人的根本存在方式

马克思主义认为，实践是人的本质，它既包括物质生产，也包括精神生产，是构成人之为人的根本所在，"可以根据意识、宗教或随便别的什么来区别人和动物，一旦人们开始生产自己的生活资料的时候，这一步是由他们的肉体组织所决定的，人本身就开始把自己和动物区别开来。人们生产自己的生活资料，同时间接地生产着自己的物质生活本身"[①]。这就说明了人的存在过程是人的实践过程，也是人与人类社会创生、存在和发展的历史根源。而"属人的世界的发展过程，本质上即是作为主体的人的实践能力的不断提高、实践内涵的不断丰富、实践范围的不断扩大和实践方式的不断变化，是人类不断从自然和社会获得解放、追求自由而全面发展的历史过程"[②]。这个过程，也是人的主体性得以发展和不断彰显的过程。

2.社会性是人的本质属性

人是现实的人。现实的个人"不是处在某种虚幻的离群索居和固定不变状态中的人，而是处在现实的，可以通过经验观察到的在一定条件下进行的发展过程的人"[③]。因为人的实践活动不是也不可能是一种单个人的行为，而是以社会中许多个人之间的相互协作与合作为基础的社会性活动，它需要人与人之间建立联系，借助社会这一寓所和活动空间得以展开和发展，因此，现实的人必须采取社会的存在形式[④]。"只有在社会中、

---

① 《马克思恩格斯选集》（1），人民出版社，1995年版，第67页。

② 张耀灿等.思想政治教育局学前沿[M].北京:人民出版社,2006年版,第204页。

③ 《马克思恩格斯选集》（1）[M].北京:人民出版社,1995年版,第73页。

④ 张耀灿,曹清燕.论我国思想政治教育目的定位——基于人学的视角[J].江汉论坛,2008.1,第36—38页。

人的自然存在对他来说才是自己的人的存在"①。因而，马克思指出："人的本质不是单个人所固有的抽象物，在其现实性上，它是一切社会关系的总和。"

### 3.人的自由全面发展

马克思主义认为，人类的实践活动最终指向共产主义社会。共产主义社会被看成是人的完善而为此必需变革现实的实践过程，是造就自由全面发展的人的实践过程，"代替那存在着阶级和阶级对立的资产阶级旧社会的，将是这样一个联合体，在那里，每个人的自由发展是一切人自由发展的条件"②。实现共产主义过程，也就是实现人的自由全面发展的过程。同时，共产主义又"是通过人并且为了人而对人的本质的真正占有；因此，它是人向自身、向社会的即合乎人性的人的复归，这种复归是完全的自觉的和在以往发展的全部财富的范围内生成的"③。可见，人的自由全面发展过程既是人之生成过程，也是人之解放过程，是通过实践生存过程不断扬弃自身局限，从而解放人、使人获得自由与个性。

### （二）思想政治教育蕴含着"以人为本"的理念

### 1.思想政治教育是人的一种存在方式

从本源上看，思想政治教育是为了人类自身能够更好地生存和发展，是维持人类生存和发展的重要方式和力量。由于原始社会生产力极端低下，维持生活的需要是最起码的生存需要，是原始社会思想和道德得以产生的历史根源。而个人乃至整个人类要得以存在，就得首先和周围的环境进行物质和能量交换，以维持肉体生命的存在，才能谈得上其他。所以，物质生活对人类来说是首要的，是包括道德在内的人的所有历史的前提，这个前提是："人们为了能够'创造历史'，必须能够生活。但是为了生活，

---

① 《马克思恩格斯全集》（3）[M]. 北京：人民出版社，1960年版，第301页。

② 《马克思恩格斯选集》（1）[M]. 北京：人民出版社，1995年版，第60页、第294页。

③ 《马克思恩格斯全集》（1）[M]. 北京：人民出版社，1956年版，第443页。

首先就需要吃喝住穿以及其他一些东西。因此第一个历史活动就是生产满足这些需要的材料,人们单是为了能够生活,就必须每日每时去完成它,现在和几千年前都是这样。"①因此,思想政治教育一开始就是作为人们的生存方式而存在。

2.思想政治教育也是人的实践活动的一种重要形式

思想政治教育作为人的一种存在方式,必然也是人的实践活动的一种重要形式,是一种精神生产性的实践活动,是随着人类社会的发展而不断发展的。在人类社会早期,人类与大自然混为一体,以人为实践对象的活动尚未出现,人在此时成为一种未完成意义上的生成性存在。但人"不是力求停留在某种已经变成的东西上,而是处在变易的绝对运动之中"②。因此,随着人类改造自然、社会实践活动的发展,人与自然的分化也就越来越明显,人的智能得以不断开发,人的主观能动性也不断增强,人的存在也随之趋于完善,人的生存和发展的境界也必然相应得到提升,人的主体性得以日益彰显和发展。思想政治也就承担起维护统治秩序、传承道德文明的重任,用人类传承下来的优秀文化塑造人、开发人、发掘人的内在潜能,实现人的主体性。③

3.思想政治教育的终极目标是实现人的自由全面发展

人的自由全面发展是思想政治教育的终极目标。它虽然是人类社会发展的共产主义理想,但不只是遥远的理想,而是理想与现实的统一。"共产主义对我们来说不是应当确立的状况,不是现实应当与之相适应的理想。我们所称为共产主义的是那种消灭现存状况的现实的运动。这个运动的条件是由现有的前提产生的"④。可见,人的自由全面发展不仅是一个

---

① 《马克思恩格斯选集》(1)[M].北京:人民出版社,1995年版,第267、279页。

② 《马克思恩格斯全集》(46)(上)[M].北京:人民出版社,1979年版,第486页。

③ 陈福生,方益权,牟德刚等.大学生思想政治教育新论[M].杭州:浙江大学出版社,2008年版,第146—148页。

④ 《马克思恩格斯选集》(1)[M].北京:人民出版社,1995年版,第87页。

目标，而且是与共产主义发展为过程相一致、是人在现实存在中不断完善和超越的实践生成过程。因此，思想政治教育的现实目的，必须以促进人的自由全面发展为终极目标。而实现思想政治教育的现实目的，是达到思想政治教育终极目标的阶梯和必要环节。

综上所述，思想政治教育活动的展开是以人为出发点，通过人来实施，又以人为归宿的。"人"的问题贯穿思想政治教育的始终，是思想政治教育最基本的、内在的、核心的问题。所以，思想政治教育蕴含着"以人为本"的价值观念。因此，胡锦涛深刻地指出："思想政治工作说到底是做人的工作，必须坚持以人为本。"

（三）生活教育是坚持以人为本，提高思想政治教育实效性的落脚点

1.生活教育理论的源起及内涵

（1）生活教育理论的源起

生活教育的理论渊源来自法国启蒙思想家卢梭的"自然生活"的自然教育理论，"遵循自然，跟着它给你画出的道路前进。它在继续不断地锻炼孩子，它用各种各样的考验来磨砺他们的性情；它教他们从小就知道什么是烦恼和痛苦"①。认为道德教育应该符合儿童的实际需要和生活过程的秩序，让儿童在自身的生活过程中来获得道德体验、养成道德习惯，使道德教育的最终目标指向含有道德教育在内的生活。

19世纪末至20世纪初，美国教育家杜威创立了较为系统的包括道德教育在内的生活教育理论，他提出了"教育即生活""教育即生长""教育即经验改造"的命题，认为生活的生长和延续有赖于道德经验的积累和改造。而道德作为生活经验的一部分，其本质就是生活的过程，必须存在于生活中，"离开了参与社会生活，学校就既没有道德的目标，也没有什么

---

① [法]卢梭.爱弥尔——论教育[M].李平沤，译.北京：人民出版社，2001年版，第9页。

目的地"①。

20世纪下半叶，在第三次科技革命浪潮推动下，人类依靠理性征服和战胜自然，科学主义得以张扬，在创造了巨大的物质财富的同时，道德及其教育的生活性却被忽视，脱离实际生活和实践过程的教育造成人的日益异化。这样，呼吁教育回归生活、要求重新审视教育与生活的关系等呼声越来越大。在这种背景下，生活教育理念也渐渐被人们广泛认同。21世纪之初，我国提出的"以人为本"的科学发展观为生活教育提供了强有力的理论支撑。

（2）生活教育视域下的思想政治教育内涵

依据本书的逻辑和指向，生活教育视域下的思想政治教育在此是指"思想政治教育要立足于生活世界，在生活中找依托，以人为主体、以生活为中心、以教育为导向的教育模式。生活是思想政治教育的生长点和作用点，是它唯一的基础。离开了生活，思想政治教育将走向虚无"②。它隐含了两层含义：一是强调思想政治教育参与日常生活，以日常生活的愉悦性、渗透性将深刻的价值观念和抽象的道德规范具体化、通俗化，转变为个体可接收并积极践行的行为；二是强调思想政治教育引导生活，对日常生活进行积极的规划和建设，以区别西方的价值澄清模式"怎么都行"而把生活泛化，避免矫枉过正。因此，生活视域下的思想政治教育在本质上是"做人"，在内容上以"修养"为核心，在方法论上以生活教育和思想政治教育为主的思想政治教育模式。

2.生活教育提高思想政治教育实效性的依据

（1）思想政治教育"以人为本"的价值理念必然指向生活教育

"以人为本"就是以人的根本利益为本，把人放在最重要的位置，突出人的不可替代的核心地位。马克思主义认为，生活就是人的存在的展开，人是生活的主体和承载者。只要有人，就一定有生活。"人们首先必

---

① [美]约翰·杜威.学校与社会.明日之学校[M].赵祥麟，任钟印，吴志宏，译.北京：人民出版社，1994年版，第153页

① [美]约翰·杜威.学校与社会.明日之学校[M].赵祥麟，任钟印，吴志宏，译.北京：人民出版社，1994年版，第153页

② 尚丽娟.论思想政治教育生活化[J].工会论坛，2005.6，第50—51页。

276　全球化网络化视域下的新时代高校校园文化建设研究

须吃、喝、住、穿，然后才能从事政治、科学、艺术、宗教等等；所以直接的物质的生活资料的生产，因而一个民族或一个时代的一定经济发展阶段，便构成基础"①。只有人才有生活，动物的存在因为"不能同时为了自己的某种需要和为了这种需要的器官做事"②，只有"进化"的意义却鲜有"发展"的意义，只能称为生存。可见，在生活中反映和实现了人的自由、自觉和自主的能动性特征，是人区别于动物的根本所在。生活教育自然就成为"以人为本"的思想政治教育价值理念的必然指向。

（2）思想政治教育与生活有着密切关系

首先，从源头上看，思想政治教育是直接为现实的原始的生活服务和生活自在地合为一体。③人类为维持最基本的生存及更好的发展要求，产生了思想政治教育。但极端低下的生产力水平，又使得人们根本没有意识也没有条件把思想政治教育作为一项独立的、专门的社会活动来进行。一般是年长者在日常生产过程中，无意识地通过自己的言语和行为示范等手段，让儿童在直接参与生活过程中学会各种在今天看来具有思想政治教育意义的规范，"儿童的学习是为了更好地生活、适应在他周围环境中的那些力量"④。

其次，从逻辑上看，生活是思想政治教育的基础和源泉。人类要生活，就得进行物质生活资料的生产。思想政治教育属于意识范畴，是上层建筑，由物质基础决定的。正是由于思想政治教育与生活之间天生融为一体，存在着本体性的关联，思想政治教育是以生活为基础，一切社会意识都是社会生活过程在人们观念中的反映。因此，对思想政治教育的任何审视，都不能偏离生活这个基础的界域，生活为思想政治教育的产生和发展提供了基础和源泉。

① 《马克思恩格斯选集》（3）[M]. 北京：人民出版社，1995年版，第776页。

② 《马克思恩格斯全集》（3）[M]. 北京：人民出版社，1960年版，第288页。

③ 唐汉卫. 生活道德教育论[M]. 北京：教育科学出版社，2005年版，第73页。

④ [美]S.E.佛罗斯特. 西方教育的历史和哲学基础[M]. 吴元洲，译. 北京：华夏出版社，1981年版，第10页、第13页。

最后，从终极诉求来看，生活是思想政治教育的目的。思想政治教育的终极目标是实现人的自由全面发展。而人既有自然属性，又有社会属性。自然属性决定了人有各种各样的需要，包括个体发展需要；社会属性又要求人要不断进行社会化，使一个"自然的人"发展成为社会的人。教育既是促使人与自然、人与社会和谐发展，从而实现人的自由全面发展的最好选择，也是社会生活的终极诉求。正如我国著名教育学家陶行知先生所说："生活与教育是一个东西，不是两个东西。它们是一个现象的两个名称，好比一个人的小名和学名。生活即教育，是生活便是教育；不是生活，便不是教育。"①

（3）实践证明，生活教育能有效提高思想政治教育的实效性

现实中表现出来的大学生信仰缺失、对社会主义意识形态了解不深、思想政治理论课不受欢迎等现象，其中的原因很复杂，但最根本的在于思想政治教育脱离大学生及其生活实际，没有把解决大学生思想上的问题与解决其生活中、现实利益问题结合起来，思想政治教育成为本质上是做人却"无人"、旨趣上诠释生活却"不食人间烟火"的"怪物"，思想政治教育理论也因为缺乏鲜活性和生动性而成为干瘪苍白的教条，这必然会失去感染力和影响力，实效性当然也无从谈起。

实践证明，思想政治教育只有与社会生活实践相融通，才能增强其实效性。列宁就针对当年苏联青年团的共产主义道德教育脱离生活而造成被动的局面，深刻地指出："学习、教育和训练如果是限于学校以内，而与沸腾的实际生活脱离，那我们是不会依赖的。"②陶行知在长期的实践中也切身地体会到"教育只有通过生活才能发出力量而成为真正的教育"③，认为"没有生活作中心的教育是死教育，没有生活作中心的学校是死学校，没有生活作中心的书本是死书本"④。所以，他一生致力于生活教育

① 陶行知. 陶行知文集[M]. 南京：江苏教育出版社，2001年版，第57页。

② 《列宁选集》（4）[M]. 北京：人民出版社，1972年版，第355页。

③ 《陶行知教育文选》[M]. 北京：北京教育科学出版社，1981年版，第127页。

④ 《陶行知全集》[M]. 成都：四川人民出版社，1991年版，第65页。

的理论和实践研究，对我国教育事业产生了广泛而深刻的影响。对于当今独生子女占很大比例的大学生来说，很多人从小娇生惯养，过着衣食无忧的生活，没有多少生活实践经历，特别需要生活教育来深化他们对思想政治理论的理解。因此，中共中央国务院提出思想政治理论教育要"贴近实际、贴近生活、贴近学生"，实现思想政治教育教学与生活教育的接轨，提高思想政治教育的实效性。

3.生活教育视域下高校思想政治教育的具体实施

（1）在生活教育中培养大学生明辨是非的能力

大学生能力培养的生活化，首先，体现在将大学生关心的热点、焦点、难点和学生自身的未来相结合，在解决实际问题的过程中发挥大学生的主观能动性，提高其学以致用的能力，使思想政治教育更好地走近大学生，了解他们的真实生活和真实想法，增强思想政治教育的亲和力，提高思想政治教育的实效性。其次，体现在增强大学生心理调适能力和社会适应能力。随着经济、社会、教育等各项改革的日益深入，大学生所面临的学习压力、竞争压力、经济压力、情感压力等普遍增大。同时，大学生又是一个承载社会、家长高期望值的青年群体。大学生自身的特点，包括自我定位高、成才欲望强烈而心理发展尚未成熟稳定等，使得大学生的心理负担比以往任何时候都重，由此引发的心理健康问题明显增多。而由心理问题引发的社会问题，特别是对思想政治教育的怀疑、不满甚至抵触的现象也日益加重，在一定程度上影响了社会的稳定和发展。因此，要贯彻十七大提出的"加强和改进思想政治工作，注重人文关怀和心理疏导，用正确方式处理人际关系"①的精神，加强对大学生的心理疏导，把解决心理问题与为学生排忧解难结合起来，给予他们更多的人文关怀。

（2）思想政治教育工作者要具有生活教育的理念

高校思想政治教育工作者是搞好大学生思想政治教育工作的组织保证。在此主要强调教师的作用，因为他们是马克思主义理论和党的路线、方针、政策的宣讲者，是社会主义主流意识形态和精神文明的传播者，其

---

① 《十七大报告辅导读本》[M]. 北京：人民出版社，2007年版，第34页。

素质高低直接影响到大学生主流意识形态教育的成效。一方面，教师与学生接触机会相对更多，距离相对更近，其言行举止对学生产生直接影响；另一方面，相对于政工队伍来说，教师的身份更容易为大学生认同。因此，哪怕像美国这样标榜自由民主的国家，也是把教师政治思想放在首要地位。据调查，在美国，教师因"政治思想有危险倾向"遭失聘的占31%，远远超过19%因"学术水平"失聘的。而且中美进行对比发现，在中国成年人中，"抵触社会所公认的思想"比例约为26%，而美国教师这个比例普遍下降到不足1%①。所以，胡锦涛强调指出："要切实加强学生党政领导干部和共青团干部，思想政治理论课教师和哲学科课教师、辅导员和班主任这支队伍的建设，特别是采取有力措施，按照政治强、业务精、纪律严、作风正的要求，着力建设一支高水平的辅导员和班主任队伍，使他们在学生思想政治教育中发挥更大的作用。"②

教师的作用主要表现在其教育理念上，要求教师要具有生活教育的理念。首先，要坚持以人为本，充分尊重学生的主体地位。教师要放下居高临下、真理在握的权威架势，与学生进行平等、心灵相融的双向交流，善于打好情感牌。因为在任何教育过程中，情感都是打开心灵的钥匙。事实告诉我们，师生关系越融洽，教育效果就越好。因此，要着力发挥情感在主流意识形态教育中的作用，使看似"冰冷"的意识形态教育充满人情味，以情感人，赢得学生感情上的认同。其次，要不断提高自身的理论素养。俗话说"给人一杯水，自己得先有一桶水"。要做好大学生健康成长的指导者和引路人，思想政治理论课教师自己必须有厚实的理论功底，注重提升自身的理论素养，一方面要"回到马克思"，由于马克思、恩格斯并非天生的马克思主义者，他们的理论是一个不断成熟的过程，其前后思想有时会对立或断裂，若对它没有客观、全面、准确的理解，就有可能向

---

① 陈立思. 当代世界的思想政治教育[M]. 北京: 中国人民大学出版社,1999年版,第103—105页。

② 中共中央文献研究室编写组. 胡锦涛: 切实加强和改进大学生思想政治教育工作[M]. 北京: 中央文献出版社, 2006年版，第640页。

学生传递出片面的甚至错误的观点，削弱了马克思主义的说服力；另一方面要"发展马克思主义"，因为"马克思主义的整个世界观不是教义，而是方法，它提供的不是现成的教条，而是进一步研究的出发点和供这种研究所使用的方法"①。所以，要坚持与时俱进，对时代与社会发展提出的一系列问题作出令人信服的回答，及时为学生解惑释疑，保持马克思主义的生命力和吸引力。

（3）教育方法上要坚持"三贴近"原则

再好的教育内容，如果没有恰当的方法或方法不对，也难以达到预期的目的，这在思想政治教育中表现得尤为突出。由于马克思主义不是一般的思想理论，而是涉及自然界和人类社会的博大精深的科学理论体系、只有具备较高的理论素养，才能把握其精髓。大学生思想活跃，辨别能力差，马克思主义理论素养低，必须对其采取正面灌输的方法、马克思主义经典作家非常重视灌输方法、因为科学的灌输方法被实践证明是进行意识形态工作行之有效的手段。但在实际教育中，由于对科学灌输理解不深，灌输在很多情况下变成了"填鸭式"说教，往往以强制甚至高压的面孔出现，不仅效果不好，而且适得其反。因此，在毫不动摇地加强主流意识形态的正面灌输的前提下，坚持"三贴近"原则，努力创新灌输的形式。

首先，改变空洞的说教方法，采用启发式、参与式、研究式等贴近学生实际、符合教育规律和学生学习特点的教学方式和方法。在学生的各种活动和日常管理中渗透意识形态教育，通过参与解决学生的实际问题来解决其思想问题，才能为大学生所认可，因为"意识形态建设要获得成功就不能把它局限在少数人的学术圈子，就不能停留在口头宣传上，必须与日常生活密切结合起来，把意识形态变成社会政治经济生活中的制度而融合到日常生活中"②。

其次，改变单纯的灌输方法，用引导、疏导的方式来引导学生的思想

---

① 《马克思恩格斯选集》(4)[M]. 北京：人民出版社，1995年版，第742—743页。

② [美]莫里斯·博恩斯坦. 比较经济体制[M]. 北京：中国财政经济出版社，1998年版，第45页。

认识。人们对一种意识形态的认同，更多的是基于对其科学性、对其是否反映了自己的意识形态而形成的认同，"过分强化政治权威作为马克思主义意识形态的主导方式，只会使民众产生一种'文化强制'的感觉，他们对主流意识形态的信仰是被迫的、盲从的、外在的，只会'戴着精神镣铐跳舞'"①。以引导、疏导这种推心置腹式的方式与学生进行沟通，让学生感觉真诚、亲切从而产生信任感和亲近感，能更好地提高思想政治教育的实效性。

（4）高校校园文化建设要贴近生活

马克思指出："人创造环境，同样，环境也创造人。"②从现实来看，人的生存和发展一刻也离不开环境。因此，人的思想品德是在一定的环境中形成和发展的。环境是一种重要的教育力量，学校环境作为与大学生关系密切的重要环境之一，对大学生的成长成才具有不可替代的作用。它包括教学活动中的教风、学风、校风、人际关系、校园文化等，所有这些课内课外活动、有形无形的因素，构成特殊的学校氛围。大学生长期生活在这样一种氛围中，就会自觉不自觉地受到这一氛围的影响，使情操受到陶冶、意志得到锻炼、人格得到塑造③。因为"儿童所学到的东西中，来自他们在学校环境中的经验的东西与教给他们的东西一样多"④。美国学者德里本这里虽然针对儿童，但对大学生同样适用，甚至在某种程度上有过之而无不及。

在构成学校环境的众多要素中，校园文化建设在意识形态教育中的作用倍受人们重视。这不仅因为学校本身就是传授文化知识的社会机构，到

---

① 刘明君. 多元价值谱系冲突与主流意识形态理性权威的建构[J]. 三峡大学学报（人文社科版），2006.3，第61—63页。

② 《马克思恩格斯选集》（1）[M]. 北京：人民出版社，1995年版，第92页。

③ 陈万柏，张耀灿. 思想政治教育学原理（第二版）[M]. 北京：高等教育出版社，2007年版，第107页。

④ [美]罗伯特·德里本. 学校教育对学生规范的贡献[J]. 哈佛教育评论，第37卷（2），第211页。

处洋溢着文化的氛围，包括校园；更重要的是，因为校园文化以它潜移默化和"润物细无声"的形式，使学生在无意识的心理状态下，接受教育环境所负载的信息渗透，达到显性课程中难以实现的"文化心理层"的社会认可，并因此成为强化大学生的社会主义主流意识形态的关键环节和重要措施。由于大学生整天浸染在校园文化中，校园文化成为大学生生活中不可或缺的一部分，贴近生活是校园文化建设的意蕴。校园文化建设贴近生活的表现形式多样：通过开展学术、科研、文化、艺术、体育等丰富多彩寓教育于乐的活动中，结合各种节庆日和纪念日，开展主题活动，充分发挥网络、广播、校刊、校报等深受学生欢迎和熟悉的文化载体的作用，加强校园绿化、室内美化、室外净化以及图书馆、实验室、实验器材、体育器械等方面的建设，等等。把校园文化教育人、引导人、鼓舞人与尊重人、理解人、关心人的固有功能发挥出来，凸显社会主义主流意识形态的人性化及亲和力，使它深入人心，使大学生从内心深处真心实意地接受思想政治教育，以此达到对社会主义主流意识形态的认同，从而提高思想政治教育的实效性。

# 结　语

　　文化是民族的血脉，是人民的精神家园，是一个民族在全球化进程中的名片、身份证和识别码。文化的实质是人们在社会生活中赋予物质和精神文化产品以"人化"形式的社会文化活动，彰显着人的本质力量。因此，在文化软实力日益成为综合国力竞争关键的今天，实施文化强国的战略目标，扎实推进社会主义文化强国建设，就成为中华民族追求自强、实现伟大复兴的必然选择，而人才是关键。高校作为人才培养的主要渠道和重要场所，拥有文化软实力的重要资源和潜在资源——大学生，他们是社会发展过程中最为活跃、最富理想和追求、最有希望的社会群体，担负着保持和延续民族文化传统的责任，被公认为是国家的希望和民族的未来。可以说，大学生的整体状况决定着社会未来发展的整体状况。也正是在这个意义上，习近平总书记强调，青年兴则国兴，青年强则国强。青年一代有理想、有本领、有担当，国家就有前途，民族就有希望。

　　进入新世纪新阶段，随着我国改革开放的不断扩大、社会主义市场经济的深入发展和全球化网络化的快速推进，客观上增强了人们的竞争意识、效率意识、民主法制意识和开拓创新意识。但随之而来的多元价值观也容易使人们在价值判断和价值选择上产生困惑和迷茫，尤其是对世界观、人生观和价值观尚未成熟的大学生，影响更大，突出表现为利己主义、享乐主义、拜金主义、个人主义等腐朽思想在大学生中有呈滋生蔓延的态势。如果任其发展，不仅会影响校园的稳定，而且会威胁整个社会的和谐发展。众所周知，大学生的成长与成才离不开学校教育，特别是他们与高校校园文化息息相关。在多元并存的常态环境下，高校校园文化自然也具有多元性，而多元化的大学教育现状，又进一步加剧了这种多元性的趋势。面对这种错综复杂的形势，如何用社会主义核心价值体系来引领高校校园文化建设，并使社会主义核心价值体系贯穿于高校校园文化建设整个过程，提高高校校园文化建设的实效性，构建社会主义和谐社会，既是新时代高校校园文化建设的时代课题，也是建设社会主义文化强国的必然要求。

概而言之，本书的主要观点是：

一是高校校园文化的先进性能够引领整个社会健康、和谐的发展。高校校园文化的先进性意味着它最能表达社会主义的主导思想、理想信念、价值取向、行为规范等主流价值文化。所以，高校校园文化建设不仅能起到引领该时代主流价值、把握社会发展潮流的作用，而且能以未来需要为着眼点，对未来社会文化的发展方向进行大胆的规划和设计，引领社会文化的前进方向。同时它还通过创造先进文化成果而成为社会文化的辐射源角色，以人才的塑造和高质量人才输出的方式，来实现其对社会文化的影响和引领作用。高校校园文化正是以这种无形的力量，扮演着社会变革的先锋，潜移默化地融入社会文化中，抵御着各种腐朽落后的思想和文化，保证社会文化乃至整个社会沿着健康、和谐的社会方向发展。

二是新时代高校校园文化建设有利于推动社会主义文化强国建设。综合国力的竞争归根结底是文化的竞争，而文化的竞争的关键在于人才的培养。高校作为人才培养基地，是提升国家软实力的主要渠道和重要场所，大学生因此就成为提升国家软实力的重要力量源泉。正如我国物理学家范守善所说的："一个大学其实是一种氛围，一种文化，一个学生学到什么当然重要，但更重要的是受到一种熏陶，被浸泡成一种人才。"

这里的氛围主要是指校园文化，既然人才是"熏陶""浸泡"出来的，这就意味着校园文化在人才培养中具有举足轻重的作用。所以，新时代高校校园文化建设必将提升国家文化软实力，从而有利于推动社会主义文化强国建设。

三是新时代高校校园文化建设促进社会主义和谐社会的构建。党的十六届六中全会指出：建设和谐文化，是构建社会主义和谐社会的重要任务。和谐文化既是和谐社会的重要特征，也是衡量社会和谐水平的重要尺度。所以，文化和谐是实现社会和谐的关键。而和谐社会是由众多基本单位构成的一个系统，没有局部的和谐就没有整体的和谐。高校作为促进和谐社会的一支重要力量，和谐校园又是社会主义和谐社会不可或缺的一部分。而和谐的本质是文化的和谐，根本在于高校校园文化建设。可见，新时代高校校园文化建设必然能够促进社会主义和谐社会的构建。

四是新时代高校校园文化是高校思想政治教育的重要载体。一方面，高校校园文化具有其他载体所无法企及的优势。发挥学生主观能动性和充分利用情境暗示性，是提高高校思想政治教育实效性的两种重要方式，高校校园文化优于其他载体之处就在于它兼具这两种方式；另一方面，高校校园文化具有发挥高校思想政治教育载体作用的有利条件，即它与高校思想政治教育的指导思想和最终目标是一致的，都是以马克思主义为指导思想和以培养中国特色社会主义合格的建设者和可靠的接班人为最终目标的。

五是新时代高校校园文化建设需要社会主义核心价值体系的引领。作为社会主义意识形态本质体现的社会主义核心价值体系，是社会主义先进文化的精髓，是我国文化软实力的根本。多元思潮并存的现实，要求社会主义核心价值体系要善于运用马克思主义基本原理，令人信服地回答和解决历史遗留和现实中出现的各种重大问题，并在这一过程中不断丰富和充实自己。党的十七大提出"积极探索社会主义核心价值体系引领社会思潮的有效途径""增强社会主义意识形态的吸引力和凝聚力"，党的十八大又提出用社会主义核心价值体系引领社会思潮，凝聚社会共识。这些精神充分体现了社会主义核心价值体系在引领社会思潮上肩负重任。而高校校园文化又往往是各种社会思潮的交会点和聚集地，这就决定了新时代高校校园文化建设需要社会主义核心价值体系的引领，从指导思想、理想信念、价值取向、道德规范及行为方式等全方位来引领，并贯穿于其建设的整个过程，培养出合格的社会主义的建设者和可靠的接班人。

著名作家冯骥才先生说过："文化似乎不直接关系国计民生，但却直接关联民族的性格、精神、思想、语言和气质。抽出文化这根神经，一个民族将成为'植物人'。"作为社会主义先进文化重要组成部分的高校校园文化，更是文化这根神经的中枢。在当今世界正处于大发展、大变革、大调整的时期，文化在综合国力竞争中的地位和作用更加凸显，维护国家安全的任务更加艰巨，增强国家文化软实力、中华文化的影响力要求更加紧迫的背景下，新时代高校校园文化建设任重而道远。可以说，扎实推进社会主义文化强国建设，推动社会主义文化大发展大繁荣，离不开高校校园文化建设这只"领头羊"。而积极探索社会主义核心价值体系引领新时代高校校园文化建设，乃是大势所趋。

# 附录1：新时代高校校园文化建设现状调查问卷

亲爱的同学：

你好！

高校校园文化建设作为社会主义先进文化建设的重要组成部分，不仅为培养社会主义合格的建设者和可靠的接班人提供了精神动力，而且肩负着提升国家综合国力和国际竞争力的重大历史使命。为了进一步发挥高校校园文化建设在社会主义文化强国建设中的示范作用，探寻新时代高校校园文化建设的有效路径，特设计此调查问卷。本调查不记姓名，只记录你的真实看法，调查结果仅用于学术研究，我们将对你的信息进行严格保密。请你在相应的序号上打"√"或在横线上填写，如无特别说明，每题都只选一个选项。

【注意：第34和35题请根据你的实际选做一题。】

衷心感谢你对本调查的合作和支持！

一、个人基本情况

1.你的性别：　　A.男　　B.女

2.你所在的学校是：A.高职高专院校　B.省属重点高校　C.211高校

3.你现在是：A.大一　　B.大二　　C.大三　　D.大四

4.你所学的专业是：A.人文社科类　B.理工类　C.文体艺术类

5.你的政治面貌是：A.中共党员　B.共青团员　C.群众

二、对校园文化的认知情况

6.你心目中的校园文化是怎样的？

A.能放松娱乐自己　　B.能交到有共同兴趣的朋友

C.能学到很多东西，提升自己的文化水平　D.其他（请说明）

7.你认为校园文化建设的重点在于：

A.物质文化建设　B.精神文化建设　C.制度文化建设

8.你觉得你所在学校的校园文化

A.丰富多彩　B.一般　C.没意思　D.说不清

9.你认为校园文化建设

A.很有必要　B.可有可无　C.完全没必要

10.你认为校园文化建设的薄弱环节是

A.校园文化品位不高

B.文化设施不完善

C.局限于学生管理和思想教育层次上，缺乏以教师为主导的校园文化建设

D.缺乏系统规划，校园文化档次不高

三、校园物质文化

（一）硬件建设情况

11.你所在学校的校园环境、图书馆、教学科研设施等硬件建设方面

A.很好　B.较好　C.一般　D.很差

12.你所在学校校园网网速

A.很快　B.较快　C.一般　D.较慢　E.很慢

（二）软件建设情况

13.你对你们学校的师资水平

A.很满意　B.比较满意　C.一般　D.不太满意　E.很不满意

14.你和任课教师的交流情况

A.很经常　B.经常　C.有时　D.很少　E.没有

15.你最喜欢以何种形式与老师交流

A.书信　B.短信　C.电话　D.邮件　E.QQ　F.直接交流

16.你认为你们学校的学科设置是否有特色

A.很有特色　B.有点特色　C.缺乏特色　D.说不清

四、校园精神文化

（一）对校训校史的了解情况

17.你知道学校的校训吗

A.不知道 B.知道，但写不出来 C.知道（请写出来）

18.你认为校园历史文化对你的学习和成长影响

A.很大 B.比较大 C.一般 D.不大 E.没影响

（二）学风情况

19.你认为本校学风

A.总体良好 B.总体较好 C.总体一般 D.总体不好 E.说不清

20.你的学习目标是

A.全面提高自身素质，为实现理想奠定基础

B.掌握专业知识和学得一技之长，为今后发展打好基础

C.拿到大学文凭，方便就业

D.多交朋友并兼顾学习

E.还没有认真想过

21.你最喜欢哪一方面的学术讲座和报告

A.知识性 B.娱乐性 C.文化性 D.实践性 E.其他

22.你所在学校的学术氛围

A.很好 B.一般 C.很差

（三）对传统文化的态度

23.你对西方国家倡导的自由、民主、平等、公正

A.非常赞同 B.赞同 C.一般 D.不太赞同 E.不赞同

24.你对我们国家所倡导的爱国主义、集体主义、社会主义主旋律

A.非常赞同 B.赞同 C.一般 D.不太赞同 E.不赞同

25.对下列不同的文化，你更喜欢

A.传统文化 B.外来文化 C.能张扬个性的文化

五、校园制度文化

（一）网络管理的情况

26.你的业余时间主要是用在

A.读书 B.运动 C.上网 D.睡觉 E.逛街 F.其他

27.你最经常光顾的网站是

A.时政　B.娱乐　C.色情　D.校园　E.国外

28.你上网的主要目的是

A.查资料，满足学习、生活需要

B.听音乐，看电影

C.游戏聊天

D.没目的，打发时间

29.你认为上网说谎

A.很正常　B.不道德　C.无所谓

30.你主要通过以下哪个途径获得信息（最多选3项）

A.报纸杂志　B.广播电台　C.电视　D.网络

E.手机　F.课堂上老师传播　G.道听途说　H.其他

（二）学校管理的情况

31.你所在学校的学生管理和规章制度

A.很完善　B.较完善　C.一般　D.不大完善　E.很不完善

32.你对学校行政后勤管理人员的服务

A.非常满意　B.满意　C.一般　D.不满意　E.很不满意

33.你认为学校制度是否得到了有效实施

A.是　B.否　C.不清楚

（三）学生社团活动情况

34.你如果有加入社团，原因是

A.兴趣爱好　B.锻炼自己　C.争取荣誉、加学分

D.丰富生活　E.赶时髦　F.其他

35.你如果没有加入社团，原因是

A.不感兴趣　B.太多太杂，不好选择　C.要缴纳费用

D.管理混乱　E.不实用　F.其他

36.以下几种常见的社团类型，你最喜欢加入的是

A.学习型　B.技术型　C.艺术型　D.娱乐型　E.商业型

# 附录2：攻读学位期间承担的科研任务与主要成果

## 蔡桂珍

攻读博士学位期间，本人在紧张学习工作的同时，还承担着科研任务。2010年参与湄洲湾职业技术学院的《思想道德修养与法律基础》精品课程建设；申请并完成2010年福建省教育厅第二批A类人文社会科学研究项目（思想政治理论课教学研究专项）：《高校网络思想政治教育回归生活的人学意蕴》，编号是：JA10403S。主要成果有：

1.马克思"廉价政府"理论中"节约型政府"理念解读[J]. 闽江学院学报，2010（3），独撰。

2.马克思的世界历史理论对培养世界公民意识的启示[J]. 福建师范大学福清分校学报，2010（6），独撰。

3.应对大众传媒的挑战 提高大学生媒介素养[J]. 大庆师范学院学报[J]，2011（6），独撰。

4.论马克思生产力理论对资本生产力理论的突破[J]. 天水师范学院学报，2011年（6），独撰。

5.马克思主义视域下的生活观解读[J]. 绥化学院学报，2012（4），本人为第一作者。

6.马尔库塞社会批判理论的当代解读[J]. 中共福建省委党校学报，2013（4），独撰。

# 参考文献

一、文献资料

1.《马克思恩格斯选集》第1、2、3、4卷［M］.北京：人民出版社，1995年版。

2.《马克思恩格斯全集》第1卷［M］.北京：人民出版社，1956年版。

3.《马克思恩格斯全集》第2卷［M］.北京：人民出版社，1957年版。

4.《马克思恩格斯全集》第3卷［M］.北京：人民出版社，1960年版。

5.《马克思恩格斯全集》第40卷［M］.北京：人民出版社，1982年版。

6.《马克思恩格斯全集》第42卷［M］.北京：人民出版社，1979年版。

7.《马克思恩格斯全集》第46卷（上）［M］.北京：人民出版社，1979年版。

8.《马克思恩格斯全集》第46卷（下）［M］.北京：人民出版社，1979年版。

9.《列宁选集》第1、2、3、4卷［M］.北京：人民出版社，1995年版。

10.《列宁全集》第1卷［M］.北京：人民出版社，1984年版。

11.《列宁全集》第16卷［M］.北京：人民出版社，1988年版。

12.《列宁选集》第39卷［M］.北京：人民出版社，1986年版。

13.《毛泽东选集》第1、2、3、4卷［M］.北京：人民出版社，1991年版。

14.《邓小平文选》第1、2卷［M］.北京：人民出版社，1994年版。

15.《邓小平文选》第3卷［M］.北京：人民出版社，1993年版。

16.《江泽民文选》第1、2、3卷［M］.北京：人民出版社，2006年版。

17.中共中央.公民道德建设实施纲要［N］.光明日报，2001.9.20。

18.中共中央、国务院.关于进一步加强和改进未成年人思想道德建设的若干意见〔N〕.光明日报，2004.2.26。

19.中共中央、国务院.关于进一步加强和改进大学生思想政治教育的若干意见〔N〕.光明日报，2004.10.15。

20.教育部.共青团中央关于加强和改进高等学校校园文化建设的意见〔N〕.光明日报.2004.12.13。

21.中共中央办公厅印发《关于培育和践行社会主义核心价值观的意见》〔N〕.人民日报，2013.12.24。

22.中共中央.关于进一步繁荣发展哲学社会科学的意见〔Z〕.2004.15。

23.十六届六中全会通过.中共中央关于构建社会主义和谐社会若干问题的决定〔Z〕.2006.10.11。

24.十七届五中全会通过.中共中央关于制定国民经济和社会发展第十二个五年规划的建议〔Z〕.2010.10.18。

25.十七届六中全会通过.中共中央关于深化文化体制改革、推动社会主义文化大发展大繁荣若干重大问题的决定〔Z〕.2011.10.18。

26.十八大报告辅导读本〔M〕.人民出版社2012年版。

27.中共中央办公厅印发《关于培育和践行社会主义核心价值观的意见》〔N〕.人民日报，2013.12.24。

28.习近平.决胜全面建成小康社会，夺取新时代中国特色社会主义的伟大胜利——在中国共产党第十九次全国代表大会上的报告〔N〕.人民日报，2017–10–28。

29.中共中央文献研究室.十六大以来重要文献选编（上）〔M〕.北京：中央文献出版社，2004年版。

30.中共中央文献研究室.十六大以来重要文献选编（中）〔M〕.北京：中央文献出版社，2006年版。

31.中共中央文献研究室.十六大以来重要文献选编（下）〔M〕.北京：中央文献出版社，2008年版。

32.十七大报告辅导读本〔M〕.人民出版社，2007年版。

33.中共中央文献研究室.十七大以来重要文献选编（上）〔M〕.北京：中央文献出版社，2009年版。

34.《十八大以来重要文献选编》（上）［M］.北京：人民出版社，2017年版。

35.《十九大报告辅导读本》［M］.人民出版社，2017年版。


二、中文，译著

1.［德］黑格尔.精神现象学.［M］.北京：商务印书馆,1979年版。

2.［美］迈克尔·海姆.从界面到网络空间——虚拟实在的形而上学［M］.金吾伦，刘钢，译.上海：上海科技出版社，2000年版。

3.［法］费尔南·布罗代尔.文明史纲［M］.肖昶，译.桂林：广西师范大学出版社，2003年版。

4.［英］约翰·诺顿.互联网：从神话到现实［M］.朱萍、茅庆征、张雅珍，译.南京：江苏人民出版社，2001年版。

5.［德］卡西尔.人论［M］.甘阳，译.上海：上海译文出版社，1985年版。

6.［瑞士］索绪尔.第三次普通语言学教程［M］.屠友祥，译.上海：上海人民出版社，2007年版。

7.［美］杜威.道德教育原理［M］.王承绪，译.杭州：浙江教育出版社，2003年版。

8.［英］爱德化·泰勒.原始文化——神话、哲学、宗教、语言、艺术和习俗发展之研究［M］.连树声，译.上海：上海文艺出版社，1992年版。

9.［法］布迪厄，［美］华康德.实践与反思——反思社会学导引［M］.北京：中央编译出版社，2004年版。

10.［美］露丝·本尼狄克特.菊与刀——日本文化面面观［M］.北塔，译.上海：上海三联书店，2007年版。

11.［英］彼得斯.道德发展与道德教育［M］.邬冬星，译.杭州：浙江教育出版社，2000年版。

12.［日］绫部恒雄.文化人类学的十五种理论［M］.北京：国际文化出版公司，1988年版。

13.［德］雅斯贝尔斯.什么是教育［M］.邹进，译.北京：三联书店，1991年版。

14. ［法］爱弥尔·涂尔干. 道德教育［M］.陈光今等，译. 上海：上海人民出版社，2001年版。

15. ［美］约瑟夫·奈. 美国霸权的困惑——为什么美国不能独断专行［M］.郑志国，何向东，杨德，等译. 北京：世界知识出版社，2002年版。

16. ［德］赫尔穆特·施密特. 全球化与道德重建［M］.柴方国，译. 北京：社会科学文献出版社，2001年版。

17. ［加］D·保罗·谢弗.科学与近代世界［M］.许春山，朱邦俊，译. 北京：商务印书馆，1959年版。

18. ［捷］夸美纽斯.教学论［M］.傅任敢，译.北京：教育科学出版社，1999年版。

19. ［德］康德. 道德形而上学原理［M］.苗力田，译. 上海：上海人民出版社，1986年版。

20. ［德］哈贝马斯.交往与社会进化［M］.张博树，译. 重庆：重庆出版社1990年版。

21. ［英］吉姆·麦圭根. 重新思考文化政策［M］.何道宽，译. 南京：江苏人民出版社，2005年版。

22. ［美］道格拉斯·诺斯. 经济史上的结构和变革［M］. 上海：上海印书馆1992年版。

23. ［英］马克·J·史密斯.文化——再造社会科学［M］.张美川，译. 北京：中国人民出版社，2010年版。

24. ［德］曼海姆. 意识形态与乌托邦［M］.黎明，李书崇，译. 北京：商务印书馆，2000年版。

25. ［美］威廉·奥格本. 社会变迁——关于文化和先天的本质［M］.王晓毅，译. 杭州：浙江人民出版社，1989年版。

26. ［法］莫里斯·迪韦尔热. 政治社会学［M］.北京：华夏出版社，1983年版。

27. ［美］阿尔温·托夫勒. 权利的转移［M］.刘江，陈方明，张毅军，等译.北京：中共中央党校出版社，1991年版。

28. ［美］S.E.佛罗斯特.西方教育的历史和哲学基础［M］.吴元训，等译.北京：华夏出版社，1981年版。

29.联合国教科文组织.世界文化报告（1998~2000）［M］.姜世杰，译.北京：北京大学出版社，2005年版。

30.［美］萨义德.文化与帝国主义［M］.李琨，译.北京：三联书店，2003年版。

三、国内著作

1.俞吾金.传统重估与思想移位［M］.哈尔滨：黑龙江大学出版社，2007年版。

2.顾海良.马克思主义发展史［M］.北京：中国人民大学出版社，2003年版。

3.俞可平.中国公民社会的兴起与治理的变迁［M］.北京：社会科学出版社，2002年版。

4.郑杭生.社会学概论新修［M］.北京:中国人民大学出版社,2003年版。

5.张一兵.回到马克思［M］.南京：江苏人民出版社，2005年版。

6.李泽厚.历史本体论［M］.北京:生活·读书·新知三联书店,2002年版。

7.赵汀阳.论可能生活［M］.北京:生活·读书·新知三联书店,1994年版。

8.任钟印.西方近代教育论著选［M］.北京:人民教育出版社,2001年版。

9.董宝良.陶行知教育学说［M］.武汉:湖北教育出版社,1993年版。

10.瞿葆奎.教育学文集·教育目的［M］.北京：人民教育出版社，1999年版。

11.王雅林.人类生活方式的前景［M］.北京：中国社会科学出版社，1997年版。

12.李云峰.马克思学说中人的概念［M］.北京：人民出版社,2007年版。

13.严春友.人：西方思想的阐释［M］.北京：中国社会科学出版社，2005年版。

14.鲁洁.道德教育的当代论域［M］.北京：人民出版社,2005年版。

15.武天林.实践生成论人学［M］.北京：中国社会科学出版社，2005年版。

16.陈志尚.人学原理［M］.北京：北京出版社，2005年版。

17.靳辉明等.社会主义历史、理论与现实［M］.合肥：安徽人民出版社，2001年版。

18.陆梅林.唯物史观与美学［M］.北京：光明日报出版社、广西师大出版社，1991年版。

19.李建平.《资本论》第一卷辩证法探索［M］.北京：社会科学文献出版社，2006年版。

20.郑传芳.大学生形势与政策教程［M］.北京:人民出版社，2009年版。

21.高德胜.道德教育的时代遭遇［M］.北京：教育科学出版社，2008年版。

22.王邦虎.校园文化论［M］.北京：人民教育出版社，2000年版。

23.苏振芳.当代中外思想政治教育比较［M］.北京：社会科学出版社，2009年版。

24.杨立英.网络思想政治教育论［M］.北京：人民出版社，2003年版。

25.杨立英，曾盛聪.全球化、网络化境遇与社会主义意识形态建设研究［M］.北京：人民出版社，2006年版。

26.张耀灿等.思想政治教育学前沿［M］.北京：人民出版社，2006年版。

27.陈永森.告别臣民的尝试［M］.北京：中国人民大学出版社，2004年版。

28.林修果.公共管理学［M］.长春：吉林人民出版社，2006年版。

29.檀传宝等.网络环境与青少年德育［M］.福州：福建教育出版社，2005年版。

30.郑又贤.马克思主义中国化之思想方法透视［M］.北京：社会科学文献出版社，2010年版。

31.许耀桐.中国基本国情与发展战略［M］.北京：人民出版社，2001年版。

32.鄢本凤.社会主义和谐文化建设研究［M］.北京：人民出版社，2010年版。

32.张筱强.十七大精神深度解读——文化建设篇［M］.北京：人民出版社，2008年版。

33.俞思念.社会主义文化建设的历史、理论与实践［M］.北京：中国社会科学出版社，2008年版。

34.张晓明，胡惠林，章建刚.2004年：中国文化产业发展报告［C］.北京：社会科学文献出版社，2004年版。

35.戚万学.道德教育新视野［M］.济南：山东教育出版社，2004年版。

36.张澍军.德育哲学引论［M］.北京：人民出版社，2002年版。

37.陈桂蓉.中国传统道德概论［M］.北京：长征出版社，2000年版。

38.罗家英.网络影响下高校德育模式变革与构建［M］.武汉：华中科技大学出版社，2005年版。

39.唐汉卫.生活道德教育论［M］.北京：教育科学出版社，2005年版。

40.关成化.北京大学校园文化［M］.北京：北京大学出版社，2001年版。

41.李萍，钟明华.伦理的嬗变：十年伦理变迁的轨迹［M］.北京：人民出版社，2005年版。

41.王岗峰.社会和谐发展论［M］.北京：社会科学文献出版社，2007年版。

42.郑永廷等.社会主义意识形态发展研究［M］.北京：人民出版社，2002年版。

43.刘德宇.高校校园文化发展论［M］.青岛：中国海洋大学出版社，2004年版。

44.赵麟斌."马克思主义中国化"研读［M］.上海：同济大学出版社，2009年版。

45.吴树青等.毛泽东思想和中国特色社会主义理论体系概论（2010年修订本）［M］.北京：高等教育出版社，2010年版。

46.郭广银，杨明等.新时期高校校园文化建设的理论与实践［M］.南京：南京大学出版社，2007年版。

47.何贻伦，陈永森等.思想政治理论课改革与教学［M］.北京：社会科学文献出版社，2008年版。

48.陆扬，王毅.大众文化与传媒［M］.上海：上海三联书店，2000年版。

49.陈鸣.西方文化管理概论［M］.太原：书海出版社，2006年版。

50.罗争玉.文化事业的改革与发展［M］.北京：人民出版社，2006年版。

51.夏杏珍.六十年代国事纪要——文化卷［M］.长沙：湖南人民出版社，2009年版。

52.潘震雨，陈昌本.论有中国特色社会主义文化建设［M］.银川：宁夏人民出版社，1999年版。

53.董小川.美国文化概念［M］.北京：人民出版社，2006年版。

54.常晋芳.网络哲学引论——网络时代人类存在方式的变革［M］.广州：广东人民出版社，2005年版。

55.项久雨.思想政治教育价值论［M］.北京：中国社会科学出版社，2003年版。

56.郭玉锦，王欢著.网络社会学［M］.北京：中国人民大学出版社，2005年版。

57.曾盛聪.伦理变迁与道德教育：市场化、全球化、网络化际遇中的现代性追寻［M］.广州：广东人民出版社，2006年版。

58.张明仓.虚拟实践论［M］.昆明：云南人民出版社，2005年版。

59.吴云志，张广鑫，丛茂国.高等学校校园文化建设研究［M］.长春：吉林大学出版社，2007年版。

60.孙庆珠.高校校园文化概论［M］.济南：山东大学出版社，2008年版。

61.孟威著.网络互动：意义诠释与规则探讨［M］.北京：经济管理出版社，2004年版。

62.王永贵.经济全球化与社会主义意识形态建设研究［M］.北京：人民出版社，2005年版。

63.黄金德，宋珊萍.社会主义文化活动组织手册［M］.北京：中国社会科学出版社，2004年版。

64.中共中央宣传部文化体制改革和发展办公室.文化体制改革试点经验70例［M］.北京：学习出版社，2006年版。

65.艺衡，任珺，杨靖.文化权利：回溯与解读［C］.北京：中国社会出版社.2004年版。

66.张静.新时期高校校园文化建设的新探索［M］.天津：南开大学出版社，2010年版。

67.蔡红生.中美大学校园文化比较研究［M］.北京：中国社会科学出版社，2012年版。

68.李秀林，王于，李淮春.辩证唯物主义和历史唯物主义原理［M］.

北京：中国人民大学出版社，2004年版。

69.杨桂华.社会转型期精神迷失现象分析［M］.天津：南开大学出版社，2009年版。

70.陶行知.陶行知文集［M］.南京：江苏教育出版社，2001年版。

71.汪子为等.校园文化与创造力的培养［M］.武汉：湖北教育出版社，2002年版。

72.教育部高等学校社会科学发展研究中心.大学校园文化建设研究述评［M］.北京：教育科学出版社，2011年版。

73.胡显章.先进文化建设中的大学文化研究［M］.北京：高等教育出版社，2009年版。

74.张德，吴剑平.校园文化与人才培养［M］.北京：清华大学出版社，2001年版。

75.张秀清，梁周清等.大学和谐文化建设研究［M］.济南：山东大学出版社，2008年版。

76.首都师范大学《高教研究》编辑部，《首都师大》校报编辑部.现代大学的文化精神［M］.北京：首都师范大学出版社，2006年版。

77.冯刚.高校校园文化建设理论与实践（第一辑）［M］.长沙：湖南大学出版社，2006年版。

78.教育部思想政治工作司.高校校园文化建设理论与实践（2011）［M］.北京：中国人民大学出版社，2011年版。

79.王革，赵修渝.新时期高校校园文化建设理论研究［M］.西安：西北农林科技大学出版社，2007年版。

80.高占祥.论校园文化［M］.北京：新华出版社，1991年版。

81.史华楠.校园文化学［M］.北京：北京医科大学、中国协和医科大学联合出版社，1993年版。

82.杨怀中，龚贻州.象牙塔之谜——校园文化学概论［M］.北京：人民交通出版社，1993年版。

83.陶国富等.大学校园文化［M］.上海：学林出版社，1997年版。

84.杨承运.古国纵横：北京大学校园文化景观［M］.北京：华夏出版社，1998年版。

85.高长梅，吴玉红.校园文化建设全书［M］.北京：经济日报出版社，1999年版。

86.官风华.台湾校园文化［M］.太原：山西教育出版社，1999年版。

87.白同平.高校校园文化论［M］.北京：中国林业出版社，2000年版。

88.刘刚，王文鹏，陆俊杰.多维大学校园文化研究［M］.北京：中国书籍出版社，2013年版。

89.李程.传统文化精神与大学生思想政治教育［M］.北京：光明日报出版社，2013年版。

90.黄洁.大学文化论纲［M］.天津：天津大学出版社，2014年版。

91.沈壮海.思想政治教育有效性研究（第三版）［M］.武汉：武汉大学出版社，2016年版。

92.宋伟.社会主义核心价值观融入高校校园文化建设［M］.北京：人民日报出版社，2017年版。

四、论文资料部分

1.骆郁廷.人的发展研究新视域：人的虚拟发展——评《虚拟社会人的发展研究》［J］.思想教育研究，2010.3。

2.张耀灿.推进思想政治教育研究范式的人学转换［J］.思想教育研究，2010.7。

3.许耀桐.政治体制改革的突破口在哪里［J］.理论学习，2011.2。

4.向宇婷，董娅.当代大学生思想政治教育方法理念的人学化发展及取向[J].思想政治教育研究，2010.1。

5.俞吾金.启蒙的缺失与重建——对当代中国文化发展的思考［J］.上海师范大学学报(哲学社会科学)［J］.2010.4。

6.邱琳.思想政治教育的人学视野［J］.思想政治教育研究，2010.1。

7.张轩.思想政治教育是人的生存方式之一［J］.思想政治教育研究，2010.2。

8.傅俊卫.网络文化对高校校园文化的影响及应对策略［J］.教育探索，2011.3。

9.廖小平，成海鹰.改革开放以来中国社会价值观变迁［J］.新华文摘，

2006.6。

10.候惠勤.“普世价值”的理论误区和实践陷阱［J］.马克思主义研究，2008.9。

11.朱凌，朱友岗.发挥校园文化思想政治教育作用的路径选择［J］.学校党建与思想教育，2007.9。

12.易丹妮.论生活德育的理论依据［J］.思想政治教育研究，2010.1。

13.蒋学丽.论大学校园文化及其建设［J］.辽宁教育行政学院学报，2007.1。

14.宋保忠,相艳.经典大学精神与高校校园文化建设［J］.西北工业大学学好（社科版），2005.2。

15.关洁.论网络思想政治教育生活化［J］.思想政治工作研究，2010.5。

16.黄娜娜.大学生网络思想政治教育生活化模式探析［J］.当代教育理论与实践，2010.2。

17.袁其波.互联网时代，我国意识形态面临的挑战和对策［J］.社会科学论坛，2008.10。

18.邹毅彬.中外高校校园文化差异及启迪［J］.河南工业大学学报（社科版），2011.1。

19.范秋迎.科学认识、区别对待：对非主流意识形态的理性考量——以社会主义主流意识形态为视角［J］.湖北社会科学，2010.3。

20.葛金国，石中英.论校园文化的内涵、特征和功能［J］.高等教育研究，1990.3。

21.郭耀邦.校园文化的本质及发展［J］.福建论坛（经济社会版），1990.8。

22.吴献金，李透忠，徐波.校园文化的层次分析［J］.湖南大学学报,1991.6。

23.王明雯,宋金国.浅谈成才与校园文化［J］.西昌高等师范专科学校学报，1998.3。

24.边文强.校园文化的浮躁之气［J］.中国青年研究，1990.5。

25.杨新起.校园文化整体建设的若干思考［J］.学校思想教育研究，

1990.5。

26.孟庆发. 校园文化对消极文化的受容与正确价值取向的确立〔J〕. 松辽学刊, 1991.2。

27.候红蕊. 校园文化、当代大学生理想与现实的冲突〔J〕. 青年研究, 1995.4。

28.罗浩波. 对校园文化问题的哲学思考〔J〕. 高等教育研究, 1991.3。

29.穆礼弟. 实施美育是加强校园文化建设的重要途径〔J〕. 清华大学教育研究, 1991.1。

30.杨惠民. 建设校园文化, 优化德育环境〔J〕. 赣南医学院学报, 1991.3。

31.郭白泉. 校园文化建设的方法论思考〔J〕. 益阳师专学报, 1991.3。

32.李怀中. 试论校园文化建设的中国特色〔J〕. 交通高教研究, 1997.1。

33.许伟通. 试论高校校园文化建设和素质教育〔J〕. 高教与经济, 1998.3。

34.葛呈煜. 加强校园文化建设是实施素质教育的一个重要途径〔J〕. 泸州教育学院学报, 1999.1。

35.王东平. 浅谈高校图书馆与校园文化建设〔J〕. 濮阳教育学院学报, 1997.2。

36.徐功轩, 单澍铭, 针对农村职高搞好校园文化建设〔J〕. 职教论坛, 1995.12。

37.蒋学丽. 论大学校园文化及其建设〔J〕. 辽宁教育行政学院学报, 2007.1。

38.于春洋. 当代中国主流意识形态: 理解、界定及追问〔J〕. 胜利油田党校学报, 2010.2。

39.李高南, 熊柱. 关于高校校园文化建设的思考〔J〕. 广西大学学报 (哲社科版), 2005.3。

40.刘国新, 王春喜. 论校园文化力的特点与功能〔J〕. 湖北大学学报 (哲社科版), 2011.1。

41.孙媛媛, 刘晓春. 浅析校园文化与大学生思想政治教育的辩证关系

〔J〕.山东广播电视大学学报，2010.3。

42.吴磊，肖池平.关于和谐校园文化建设的思考〔J〕.江西社会科学，2006.2。

43.邹毅彬.中外高校校园文化差异及启迪〔J〕.河南工业大学学报（社科版），2011.1。

44.卿秦.校园文化建设与思想政治教育探析〔J〕.学校党建与思想教育，2011.1。

45.侯东喜，乔长水.校园文化的人才培养功能初探〔J〕.教育与职业，2010.5。

46.郭秋光.防止非主流意识形态在高校蔓延的主要对策〔J〕.党史文苑（学术版），2006.11。

47.蔡红生.正确处理大学校园文化的几个关系〔J〕.高校理论战线，2010.11。

48.郑传芳.论师德〔J〕.福建师范大学学报（哲学社会科学版），2002.4。

49.连建华.高校和谐校园文化的构建〔J〕.安阳师范学院学报，2008.4。

50.梅荣政，王飞霞.马克思主义意识形态与做好的意识形态工作〔J〕.思政教育研究，2009.1。

51.王永华.谨防马克思主义意识形态"边缘化"〔J〕.福州党校学报，2010.3。

52.闫辉.高校文化建设与"和谐校园"构建〔J〕.长春师范学院学报，2012.4。

53.杨珂.马克思主义意识形态理论的实践〔J〕.北大学报（哲学社会科学版），2008.2。

54.潘伊辉.全球化背景下大学生主流意识形态面临的挑战与对策〔J〕.江西广播电视大学学报，2009.4。

55.刘国新，王春喜.论校园文化力的特点与功能〔J〕.湖北大学学报（哲社科版），2011.1。

56.修宏方，冯德军.当前大学生主流意识形态教育的若干思考〔J〕.

思想政治教育研究，2010.2。

57.梅荣政，王炳权.坚持社会主义核心价值体系引领社会思潮［J］.思想理论教育导刊，2007.6。

58.张耀灿，杨静.以社会主义核心价值体系引领社会思潮的着力点［J］.思想理论教育（上半月·综合），2007.10。

59.李有玉.以社会主义核心价值体系引领高校校园文化建设［J］.当代世界与社会主义（双月刊），2009.4。

60.孟迎辉.西方发达国家政府掌控学校思想政治措施［J］.辽宁行政学院学报，2008.7。

61.江玉安.高校校园网络文化建设探析［J］.沧桑，2006.5。

62.张雷声.论社会主义主流意识形态［J］.马克思主义研究，2008.4。

63.敬菊华，张珂.校园网络文化与校园文化的关系分析［J］.重庆邮电大学学报（社科版），2007.4。

64.万美容，明月.论社会主义核心价值体系引领大学校园文化建设的机制［J］.学校党建与思想教育，2010.10。

65.任平平,常苏娟.探索新时期网络文化对高校校园文化的影响［J］.工会论坛，2012.1。

66.傅俊卫.网络文化对高校校园文化的影响及应对策略［J］.教育探索，2011.3。

67.靳辉明.高校马克思主义理论课应注重对当前社会思潮的的评析［J］.中国浦东干部学院学报，2011.1。

68.许耀桐.论马克思主义的社会主义核心价值观［J］.上海行政学院学报，2012.3。

69.张耀灿.以社会主义核心价值体系引领和谐校园文化建设［J］.高校理论战线，2012.3。

70.李建平.大力发展文本研究，推进马克思主义理论的创新［J］.思想理论教育，2008.1。

71.郑传芳，阮晓菁.改革开放是发展中国特色社会主义的强大动力［J］.政协天地，2008.1。

72.王霞，李建平.市场经济条件下人的发展悖论及其破解［J］.福建师范大学学报，2007.4。

73.苏振芳.社会主义核心价值体系视野的网络文化建设［J］.重庆社会科学，2009.2。

74.陈永森.和谐社会与公民的公共精神［J］.复印报刊资料：思想政治教育，2009.2。

75.林修果.宗族文化与中国现代化——宗族秩序存在的合理性分析［J］.新东方，2005.8。

76.杨立英.全球化、网络化境遇与思想政治教育创新［J］.福建师范大学福清分校学报，2006.6。

77.杨立英.中国共产党意识形态"高势位"建设的成功经验与当代挑战［J］.马克思主义与现实，2011.3。

78.郑又贤.关于"精神懈怠"及其防治的理论思考［J］.集美大学学报（哲学社会科学版），2011.4。

79.赵麟斌.福建省高等教育改革新探——以服务于福建省地方经济社会发展为视角［J］.福建师范大学学报（哲学社会科学版），2011.6。

80.王岗峰.自然生态问题和文化生态问题的相关性［J］.福建师范大学学报（哲学社会科学版）2011.2。

81.陈桂蓉.汶川大地震中思想政治教育的介入机理探析［J］.吉林师范大学学报（人文社会科学版），2009.3。

82.吴宏洛.马克思主义社会保障公平思想在中国的新发展［J］.福建师范大学学报（哲学社会科学版）2007.1。

83.吴宏洛.影响中国人口政策走向的几个关键性问题［J］.福建论坛（人文社会科学版），2010.1。

84.曾盛聪.论社会主义核心价值体系引领网络文化的方式与机制［J］.思想理论教育导刊，2008.12。

85.李方祥.社会主义和谐社会构建中的意识形态问题思考［J］.政治学研究，2010.2。

86.沈壮海.将优秀传统文化融入高校立德树人实践［J］.思想政治工作研究，2014.4。

87.骆郁廷等.论中华优秀传统文化价值观的现代转换［J］.江汉论坛，

2015.6。

88.田克勤，郑自立.坚定文化自信的三个基本维度［J］.思想理论教育导刊，2016.10。

89.曹志斌.试论优秀传统文化与高校校园文化建设的有效融合［J］.学校党建与思想教育，2016.1。

90.余守萍.中华优秀传统融入校园文化的路径探析［J］.教学与管理，2016.1。

91.王义桅.论社会主义中国化及其文明使命［J］.探索，2017.12。

92.叶志坚.坚定文化自信 推动社会主义文化繁荣昌盛［J］.中共福建省委学校学报，2017.11。

93.潘玉腾.坚定新时代中国特色社会主义文化发展道路［N］.福建日报，2017-11-20（9）。

94.宋光辉等.推进传统文化融入校园文化建设对立德树人教育的重要性［J］.高教研究，2017.19。

95.肖勇.中华优秀传统文化融入校园文化建设的机制研究［J］.教育现代化，2018.39。

五、有关高校校园文化建设研究的学位论文

1.牙韩高.高校学生社团管理中领导方式与领导效能研究［D］.西南交通大学，2008.6。

2.李咏梅.新时期高校意识的控制研究［D］.苏州大学，2009.6。

3.李纪元.当代大学生社会主义核心价值观培育研究［D］.山东师范大学，2010.6。

4.谢宏忠.大学生价值观导向［D］.福建师范大学公共管理学院，2011.6。

5.佘双好.当代中国文化保守主义思潮及其对大学生的影响研究［D］.武汉大学，2011.6。

6.韩国顺.以社会主义核心价值体系引领大学生思想政治教育研究［D］.吉林大学，2011.6。

7.张宏赋.中国高校人文素质教育研究［D］.大连海事大学，2012.6。

8.刘薇. 高校校园文化建设与思想政治教育互动研究［D］.辽宁大学，2012.6。

9.刘峥. 大学生认同与践行社会主义核心价值观研究［D］.中南大学，2012.6。

10.高玉怀. 校园文化建设中关于边缘文化问题的分析及对策研究［D］.长春工业大学，2010.3。

11.李燕军.用社会主义核心价值体系引领高校校园文化建设研究［D］.北京交通大学，2010.6。

12.覃业柏.以社会主义核心价值体系引领高校校园文化建设研究［D］.广西师范学院，2011.6。

13.程世平. 系统论视野中的大学生马克思主义宗教观教育原则［D］.新疆师范大学，2017.6。


六、外文资料

1.David T. Hansen.Teaching and The Moral Life of Classroom,Journal for a Just Caring Education, Vol.2.

2.Robert S. Feldem. Social Psychology, Prentice Hall, Upper Saddle River, New Jersey.

3.Fritz K. Oser.Learning from negative morality, Journal of Moral Education, No.1,1996.

4.Thomas Lickona.Eleven Principle of Effective Education,Journal of Moral Education,No.1,1996.

5.William Greider.One World, Ready or Not: The Manic Logic of Global Capitalism, Simon & Schster, 1997.

6.Herbert Dordeck.Social Use for the Telephone, InterMedia, 11(3),1983.

7.R.Meier.Communication Theory of Urban Grouth. MIT Press,1962.

8.Giovanni Sartori. Political Ideology and Belief System[J],The American Political Science Review.1969.

9.Goddard Cil .The lexical sen antics of culture [J],Language Sciences. 2005（27）.

# 后　记

蔡桂珍

　　作为本质上是对大学生进行思想政治教育的高校校园文化建设，本身具有丰富的思想政治教育内涵，同时又是思想教育的重要载体和有效途径，其终极目标是培养全面发展的人。在全球化网络化已经成为不可逆转的新时代，多元文化并存是大学生成长环境的常态，由此不可避免地带来各种思想文化的激烈碰撞和交锋，而且具有愈演愈烈的态势。大学生是最宝贵的人才，他们身上承载着整个民族与国家的希望。高校作为人才培养的重要基地，培养社会主义合格的建设者和可靠的接班人是其宗旨和目标，这就决定了高校既是知识人才的密集地，又是各种意识形态的生产地、集散地和斗争地。面对错综复杂的国内外环境给高校校园文化建设带来负面影响，不仅使一些大学生在价值判断和价值选择上产生了困惑和迷茫，而且也严重淡化了他们对社会主义主流意识形态的认同。因此，在全球化网络化视域下加强新时代高校校园文化建设，实现社会主义核心价值体系对高校校园文化建设的引领，以全面贯彻落实党的十九大提出的坚持社会主义核心价值体系的基本战略，增强文化自信，建设社会主义文化强国，推动社会主义文化繁荣昌盛，具有重要的理论和现实意义。

　　高校校园文化建设是一个常谈常新的话题，如何在已有的大量研究的基础上，结合全球化网络化视域下的新时代的特点，对高校校园文化建设进行创新研究，这不是件容易的事情。整个研究过程经历了一个苦乐参半的艰辛探索过程，但是秉持严谨治学和精益求精的态度，发扬刻苦钻研、"坐得住冷板凳"的精神，经过不懈地努力，终于完成了《全球化网络化视域下的新时代高校校园文化建设研究》的处女作创作。在这处女作出版之际，面对这浸满着恩师、学长和同事们心血和汗水的著作时，我的心中满是感激。我认为，我最大的成就和喜悦不仅在于我完成了它，而且还在于我在完成的过程中，得到了恩师们、学长们和同事们的关心和帮助。恩师们不吝赐教，为我指点迷津，让我如沐春风；学长们悉心指导，无私帮助，让我豁然开朗；同事间互相切磋，真诚关心，让我倍受感动。因此，在这里，我要特别感谢我生命路途中的这些人，一路走来，有他们做伴，便是一路有爱相随。

首先，我要感谢母校——福建师范大学马克思主义学院的恩师们。我的导师杨立英教授，多年来，她诲人不倦，耐心指导，让我受益匪浅。她严谨治学的态度，孜孜以求的精神，对我产生了深刻的影响。她身教重于言教，以渊博的学识、精深的专业素养给了我很多的人生启迪。她全程关注着我的写作，无论是写作框架的拟定，还是资料的收集，写作与修改，写作中的每一个环节，她都细心地指导，耐心地提出建议并修改，从不嫌烦。在此，特别感谢杨老师的悉心指导与帮助。

在完成创作的过程中，很多恩师都给予我无私的帮助。李建平教授、郑传芳教授公务繁忙，却总是及时而又耐心地为我答疑解惑，不厌其烦，让我深受感动。同时，苏振芳教授、陈永森教授、林修果教授、赵麟斌教授、郑又贤教授、王岗峰教授、陈桂蓉教授、吴宏洛教授、曾盛聪教授及全体马克思主义理论导师组的老师，他们独到的见解，深入浅出的讲解，给予我鼓励与教诲，在写作过程中为我提供的指导和帮助。

众人拾柴火焰高。我那些可爱的博士同学们：陈如东、蔡华杰、郑丽清、王富军、陈一收、黄东阳、郑朝静等总是在我最需要帮助的时候，对我伸出援助之手，以他们的成功经验给我切实而有益的指点和可行的建议，让我少走了不少弯路，也让我感受到了友谊的珍贵，在此，也要感谢他们。

由于著作中涉及问卷调查，大量真实的数据，需要来自于切实的调查。因此，在这里，我还要特别感谢母校的涂莹、陈国芹等老师和兄弟校福州大学王雪芳等老师、学弟黄冬福、陈弟华、陈冬等老师的支持和帮助，正是有了他们的热心协助，才使我顺利地完成了问卷调查。

感谢闽江学院马克思主义学院的领导们对本书出版的鼓励和支持，

感谢闽江学院马克思主义学院思政专项的赞助，也感谢同事们总是在我需要帮助时，挺身而出，为我排忧解难，提供方便。此外，我还要感谢我的家人，他们是我坚强的后盾，正是有了他们的默默支持，我才能心无旁骛的，安心学习。

感谢世界知识出版社的工作人员为本书的修改、设计、编辑付出的辛勤劳动。

感谢闽江学院马克思主义学院思政专项资助。

本书的第五章第二节，以及部分问卷调查和数据统计工作由李丽娟负责；其余章节均由主要作者蔡桂珍完成。本书为蔡桂珍主持的2017年教育部示范优秀教学科研团队建设项目（一般选题：17JDSZK076）"中华优秀传统文化融入马克思主义基本原理概论课程教学研究"的阶段性研究成果。

由于学术研究水平有限，不免存在一些错误和疏漏，恳请学界前辈、同仁和广大读者批评指正。